反思与应用

石芬芳 著

高等职业教育管理文集

国家社会科学基金"十二五"规划2014年度教育学一般课题
"以效果为导向的职业教育质量标准研究"
（课题批准号BJA140063，主持人：唐以志）的研究成果之一

WUHAN UNIVERSITY PRESS
武汉大学出版社

图书在版编目(CIP)数据

反思与应用:高等职业教育管理文集/石芬芳著.—武汉:武汉大学
出版社,2018.11
ISBN 978-7-307-20570-3

Ⅰ.反… Ⅱ.石… Ⅲ.高等职业教育—教育管理—中国—文集
Ⅳ.G719.2 –53

中国版本图书馆 CIP 数据核字(2018)第 222787 号

责任编辑:聂勇军　　责任校对:李孟潇　　版式设计:汪冰滢

出版发行：**武汉大学出版社**　（430072　武昌　珞珈山）
（电子邮件：cbs22@ whu. edu. cn　网址：www. wdp. com. cn）
印刷:北京虎彩文化传播有限公司
开本:720×1000　1/16　印张:22　字数:316 千字　插页:1
版次:2018 年 11 月第 1 版　　2018 年 11 月第 1 次印刷
ISBN 978-7-307-20570-3　　定价:50.00 元

版权所有,不得翻印;凡购我社的图书,如有质量问题,请与当地图书销售部门联系调换。

序

一位朋友联系我，说武汉职业技术学院教务处石芬芳教授要将她的高等职业教育的研究论文结集出版，希望我能为她的书稿写几句话，尽管我对石教授了解不多，但我没有犹豫就答应了。不久，收到石教授发来的书稿，读后更觉有话要说，对当初答应朋友之请深以为然。我知道教务处工作头绪多、事务繁忙，石教授能够在繁杂琐碎的行政工作之余，勤于思考，殚于研究，笔耕不辍，十分难能可贵。她持之以恒的学术探索精神和所取得的丰硕研究成果不但对她所在的学校意义重大，而且为高职院校广大行政管理干部树立了一个好的榜样：高等职业教育研究大有可为！

众所周知，改革开放后我国开始探索发展高等职业技术教育，但这条道路并不平坦。直到20世纪末期教育部实施"三改一补"新策，扩大举办高职教育院校的范围，将短期职业大学、职业技术学院、具有高等学历教育资格的民办高校、普通高等专科学校、本科院校内设立的高等职业教育机构（二级学院）、经教育部批准的极少数国家级重点中等专业学校以及办学条件达到国家规定合格标准的成人高校等都纳入举办高等职业技术教育的范畴，我国高等职业技术教育发展才获得了新契机。在高等教育"大扩招"的推动下，高等职业技术教育发展迅速，新的高职院校如雨后春笋一般建立起来，大批中专学校、技工学校、职工院校升格或改制为高职院校，很多民办培训学院取得了开展高等职业技术教育的资格。据统计，1998年全国共有高等专科学校和职业技术学院432所，这些院校以高等专科学校为主；到2004年高职（专科）院校数增加到1047所，此时高职院校占绝大多数，高等专科学校大多都升格为普通本科院校了。此后高职院校仍保持了增长势头，2005年为1091所，2010年为1246所，2015年为1341所，2016年为1359所。数量的大规模增长并不表明这些高职院校自然就能举办高质量的高等职业技术教育，实际上，由于合格的、高水平的师资缺乏，加之举办高职院校经验不足，我国高等职业技术教育整体水平仍不尽如人意。

高等职业技术教育水平的提高有赖于高职院校提高办学水平。有人以为，高职院校要提高办学水平就要尽快提升办学层次。办学层次提高固然有助于提高办学水平，但提高办学层次的基础在于办学实力的增强和办学质量的提高，也就是说，只有办学实力强和办学质量高才能提升办学层次，不能倒过来推论。这就是说，高职院校提高办学水平要重视练内功，在内涵式发展上下工夫。内涵式发展是我国既定的高等教育发展政策，它不仅包括宏观的发展要求，而且包括微观的发展要求。内涵式发展的根本意旨在于从提高高等教育整体办学水平和办学质量出发，改革宏观和微观层面制约高等院校提高人才培养水平和质量的各种体制机制，加强高等院校教育教学条件和环境建设，改善并不断优化人才培养过程，建构与各级各类高等教育功能相适应的人才培养模式，保证各级各类高校人才培养不仅与自身办学定位相吻合，而且能够很好地满足受教育者的高等教育意愿，适应国家和地方经济社会发展需要，对促进国民素质提高和社会文明进步发挥更大的作用。高等职业技术教育是高等教育的重要组成部分，国家高等教育发展政策既是对普通高等教育发展的要求，又是对高等职业技术教育发展的要求。高职院校应当适应国家高等教育发展形势和政策要求，转变发展方式，不断改善办学条件，规范办学制度，优化办学过程，提高办学标准，增强办学实力，从而更好地服务学生发展，更多地服务地方和国家发展需要。

高职院校如何才能实现内涵式发展？在我国，高职院校内涵式发展离不开外动力，外动力不仅能够为高职院校发展提供合法性依据，而且还可能为高职院校争取更多的办学资源，创造更有利于发展的办学环境。但仅仅有外动力是不够的，还要有内动力。内动力源于高职院校领导的远见卓识，源于师生的使命感和责任感，更源于广大干部教师对高等职业技术教育和高职院校发展规律的学习和运用。我国高等职业技术教育是一项朝阳事业，我们对高等职业技术教育的认识还很不深刻，对高职院校的办学要求还需要更多的研究和探讨。一般人认为，研究高等职业技术教育发展，包括高职院校发展是专业研究人员的事情，高职院校领导和普通教师只管兢兢业业地工作，把分内的事情做好就行了。显然，这一认识是片面的。诚然，专业研究人员既担负着研究高等职业技术教育发展的任务，又担负着研究高职院校改革与发展的任务，二者都是重要的，但高职院校领导和普通教师却不能撒手不管，只管埋头拉车，不抬头看路。高职院校领导和普通教师需要更多地担负起高职院校发展研究的责任，积极开展院校研究，从本校校情和改革与发展工作需要出发，积极开展相关研究，将具体工作与研究结合起来，以研究指导工作，引领工作方向。惟其如此，高职院校发展方可能是可持续的。

读了石芬芳教授的书稿，我要为她大大地点赞。她研究最大的特点就是"接地气"，紧密结合自己所在的学校。书稿的多数文章都是直接关于学校工作的，即她所研究的问题源于自己所在的学校，研究的结论服务于自己所在的学校，这种将理论研究与实际工作直接关联的做法可以达到两个目的：第一，理论研究有源源不断的需求；第二，研究成果有很好的去处，研究工作能服务学校的改革与发展。我知道，石教授所在的学校有一批研究爱好者，他们长期不懈地从事高等职业技术教育研究，重点是校本研究。他们已经形成了一个很好的团队，取得了很多研究成果。我曾数次参加他们的课题研究讨论会，为他们执着的研究精神所感动。

石教授的书稿由四个部分组成：第一部分的主题是高职院校的文化建设，第二部分的主题是高职院校的教学管理改革，第三部分的主题是高职院校的师资和干部队伍建设，第四部分的主题是高职院校的课程和教学方法改革。四个部分既相对独立又相互关联，共同构成一个整体，体现了高职院校改革与发展几个重大主题的研究需要。就各部分的研究而言，不是就事论事，而是有理有据，所以，书中所探讨的问题是现实的，理论是鲜活的，设想是有针对性的，方案是可操作的。比如，在关于高职院校文化建设的研究中，作者不仅看到了高职院校文化与其他高等院校文化的共同内核，而且深度剖析了高职院校文化的特殊性。在作者看来，高职院校文化与普通院校文化有着相同的基本文化内涵层构，即精神文化、制度文化、行为文化、物质文化四个方面的内容，但却不能用一种格式化方式去审视高职院校文化的具体内涵。高等职业技术教育在类型要素、运作模式和成长环境等方面均与普通高等教育有很大区别。高职院校文化是高职院校在办学实践中积淀形成并被全体成员所普遍认同、内化、奉行的精神要义及通过制度架构在主体人和其他实体物上的人文化的成果体现。具体来讲，高职院校文化主要包括：第一，以"服务为本、职业情怀、经世致用、重技崇学、能力本位、开放竞合、创新创业"等为核心价值的精神文化。第二，以"刚性标准、弹性过程、柔性管理、外圆内方"等为核心架构的制度文化。第三，以"德高为范、技高为师、知行合一、遵章守纪、爱岗敬业、分工合作"为核心特征的行为文化。第四，以"和谐型校园环境、互补型'双师'结构团队、共建型综合室训基地、共享型一体化教学资源、公共型社会服务平台"等为核心载体的物质文化。

又如，作者在探讨高职院校管理科学化的时候不是简单地套用一般的管理原则和要求，而是根据高职院校的特殊性阐述高职院校决策、执行、评价和精细化流程管理的要求。要实现精细化流程管理，高职院校应当：第一，规范、标准文本化。第二，工作流程图表化。第三，凡管理必先预定计划。第四，立足岗位自学践行。第五，管理类别化。第六，管理数据化。第七，管理信息化。

再如，作者在讨论高职院校师资队伍建设的时候，提出了教师教学力的概念，主要包括自主学习能力、课程开发能力、专业教学能力、技术实践能力以及技术开发与服务能力。而要提高高职院校教师教学力，可以采取的策略有：第一，以教师个体、专业团队为主体，建立"学院—合作企业"的二元学习模式。第二，以两级重点专业建设为龙头，挖掘专业教学团队和"双师型"教师资源。第三，以行动导向的专业教学能力为目标，重点培养教师五种教学能力。第四，完善校企合作机制，加强教师与企业新技术、新工艺、新管理零距离接触，等等。

　　总之，高职院校发展需要这样的研究。在阅读这部著作的时候，我自己从中学到了很多在一般论文和著作中很难看到的具体事例和富有新意的思想。我有幸先睹为快，并奉作者之约写下自己阅读后的体会和感想。是为序！

刘敦荣

2018 年 6 月 9 日于厦门白城海滨厦大工作室

目　录

第一辑

第二辑

第三辑

第四辑

第一辑

高等教育层类视角下的高职文化

高职教育是在社会对应用性高技能人才急需的环境下应运而生的。随着高等教育由精英化向大众化发展转型，高职教育作为高等教育的新类型异军突起，迅速占领高等教育的半壁江山，短短20年就实现了跨越式发展，进入内涵建设和科学发展时期。在国家示范性高职院校建设的背景下，高职院校的文化建设被提高到一个空前的高度得以重视。然而，由于受高职教育发展水平、层次的制约以及长期以来对职业教育、技术文化的轻视等因素的影响，教育界至今仍有一种观点认为，高职院校没有大学文化，只有校园文化。而从研究层面看，国内学者对高职文化讨论的语境前提也不同程度地存在概念外延不清、概念内涵模糊等问题。因此，从基础研究出发，加强对"高职文化"的层类分析和内涵研究尤为必要。

一、高职文化的研究

从研究内容看，学者们对高职文化的研究主要集中在两个方面，一是从理论层面探讨高职文化的内涵，二是从实践层面探讨如何创建具有高职特色的文化体系，对高职文化外延研究的成果稀少。研究者的语境前提大致分为三种情形，第一种是认同高职文化和普通大学的大学文化没什么区别，在这样的研究成果中找不到高职文化的文化标签；第二种是不讨论高职文化的类型与层级，只探讨如何建设高职的特色文化，由于没有基础构架，研究成果零零散散；第三种是有相当一部分研究者认为高职文化就是高职院校的校园文化，知网文献统计的数据显示，文献研究中"校园文化"所占比率最高，这其中有一半以上都是以"校园文化"替代"高职文化"的。

事实上，"校园"不是一个"实体"而是一个"场所"的概念，而高职院校才是一个独立的组织实体概念；校园文化偏重于强调校园文化活动，不是高职文化的全部，因为校园文化只是高职文化的重要载体和表现形式，这种以偏概全的观点很容易弱化甚至忽略高职文化最本质的精神层面的内涵。

二、高职文化的外延辨析

高等职业教育作为一种新的高等教育类型，是中国社会经济发展到一定阶段的产物。从历史发展的角度看，高职文化的建构是一个在时间、空间双向维度上的演进过程。如何从时间和空间两个维度科学界定高职文化的归属问题，在今天看来，仍是个不可回避的问题。要弄清这个问题，必须从高等教育的层类视角切入，弄清四个归属问题：高职院校是不是大学？如果是，那么高职院校是什么类型的大学？高职文化是否属于大学文化？如果是，高职文化是什么类型的大学文化？

(一)高职院校与大学

1. 大学本来就有类型与层次之分

从组织形态上讲，"大学是高等教育和学术研究机构，是指承担高等教育使命的高等学校的统称"[1]。据汉典释义，在中国古代，类似于大学的高等教育机构有国学(太学、国子监)以及后来的高等书院等，是指聚集在特定地点整理、研究和传播高深领域知识的机构。现代大学的概念，来自英文"University"，这里的大学是指国家的高等教育学府，是综合性的提供教学和研究条件并授权颁发学位的高等教育机关，它选拔具有高中以上学历者进行教育和培训，并以考试考核的方式检验其所学的知识和技能。现在的大学一般包括一个能授予硕士和博士学位的研究生院和数个专业学院，以及能授予学士学位的一个本科生院；还包括高等专科(高职)学校。在美国大学名称中，除了用"University"命名外，还有很多大学采用的是"College"或"Institute"，这里的"学院"（College or Institute），不是特指"大专"，而是和"大学"混用，例如波士顿学院（Boston College）和麻省理工学院（Massachusetts Institute of Technology）都是顶尖的大学。可见，大学的最初概念中包括各种类型与层次的学院。

2. 高职院校是大学的一种类型

社会是一种有机的结构，需要各种各样的人，相应地，承担高等教育社会功能的机构——大学也必须是多种多样的，各具特色的。美国大学就包括三类[2]：（1）综合性大学。可授予学士、硕士、博士学位，主要是研究型大学。（2）学院。一般是私立文理大学，只授予本科学士学位，优势是教学严谨，小班授课。（3）两年制社区学院。提供准学士学位，分别包含学术型和职业型两种选择方向。学术型方向是为学生读本科作准备，毕业后深入本科大三，采取"2+2"形式，类似我国"专升本"教育；职业型方向是为工作作准备，毕业后直接参加工作，相当于我国的高等职业技术教育。从美国高等院校结构来看，两年制社区学院（相当于我国的高职院校）占到大学总数的41%。事实证明，占美国高校41%的社区学院为美国社会的稳定和经济的持续发展提供了后备支撑力量，也是美国之为教育强国的根基所在。

在我国，《中华人民共和国高等教育法》第六十八条界定了高等学校是指"大学、独立设置的学院和高等专科学校，其中包括高等职业学校和成人高等学校"。高职院校是合法的高等教育机构，按照大学在组织形态上的定义，高职院校就是"大学"，它有着其他"大学"所不能取代的社会功能和社会地位。统计显示，2009年我国现有高等院校2295所，其中，高职院校1207所，所占比例为53%，这个数据足以说明，高职院校在整个高等教育中占据举足轻重的地位。随着高等职业教育类型地位的正式确立和国家示范性高职院校建设项目的深入推行，高职院校在高等教育中的战略地位进一步得以巩固。

（二）高职文化为从属于技术体系的大学文化

学校是文化实践、文化传承、文化创造的殿堂，凡大学就有大学文化，高职院校也不例外。而不同的分类标准，对高职文化就会有不同的定位。关于这一点，笔者以为，应该从职业教育的本质出发。从本质上讲，与职业教育长期历史性共生的是学术教育，职业教育和学术教育分别从属于二元分离的两大体系，即工作体系和学术体系[3]，与高职院校相对的大学就应该是学术类大学，二者分别归属于两个不同的文化体系，即技术文化体系和科学文化体系[4]，在图1-1中，我们分别从文化载体、文化体系、教育体系、核心教育内容等方面对两种教育类型的大学文化进行了质的比较。高职教育具有高等性和职业性两重属性，这就从根本上决定了高职文化既具有大学文化属性，又从属于技术体系文化，也就是说它是"职业教育类大学文化"。

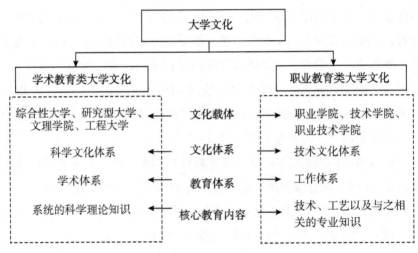

图1-1　学术教育类大学文化与职业教育类大学文化的比较

三、高职文化的内涵解析

(一)高职文化的内涵层构

从分类学的角度考察大学文化的内涵层构，学术界有"二分说"、

"三分说"、"四分说"、"五分说"、"多分说"等，这都是由于文化概念的不确定性，致使对大学文化内涵层构的理解存在多义性。复旦大学严锋教授认为大学文化包括精神文化、制度文化、物质文化三个层面[5]。北京航空航天大学蔡劲松教授建议从精神、制度、物质和行为四个维度把握大学文化的内涵结构，并通过图形将四者间的层构关系进行了形象的分析[6]。

职业教育类大学文化与学术教育类大学文化有着相同的基本文化内涵层构，即精神文化、制度文化、行为文化、物质文化四个方面的内容。核心精神文化成果要通过一定的制度规范体现在"主体人"和"实体物"上，精神文化表现在"物"上即为物质文化，表现在"人"上即为行为文化。高职文化是高职院校在办学实践中积淀形成并被全体成员所普遍认同、内化、奉行的精神要义及通过制度架构在主体人和其他实体物上的人文化的成果体现。

尽管两种文化有着相同的内涵层构，但我们却并不能用一种格式化方式去审视高职文化的具体内涵。高等职业教育在类型要素、运作模式和成长环境等方面均与学术类高等教育有很大区别。中国的高等职业教育又有着特定的渊源背景、成长条件和建构语境。从历史进程看，中国的高等职业教育先后经历了蹒跚起步（1982—1995年）和快速发展（1996—2005年）阶段，自2006年开始进入内涵发展阶段。在起步阶段，对文化的理解停留在"唱唱跳跳，花花草草"的校园文化活动开展的感性认识层面；在快速发展阶段，多数高职院校基本上忙于规模扩张，没有进行系统的文化建设，在办学理念层面上没有廓清思路；进入到高职教育的内涵发展阶段，在国家示范性高职院校建设的强势引领下，具有高职特色的文化发展方向才愈渐明朗，在"2008全国百所示范性高职院校论坛"（杭州会议）的助推下，高职院校的文化特色进一步体现。综合百所示范性高职院校多年的实践成果和理论研究，从高职教育未来发展的高度我们可以从四个方面归纳高职文化的核心内容。

(二) 高职文化的核心内容

1. 以"服务为本、职业情怀、经世致用、重技崇学、能力本位、开放竞合、创新创业"等为核心价值的精神文化

办学理念集中体现在高职院校社会功能定位、人才培养、科学研究、社会服务及办学思想等基本问题的核心价值取向上。高职院校的办学理念与高职院校的功能定位密不可分。按照教育部 2006 年 16 号文件《教育部关于全面提高高等职业教育教学质量的若干意见》的精神要旨，"高等职业教育作为高等教育发展中的一个类型，肩负着培养面向生产、建设、服务和管理第一线需要的高技能人才的使命"，"以服务为宗旨，以就业为导向，走产学结合发展道路，为社会主义现代化建设培养千百万高素质技能型专门人才"。可见，在高职院校办学理念的核心内容中，不可或缺高技能、高素质、就业导向、职业能力、校企合作、工学结合这样的关键词，以这些关键词来构筑的价值体系，代表着高职精神文化的最本质的价值理念。在目标定位上，高职院校强调培养技能型、实践型人才；以工学结合作为切入点，以创建与教学过程实践性、开放性、职业性相适应的工学结合人才培养模式为重点；在办学层次定位上，以全日制普通专科教育为主体，适当发展五年制高职教育和全日制应用型本科教育；在学校区域定位上，提倡"立足于地方，依托于地方，服务于地方"。

大学精神是高职院校在历史发展过程中形成的、由师生共同创造和认同的价值观念、道德情操、行为方式，传统的大学精神包括三个方面：人文关怀、理性光辉、自由独立。虽然高职院校并不缺少一定的大学精神元素，但是以上三方面内容并不能涵盖高职文化的本质内容。因为高等职业教育有着在实用主义主导意识下极强的功利任务——就业导向，所以无法实现真正意义上的人文关怀和理性追求；高职院校的生源结构和质量不及学术型大学生源优越，不可能一味追求"精英型"大学教育；高职人才培养强调"能力本位"，而从文化的角度看，能力本位教育在目的上存在重视技术技能而轻视理论知识和综合素质的倾向，它

涵盖不了对人的全面发展的整体要求，而且，它在重视岗位能力培养的同时，忽视了重要的学习心理进程、学习迁移，这必然导致学生缺乏就业弹性和可持续发展能力。因此，陈云涛认为高职教育视域下的大学精神主要体现为以下三方面：职业情怀、经世济用和开放协作[7]。

2. 以"刚性标准、弹性过程、柔性管理、外圆内方"等为核心架构的制度文化

制度文化是大学必须强制执行和严格遵从的规范性、组织性、秩序性的文化，包括大学章程、战略规划、领导体制、组织结构、培养目标、教学及管理制度、校规校纪等。高职院校的制度文化是高职院校办学、治校的基本保证，具有导向、约束和规范作用。与学术教育类大学不同的是，高职院校的制度文化具有"二元"属性：（1）其一元是指教育制度文化。作为培养高技能人才的高等教育机构，首先必须遵循教育管理的基本规律和法则，从终身教育的角度培养学生具备更广泛的、适应劳动力市场变化和再就业机会的知识、品质和内在精神，所以，以生为本，办人民满意的职业教育是高职教育制度文化的根本。（2）其二元就是企业制度文化。以就业为导向的职业教育和工学结合的培养模式在过程上与企业有许多的对接点，学生学习有一半以上是需要企业实训、现场作业来获得职业经验的，所以以职业为本位的教学管理文化、企业仿真的实训文化、就业导向的质量文化将与职业教育的管理制度深度融合，与企业管理相关的分层管理制度、标准化质量控制、规范性操作流程、过程控制等企业文化理念将在高职制度文化中得以彰显或者深度融合。"二元"制度在对接中难免出现矛盾，而柔性化的管理思想将能解决许多管理中的实际问题。

为了不断适应市场的变化，解决人才培养、专业设置、教学内容、师资队伍等方面与实际需求不相匹配的深层次问题，必须引入社会、行业、企业各路资源合作办学，所以，与开放办学相匹配的制度文化代表着未来高职制度文化创新的重点，不少示范性建设院校均将创建与开放性、职业性、实践性相匹配的管理制度作为提升文化管理的关键内容。

3. 以"德高为范、技高为师、知行合一、遵章守纪、爱岗敬业、分工合作"为核心特征的行为文化

行为文化是大学文化在大学主体人身上的具体体现，是大学师生员工在教育教学、科学研究、学术交流、学习生活、文化活动中表现出的精神状态、行为操守和文化品位。高职院校的核心主体主要有二个，即教师(含企业兼职教师)和学生。

高职教师行为的典型特征可以通过他们的专业能力、学风、教风得以体现。在工学结合的教育环境下，高职教师必须是按照职业教育、教学的需要重新定位教师的学习行为、教学行为，重新构建教师评价的体系和标准，在主导价值上宣扬"技能、知识、素质并举"，强调教师的自主学习、课程开发、专业教学、技术实践、技术开发与服务等能力的全面发展。在教学方法上，极力推崇以建构主义为基本理论指导的职业教育教学方法，通过项目、情境、案例、角色、仿真等方式引导学生"做中学"。专任教师是推动学校教学改革的主体，而随着学校与企业多层面的深度融合，行业企业的专业人才和能工巧匠逐渐成为教师队伍中不可或缺的一部分，他们的创新意识、动手意识、质量意识也将得到广泛吸纳。

学生是高职校园文化的主要营造者。高职校园文化区别于其他大学校园文化在于融入了企业文化的理念。高职学生的实践课占到了总课时的40%~50%，学生在企业文化的"浸泡"中，较早成长为一名"校园社会人"，"爱岗、敬业、诚信、自律"成为高职校园文化的主旋律。学校也会有意识地将优秀的企业制度引入高职学生行为规范，对学生的发型、衣着、举止等进行指导，甚至引入到工作环境之中，如实训室最大限度地模仿现实车间、服务场所，实行严格打卡制度，杜绝非规范性操作。在日常生活行为规范上，应按时熄灯、就寝、不迟到、不早退，感受严格刚性的管理和近乎苛刻的纪律要求，感受企业员工坚忍不拔和吃苦耐劳的职业精神品质，有效提高学生的生存能力、心理承受能力、社会适应能力。

4. 以"和谐型校园环境、互补型'双师'结构团队、共建型综合实训基地、共享型一体化教学资源、公共型社会服务平台"等为核心载体的物质文化

物质文化是精神价值在教学、科研、服务社会等物质条件上的人文化成果体现，也是高职院校的综合实力和办学水平的物化呈现。由于高职院校发展历史比较短，积淀不深厚，能继承的物质文化并不很多，多数院校都是在原中专校园环境的基础上重整和兴建起来的，给人的普遍印象就是：校舍新、师资弱、学生多、资源少、底蕴浅、"树木未成林"，"标识未成形"。

示范性建设使高职院校物质文化向前迈进了一大步，以专业建设为龙头带动的"双师"结构的教学团队、职业导向的课程资源、一体化教学设施、实训基地等项目的建设将高职院校的物质条件向前推进了一大步，与之相适应的物质文化得到了迅速提升。以"双师"结构、"双师"素质为核心概念的队伍建设蓬勃发展，优秀的"双师"、技能"名师"、能工巧匠、技术大师都被看成学院发展的宝贵资源；以工作过程为导向重构建成的课程资源为专业课程教学奠定了良好的物质基础。为了适应"教学做"一体化、仿真教学、生产性实训的需要，高职院校必须集中优势资源，完善校内实训设施，兴建校外实训基地，大力推广"校中有厂，厂中有校，厂校结合"的教学环境构建模式。

服务社会是高职院校发展的立足点，高职院校与企业、行业间有着天然的联系，社会的许多资源都为它所用，按照"取之于社会用之于社会"的原则，建立公共社会服务平台，应将学校在理论研究、信息辐射等方面的优势资源与行业、企业在技术与应用方面的优势资源有机整合，最大限度地为地方经济发展服务。因为高职院校的专业结构调整与地方经济发展联系紧密，所以，在学院整体形象和校园环境设计上应努力将专业特色与地域文化有机融合，系统地规范各种文化标识。比如，福建交通职业技术学院的马尾船政文化特色、浙江金融职业学院的金融企业文化特色、邢台职业技术学院的"郭守敬"文化特色、安徽水利水电职业技术学院的"水文化"特色、无锡职业技术学院的"吴文化"特色、

台州职业技术学院的"滨海文化"特色等，在实践中就取得了很好的成效。

◉ 参考文献

[1]蔡劲松.大学文化[M].北京：文艺出版社，2009：12.

[2]迈斯林集团.美国留学：浅谈美国大学分类[EB/OL].[2009-06-18].http：//www.maslink.com.cn/? ArticleID＝3630.

[3]徐国庆.职业教育原理[M].上海：上海教育出版社，2007：29.

[4]徐国庆.职业教育原理[M].上海：上海教育出版社，2007：80.

[5]刘向兵，李立国.大学战略管理导论[M].北京：中国人民大学出版社，2006：236.

[6]蔡劲松.大学文化[M].北京：文艺出版社，2009：44.

[7]陈云涛.高职教育视域下的大学精神重构[J].高等教育研究，2009：63.

大学精神及其在高职文化
建设中的立体贯注

　　随着政治、经济、文化等各领域改革的深化，一些深层次的社会矛盾、冲突甚至危机不同程度地暴露出来，引起政府、社会以及大学和大学人的深刻反思，因而大学精神的回归和大学文化的重构成为当下高等教育领域最热切的呼唤和诉求。高职教育在经历了快速规模扩张后开始进入内涵建设和科学发展时期，对高职教育的改革已成为整个高等教育改革的新突破。高职院校作为新类型的大学，也日渐开始高职文化的自省自觉和研究探索。本文试图追溯大学精神和大学文化的脉系，析取高职文化视阈下的大学精神，进而引入"立体贯注"的概念来探求大学精神在高职文化中的导入和强化。

一、大学精神之于高职文化建设的重要性

（一）大学精神是高职文化必然的价值追求

　　一般认为，除了少数例外（如开罗的 Al-Azhar 大学），现代大学来源于欧洲中世纪大学。从大学起源至今，大学教育一直兼有两个基本使命：一是人类创造能力的挖掘和提升；二是人类文明的延续和提升[1]。其中第二点就涉及大学对精神世界的观照或者说是人类对大学精神的关注。所谓大学精神，它是人们投射到大学这种社会设置上的一种精神祈望与价值建构，是大学自身存在和发展中积淀而成的具有独特气质的精神形式和文明成果，是大学发展的理想、信念和价值追求[2]，大学精

神也必然是高职文化价值追求的核心内容。

最早的大学精神包含有自治与学术自由两层意思。19 世纪初德国教育家洪堡将科学精神有选择性地融进了大学精神，他极力提倡科学研究与教学相结合的原则，使大学真正成为研究高深学问的机构、科学与学术的中心。之后，英国教育家纽曼赋予了大学人文与博雅的精神内涵，他认为大学具有知识的交流、沟通以及知识、智慧的集中特性，大学是智慧的首府，是人文的光源，是宗教的传播地，是下一代的文明之母[3]。

20 世纪中叶后，美国教育家赫钦斯在批判以教育所达成的实用性、功利性的目的作为教育的全部目标的教育思潮的基础上，进一步强化通识教育对大学教育的意义，他强调通识教育的内容是大学赖以生存的纽带和本质特征，大学必须实施通识教育，通过"经典著作"、"永恒学习"教会学生应付任何可能发生的事情的共同能力[4]，故而，重知识、重博学的理性追求成为大学精神的又一重要内容。

21 世纪以后，随着现代大学职能的转变，保存知识已落到从属地位，发展知识、进行高层培训、开展批判性研究、服务社会需求成为主流。现代大学精神在沿袭传统大学"自治、学术、科学、人文、理性"的精神内涵基础上，提升对"科学、人文、理性"等精神品质的要求，进一步丰富了"创新知识、培养人才、独立批判"等精神内容，真正使大学成为了致力于追求知识、解决问题、审慎评价和培养思想家、科学家、发明家等各类高层次人才的专门机构。

(二) 大学精神引领高职院校可持续发展

高职文化，广义上说是指高职教育文化，狭义上说是指高职院校文化，而且由于高职教育的高等性、职业性和技术性，它在本质上既属于大学文化范畴，又属于技术文化范畴，具有与学术教育类大学文化相区别的职业教育类大学文化。大学精神、大学文化是对大学本质、功能与办学规律的理解和价值追求的集中反映，是对"大学"之所以存在的基本内涵及其所应展现出的基本品格的定位，它规定了大学发展的基本方向[5]。不崇尚大学精神、没有卓越文化，就不可能建成卓越的大学。如果说高职文化建设是高职院校制度创新和质量提高不可或缺的基础，那么，大学精神的贯注则是高职文化建设的关键内核。所以，高职文化视阈下的大学精神的析取，是高职文化建设和发展的首要问题。

（三）大学精神是高职文化的成果体现

大学是一个具有文化属性的系统，是一个特殊的意义世界，这个特殊的意义世界包含有丰富的内容，主要有大学的精神文化、制度文化、物质文化以及活动文化等，其中精神文化是灵魂。黑格尔曾说，宇宙间一切的核心是精神，以"哲学的"、"科学的"为主要内容的大学精神文化以其强大的影响力、感染力渗透于学校事务的方方面面，对学校的价值取向、办学理念、育人思想乃至每一位大学人价值观念和精神品格的形成产生着至关重要的影响[6]。也正是因此，才逐渐构建了包括社会功能定位、人才培养、科学研究、社会服务及办学思想在内的完整的高职精神文化体系。可以说，大学精神是高职文化之精髓，没有大学精神，高职文化就没有了根基和支柱。

二、高职文化中大学精神缺失的原因分析

高职院校由于发展历程较短，底蕴不深，导致出现大学精神漠视、庸俗化、不自觉的现象。追究高职文化中大学精神缺失的原因，主要有以下几点。

一是社会本位主导的实用主义功能定位和价值取向导致人文精神、科学精神、自由精神的漠视与功利化。在《国务院关于大力发展职业教育的决定》（国发〔2005〕35 号）文件中对职业教育的宗旨和社会功能定位就是"以服务社会主义现代化建设为宗旨，培养数以亿计的高素质劳动者和数以千万计的高技能专门人才"、"职业院校和培训机构要为就业再就业服务"。可见，现阶段我国职业教育的目标定位就是"就业教

育"和"能力本位"，这种偏实用主义主导意识下极强的功利任务——就业导向，致使在教育操作层面普遍存在人文精神、科学精神、自由精神的漠视或弱化。

二是专科层次的办学规格制约着人文关怀、理性追求、崇尚学术等大学精神的充分彰显。大学的人文关怀主要体现在大学对"个体的人"和作为"整体的人"的全面、协调、可持续发展的终极关怀上，追求人的完善和自由发展被视为人文精神的高级境界[7]。我国的职业教育在体系上存在明显的短板，目前只有高中阶段的中等职业教育和专科层次的高等职业教育两个主要板块，终结在专科层次的高等职业教育，缺乏为学生提供作为纵深发展的学历阶梯，把数以亿计的高职学生的职业生涯困在了"专科—就业—技术工人"这个胡同里，这种体系结构，本身就很难体现对学生自由发展的人文关怀。

同时，以专业门类为基础，按照职业岗位(群)或者相应的技术领域的要求重新设计的高职课程体系，不可能照顾到知识体系的完整性和逻辑性；专科层次的高职院校的学制年限相对较短，学校首先要考虑的是教育的经济性价比，在有限的时空内不可能开设大量选修课，为学生选择专业方向、个性化学习、研究性学习提供广泛机会。此外，由于在职业教育过程中必须强调技能、技术的训练，实操与创新，重技崇学的学术导向在一定程度上也会影响到理性思想及学术研究的纵深发展。

三是重理论轻技能的传统文化阻碍着大学精神的自觉发展。关于科学和技术的价值，西方近代思想认为是不能厚此薄彼[8]，但在中国的传统文化中，有科无技的观点根深蒂固，重理论轻技能的观念表现尤盛，社会舆论普遍崇尚学术教育，学术型大学不光教育体系完善，而且在财政支持、教育政策的制定与操作、社会环境的认同等方面都处于绝对优势的地位，这种贫瘠的技术文化使高等职业教育遭受"非国民待遇"[9]，而长期形成的对职业文化歧视的价值观念，在一定程度上阻碍着高职院校大学精神的自觉发展。

三、高职文化视阈下的大学精神的解构

(一)现代大学精神的基本内涵

从中古大学到现代大学,大学精神经过了近千年的演进,逐渐形成了比较稳定的精神气质与价值体系。至此,现代大学的价值体系基本上整合了个人本位、知识本位、社会本位等三大价值追求,使知识传授、知识创造、知识应用成为了现代大学的基础价值观和基本的社会职能。

当代哲学家雅斯贝尔斯对大学职能的精辟论述为概括大学精神的基本内涵提供了一个基础:大学的第一职能是从事研究、教学和传授专业知识课程,第二职能是从事教育与培养,第三职能是进行"生命的精神交往",第四职能就是从事学术研究[10]。所以,大学精神至少包括科学精神、人文精神、自由与创新精神三方面的内涵。我国学者程光泉进一步从四个方面概括了大学精神的本质特征:科学精神与人文精神的并重,独立精神与自由精神的统一,包容精神与批判精神的整合,创新精神与时代精神的协调[11]。

随着高等教育机构教育功能的延伸和发展定位的分化,传统意义上的大学精神的基本内涵并不能反映各类大学全部的精神内容,也不能有效区分不同层次、不同类型大学的文化特色。比如,基于不同的教育目标和人才培养模式,高等教育体系逐步分化为学术型教育和职业型教育两类大学,这两种不同类型的大学因其办学层次、服务范围、功能类别的不同而在办学理念、价值取向上也就有了明显的差别。即使是同一类型的大学,由于产生背景、文化积淀、办学进程的不同,其大学精神的内涵结构、彰显程度也会不同。独特的大学精神将赋予一所大学特殊的人格特质,这就是大学的"文化气质"和"文化个性"。

所以,对于不同类型的大学以及同一类型的某所大学来说,最关键的问题不是要不要大学精神的问题,而是需要彰显何种大学精神特质以及将这些精神特质彰显到什么程度的问题,这甚至成为关于大学文化理

论研究和实践探索不可回避的首要问题。相对于学术类大学来说，高职院校由于多源合流、快速扩张、层类认同的不统一、历史文化积淀不深等多方面的原因，其大学精神的有效析取无论从理论上还是从技术上都显得尤为紧迫和至关重要。

(二)高职文化中大学精神的重构

高职院校虽然在层次和类型上与学术类大学有所区别，但由于承担的社会责任基本相似，也必然具备相同的基本内涵。一个可行的思路是：首先深入分析传统大学精神的内涵和特征，然后根据高职教育的属性、目标、需求和特色析取高职教育文化视阈下大学精神的基本特征，进而针对不同高职院校的功能定位、资源禀赋和面向服务对象的特殊需求来萃选高职院校文化中主流倡导的大学精神词素，最后形成以高职教育文化和高职院校文化两个层面形成的对高职文化视阈下的大学精神的特色表述。

高职院校是大学发展中的一个特殊类型，高职文化从属于职业教育类大学文化，归属于技术文化体系。无论是从文化载体到文化体系，从教育体系设计到核心教育观念，高职文化自成一体，形成了独具特色的精神文化。由于高职文化同时具有高等性、职业性两重属性，这就从根本上决定了高职精神文化既要体现大学精神的基本内涵，又要体现高职院校的文化特色和精神追求(图 1-2)。

图 1-2　高职视域下的大学精神

四、大学精神在高职文化建设中的立体贯注

高职文化中大学精神的深入推进不是单一的教育问题，也不是一个简单的管理问题，而是涉及社会经济、政治、文化、教育等多方关联的综合问题；是与高职院校的办学定位、办学规格、高等职业教育发展水平及传统文化价值导向等多种因素密切相连的复杂问题。因此，在此特别引入"立体贯注"的概念。所谓"立体"，汉典释义为具有长、宽、厚的形体或指地面以上具有若干的横向层次，"贯"意为用绳子穿、通、连起来，"注"意为"灌入"，这里取其引申义，"立体贯注"意即管理者分别从面、线、点切入，针对不同层次、不同角度、不同过程、不同事件、不同主体选择相应的策略，以大学精神的基本内涵和价值追求为脉络，有意识地培育具有高职文化特色的大学精神。

（一）通过社会舆论、政策引导、学校培育、企业支持等合力成"面"共同贯注

在工学结合、校企合作的主流背景下，高职文化不是单一的学校文化，而是融学校文化、社会文化、企业文化于一体的复合文化。因此，大学精神在高职院校的整体推进，必须依托政府、企业及社会各界各领域、各层面的合作与支持，通过社会舆论、政策引导、学校培育、企业支持等多方合力共同贯注。

（1）通过社会各种传媒宣传推广职业教育、技术教育的社会成就与典型事件，营造平等的文化舆论，逐渐消除人们对技术文化、职业教育的歧视。

（2）政策导向上要逐渐调整以社会本位为主导的实用主义的价值取向，提高人本价值在职业教育中的地位和作用，科学建构通识教育、专业教育、职业道德教育的知识体系。

（3）进一步完善现有的职业教育体系，有选择性地提高提升高职院校的办学层次，拓宽高职毕业生职业生涯的发展空间。

（4）以高职院校办学实践和理念创新为基础，构建包括学校使命、学校愿景、学校观念体系、办学宗旨、管理理念、发展定位、学校精神品格、办学经验、办学特色在内的具有自身特色的大学精神文化体系。

（5）有意识地促进高职文化与企业文化的双向融通，在向企业渗透科学、人文、创新、批判等大学精神的同时，也要从企业文化中引鉴与高职文化共融的管理思想。比如，导入企业发展理念，强化高职服务功能；导入 ISO9000 质量标准，强化学校质量文化；导入企业运作模式，强化学生职业精神；导入企业竞争意识，强化科技文化素质。

（6）政府必须加大投入，进一步完善高职院校硬件设施，提升文化内涵建设的品质要求，重视对大学精神文化的品牌建设与推广宣传。

（二）通过文化规划、专业建设、科研学术等关键事件集中于"点"共同贯注

1. 通过文化规划的总体设计建构相对统一的主流文化价值体系

文化规划是大学精神全过程培育的全局性、前瞻性的总体设计。为了树立统一的主流文化价值观，形成以大学精神基本内涵为中心、以高职特色的精神文化为主流的文化发展方向，在出台高职院校文化规划的时候必须坚持五个基本的方针：坚持以人为本，以服务为宗旨，促进学生全面发展，促进教师专业成长；坚持"共性"与"个性"相结合的文化发展观，以大学精神的基本内涵为基础，建设具有高职特色的文化体系；坚持以技术与职业为根本，吸收和借鉴学术教育的优秀成果，加强科学精神与人文精神的贯注；坚持合作与创新相结合的原则，整合政府、企业、学校三方面的优质文化资源，形成以政府为引导、以学校文化为主体、以企业文化为辅助的发展模式；坚持全员参与、全过程督察的贯注与落实原则，从精神、制度、物质和行为四个方面不断巩固文化建设新成果。

2. 通过专业文化建设彰显高职文化的鲜明特色

专业文化建设是文化建设中众多关键事件的关键。经过多年的探索与积累，高职特色的专业文化已逐渐形成，如以市场需求为导向的专业

选择取向、以工学结合为主流的人才培养模式特色、基于职业导向的课程文化、以"双师"结构和"双师"素质为关键评价标准的教师文化、教学做一体化的实训文化、学校企业共同参与的教学质量管理文化等。为了努力培育专业文化中的科学精神、人文精神、知识创新与独立批判等大学精神，管理者需要在实践中通过专业规划、人才培养模式创新、课程体系构建、教师队伍建设、实验实训基地建设、教育教学质量管理等具体事件层层落实，逐一渗透。

3. 创建以"应用"、"服务"为特色的科研学术文化

与学术型大学不同的是，高职院校的科研与学术文化特别关注技术、产品、职业的更新；更加关注与社会职业、职业技术相关的应用性研究；特别是通过产学研合作与企业横向联合进行新技术、新材料开发、生产流程设计、技术咨询与服务；更加强调以专业开发为基础的职业教育研究。高职院校一方面要积极营造追求真理、崇尚学术、崇尚技术、严谨求实、敢于批判的文化氛围，另一方面要不断优化教学、科研、生产、开发于一体的科研环境，确立以科研服务区域、以科研促进教学、以科研引领队伍、以科研增强实力的价值取向，使科研与学术文化真正成为高职精神文化的制高点。

(三)通过专兼职教师、管理者、学生、校友等全员参与连接成"线"持续贯注

1. 让优秀的"双师"、技能"名师"、能工巧匠、技术大师成为传播大学精神的核心主体

实施全员参与的文化贯注，必须首先确立办学以教师为本，开创尊重科学、尊重知识、尊重学术、尊重教师的先风，把教师视为学校发展的第一人力资本，实施人才强校战略，允许"和而不同"，讲求"和衷共济"，营造良好的教学氛围和科研环境，逐步形成大学精神统领下的，具有高职文化特色的"素质与结构并举、专兼结合、学术为先、技高为师、育人为本、服务至上"的教师文化。

2. 通过领导的引领和管理者的执行实现层层贯注

学校的高层领导在大学精神的培育中起着明显的引领作用。如果说教师对大学精神的贯注是一种渗透性的、弥漫性的、扩散性的、持续性影响的话，管理者则更多依托严密的层级组织、刚性的管理制度、柔性化的管理过程去推进大学精神层层渗透，在计划、组织、领导、控制、创新的每一环节中，按照刚性标准、柔性管理，奉行着高职院校普遍认同的精神要义，并以严谨务实的工作作风和精细化的管理流程践行着"一切为了学生、为了一切学生、为了学生的一切"的人文精神理念。

3. 把学生和校友作为文化传播的重要载体

学生是大学文化主体中最具活力的载体，对学生的"人化"过程，就是通过教学、社团活动、企业实习等活动，让学生在体验中学会认知、学会做事、学会共同生活、学会生存，并潜移默化地贯注以"服务为本、职业情怀、经世致用、重技崇学、能力本位"为核心理念的精神文化。另外，校友也是传承大学精神的重要资源，校友的典型事件和奋斗历程，都是最形象最生动的文化读本，学校可通过建立校友网络、组织校友活动、兴建校友林和文化墙等途径，使具有高职文化特色的大学精神在校、社之间得到双向互动和广泛传播。

◉ 参考文献

[1]潘晓凤. 关于中西方大学精神的思考[J]. 西安邮电学院学报，2009 (5)：180.

[2]蓝劲松. 略论大学的起源[J]. 科学文化评论，2005，2(6)：55-68.

[3]单中惠，杨汉麟. 西方教育学[M]. 南昌：江西人民出版社，2000：258，435.

[4]程光泉. 哲学视野下的大学理念、大学精神、大学文化[J]. 北京师范大学学报，2010(1)：124.

[5]王守义. 从大学文化的视角看大学[J]. 中国高教研究，2010 (2)：52.

[6]程光泉. 哲学视野下的大学理念、大学精神、大学文化[J]. 北京师

范大学学报，2010(1)：122.

[7]陈云涛.高职教育视域下的大学精神重构[J].高等教育研究，2009
(7)：63.

[8]徐国庆.职业教育原理[M].上海：上海教育出版社，2007：81.

[9]刘小强，彭旭.影响当前我国高职教育发展的四个问题[J].高等工
程教育研究，2007(5)：115.

[10]雅斯贝尔斯.什么是教育[M].北京：生活·读书·新知三联书
店，1991.

[11]程光泉.哲学视野下的大学理念、大学精神、大学文化[J].北京
师范大学学报，2010(1)：122.

高职文化创新发展的路径

在国家示范性高职院校建设的背景下，高职院校的文化建设被提高到一个空前的高度受到广泛重视，许多高职院校正在结合本地的地域文化和专业特色，积极研究高职文化视阈下的大学精神塑造以及高职文化特色的形成问题。武汉职业技术学院（以下简称"武汉职院"）自独立设置以来就非常注重学校文化的培植和积淀，并以人才培养工作水平评估、校庆、国家示范性建设等重大事项为契机，有计划地开展文化建设工程，创建了较为完备的学校文化识别体系，在文化建设方面取得了突出的成绩。本文旨在以武汉职业技术学院为案例，探求高职院校文化创新发展的新路径。

一、高职文化发展的理念创新

"高职文化"在理解上应有广义和狭义之分。广义的高职文化就是指具有高等职业技术教育精神特质的一种文化类型；狭义的高职文化就是特指高等职业技术院校的学校文化，或者说是高职院校文化。要实现高职院校的文化自觉，理念先导将是必经之道。

(一)从高职教育的层类属性定位高职文化视阈下的大学精神

中国高职教育是按照"三改一补"方针发展起来的，而高职院校的建立一方面是对当时已有的高等专科学校、短期职业大学和独立设置的成人高校分别进行改革、改组和改制而来，另一方面是选择部分符合条件的中专作为补充改办而成。这种多源合流的历史，客观上决定了高职教育及高职文化的发展定位，带来高职文化外延的边缘性、内涵的兼容性以及呈现方式的多样性。

单独从学历层次上看，高职教育被定位为以举办专科学历层次教育为主的高等教育。高职院校本身就是带有大学的血统而组建和发展起来的，因此高职文化也必然要体现大学文化的某些特征。大学精神应是高职文化中不可或缺的重要因素，这是由高职教育的高等性所决定的。然而，现阶段高职院校大学精神的缺失成为一个严峻的现实。随着高职院校内涵建设的不断深入，大学意识、大学精神培育已成为高职院校发展的必然诉求。

研究发现，以"人文关怀、理性光辉、自由独立"为主的传统大学精神并不能涵盖高职文化的全部内涵。如何从高等教育的层类视角吸纳传统大学精神的合理要素，是现阶段高职文化建设需要解决的首要问题。高职院校在起源、主体、使命责任、培养模式等方面与传统大学有着根本性差异[1]，因此研究者认为：高职文化应该体现以"服务为本、职业情怀、经世致用、重技崇学、能力本位"等为核心理念的大学精神。

（二）从高职教育的类属性析取高职文化的根本特色

一方面，高职教育是高等教育体系中介于中职中专教育和本科教育之间的一个层次；另一方面，高职教育又是与举办本科及研究生教育为主的学术型教育相区别的新类型的高等教育，它在整个高等教育中已经规模过半并显示举足轻重的地位。随着高等教育改革的进一步深入，高职教育必然向更高办学层次发展，形成自身具有特色的相对独立和完备的专业体系和学历层次结构。因此，必须从高职教育的层次和类型两方面，从既考察历史和现状又观照未来发展的角度来全面研究高职文化。

从层类划分上看，高职文化既具有大学文化属性，又从属于技术文化体系，也就是说它是"职业教育类大学文化"。知识、技术、职业是职业教育的三个基本要素，与职业关系最为紧密的两个概念是就业和失业，所以，职业教育的直接目标就是让学生进入工作体系；职业教育培养目标的基本定位就是高技能型人才，在教育过程中强调"教、学、做、练一体化"，将教学延伸到企业，将工作岗位做进课堂。学生直接针对技术岗位的实习实训本身就是一个社会化的工作过程，要求个体具备职业道德素质和社会合作精神。而在技术视野中，职业教育的主要内容是技术，随着技术中科学知识含量的提高以及现代技术智能化倾向愈趋明显，对个体身体技能的要求逐渐降低，而对智慧技能的要求逐渐提高[2]。基于上述要素的要求，高职文化应该体现学校文化、企业文化、社会文化三种文化的融合，特别强调以就业为导向，以能力为本位，突出职业与技术的特征。

(三)从企业文化中引鉴与高职文化共融的管理思想

学校是企业人才的摇篮，企业是学校价值的延伸。学校和企业都是整个人才市场价值链和社会生产价值链中的重要环节，二者相互依赖、密不可分。高职院校与企业的这种联系表现得尤为突出，以就业为导向的职业教育和工学结合的培养模式使得高职院校和企业之间有着天然的密切联系。在整个教育过程中，学校和企业间有着许多的对接点，学生学习有一半左右是需要靠企业实训、现场作业来获得职业经验的，这种企业文化的提前导入和"浸泡"，对学生职业精神的培育是十分重要的，对高职文化的影响也是"润物细无声"。

随着校企双方的资源共享与深度融合，企业的核心价值观、管理思维、生产理念也自然渗透到高职院校的理念文化、制度文化、行为文化、物质文化、传播文化的方方面面。比如：引入企业全面质量管理和柔性管理的理念形成高职的质量文化和制度文化，引入企业市场营销理念形成高职的以需求为导向的专业文化等。

(四)跳出"高职校园文化"即"高职文化"的视野局限

国内教育管理机构的官方文件以及多个协会、学会组织，往往更多地提"校园文化"，或者以"高职校园文化"来替代"高职文化"，这种替代其实是不很准确的。首先，"校园"不是一个"组织实体"而是一个"活动场所"的概念，而"学校"才是一个"独立的组织实体"的概念。其次，校园文化偏重于强调校园文化活动氛围，校园文化活动只是高职文化的重要载体和表现形式。以"高职校园文化"替代"高职文化"不仅是简单地以偏概全地以活动形式替代精神内容，而且弱化了甚至忽略了文化更本质的精神层面的内涵。

高职文化的创新发展必须跳出这个认识的误区，从理念、制度、行为、物质等多方面全面塑造学校文化，不是满足于开展一般的文化活动，而是要更多地在精神理念的系统建构和功能主导上下工夫。即使是开展一般的文化活动，也要注意基于顶层理念设计和精神价值导向，在认识上不能停留在"唱唱跳跳，花花草草"的较低层次。

（五）从品牌战略高度提升高职院校的文化力

在市场经济竞争的大潮中，高职院校首先要面对的是相对于研究型大学更为开放和波动的招生和就业两个市场。学校提供的是教育服务，学生和企业是高职院校最大的顾客群，而人才市场上的"双向选择"已成必然。整合这两个市场的有效策略就是整体营销，而品牌就是营销制胜的一个有利因素。

所谓品牌，就是目标消费者及公众对于某一特定事物心理的、生理的、综合性的肯定性感受和评价的结晶物。"品牌是文化的载体，文化是凝结在品牌上的精神。"[3]特色是品牌的重要表征，因此增加品牌的特色文化含量显得至关重要。高职院校的品牌战略目标就是要树立良好的品牌形象，不断提升学校的知名度、美誉度及顾客的忠诚度，利用品牌增强核心竞争力来获取差别利益、提升社会价值。这种品牌战略包括品牌化决策、品牌模式选择、品牌识别界定、品牌延伸规划、品牌管理规划与品牌愿景设立这几个方面的内容。

高职院校要按照学校品牌形象管理的一般要求，在类型上树特色，在层次上求风格，在文化上展个性，整合文化资源，建立一套包括理念识别、行为识别、制度识别、视觉识别、传播识别等五大系统在内的完整而个性化的识别系统，在文化传承与创造中推广学校的核心价值理念。

二、高职文化建设的路径探索——以武汉职业技术学院为例

(一)以办学理念创新引领高职院校的精神文化

办学理念是大学精神文化的核心内容，是对为什么办学、办什么样的学、如何办学等办学治校的基本立场、理想追求的理性认识的概括，集中体现在高职院校社会功能定位、人才培养、科学研究、社会服务及办学思想等基本问题的核心价值取向上。武汉职院以办学理念为切入点，构建了完整的高职精神文化体系。

首先，基于对高职教育的本质和规律、办学模式和人才培养模式的研究，提出了"以市场为导向、以能力为本位的职业教育观；以学生为中心，以素质教育为目的，以职业能力、创新能力培养为核心的教学观；以综合素质的提高为重点，以社会评价为主要依据的教育质量观"。以此为基础，学校逐步提炼并形成了"高举一面旗帜，做到二个满足，实现三个结合，坚持四个为本"的办学理念，即："高举高等职业技术教育旗帜，坚持高等职业技术教育方向；最大限度地满足社会对高职教育多样化的需求，最大限度地满足学生求知、求技、求职等多方面的需要；实现教育与生产(企业)相结合，教育与科研开发相结合，理论与实践相结合；学校以人为本，办学以教师为本，教育以学生为本，人才培养以能力为本。"

其次，在学校迈上万人规模台阶后，学校提出了新的发展战略，在发展目标、专业建设、服务面向、人才培养目标、办学水平等五大方面进行科学的规划定位，提出"质量立校，特色兴校，品牌强校"的发展策略以及"规模、效益求生存——把学校做大；改革、创新促发展——把学校做强；质量、特色创品牌——把学校做精"的发展路径，向着"国家级文明单位，国家示范性高职院校前列，高职教育著名品牌"的目标迈进。

学校在强化大学意识的同时，注重大学精神的培育和贯注。在《学校文化手册》中明确，学校办学宗旨是："以满足社会需要、促进学生职业化成长为天职，育百业所需的高技能人才，促进经济发展、社会进步和文化传承。"学校使命是："办人民满意的高职教育，为建设人力资源强国贡献力量。"在观念体系中明确"国家利益高于学校利益，学校利益高于个人利益，价值奉献高于价值索取"的价值观。可见，武汉职院办学宗旨、学校使命以及整个观念体系，充分体现了"无业者有业，有业者乐业"的职业教育目标，进而上升到学校追求"经世济民、实业报国、文化传承"的理想境界，体现了高度的社会责任感和学校作为大学本身存在的社会价值。

开展科学研究及学术活动是大学的基本职能之一。只不过与学术型大学相比，高职院校更加关注与社会职业、职业教育、职业技术相关的应用性研究。因此，该校把培养学术力量作为学校文化建设的重要任务，通过"双师"结构教师队伍建设，应用学术的重点引导，以及学校"发展特色、文化特色、专业特色、模式特色、管理特色"的创新，借以营造良好的学术文化氛围。

经过多年的办学实践和理念创新，武汉职院逐步形成了包括学校使命、学校愿景、学校观念体系、办学宗旨、管理理念、发展定位、学校精神品格、办学经验、办学特色在内的具有自身特色的大学精神文化体系。

(二) 以体制、机制、规则完善高职院校的制度文化

学校制度文化建设，即要善于融合形成具有学校自身特色的各种规章制度、道德规范和行为规则体系，使学校管理有法可依、有章可循，建立起有力的约束机制，引导和激励师生员工实现学校的发展目标。

武汉职院的领导体制是党委领导下的校长分工负责制，采取"三级建制，两级管理，系为实体"的管理体制，建立"刚性制度、柔性管理、良性运行"的运行机制，制度规则的制定和实施也充分体现"以人为本，文化引领"的基本原则。

2004 年和 2008 年，该校先后两次大规模开展制度汇编和修订工作。学校从 2003 年开始将企业界广泛盛行的全面质量管理思想和 ISO9000 国际质量标准，及时导入学校内涵管理轨道并加以实施，形成"四方三层"（四方：政府、企业、学校、学生；三层：决策层、管理层、执行层）教学质量管理模式。该模式兼容 ISO9000 标准体系、教育主管部门人才培养工作评估指标体系、学校管理制度体系等三大体系，建立了学校自己的质量标准体系，其中包括管理标准（控制程序文件 34 个、管理规章 80 多项）、技术标准（12 个重点专业的专业人才培养标准、28 门课程标准）、工作标准（二级学院岗位工作质量标准 20 个、职能处室各岗位工作质量标准 270 个），有效提升了管理的标准化、规范化、科学化水平，基本形成独特的制度文化、质量文化、教学文化和管理文化。

（三）以管理方法创新塑造高职院校的行为文化

武汉职院分别规定了教师、管理者、工勤人员、学生的角色定位和行为规范，同时提出礼仪礼节方面的一般要求，以校风、教风、学风来体现师生员工的精神风貌。全面质量管理、精细化管理和执行力建设成为该校创新管理的三大法宝，从不同角度对师生员工的日常学习、工作和生活行为作出规范要求，塑造学校的管理文化。

该校实施精细化管理，提出"细化、量化、流程化、标准化、公开化、人性化"等精细化管理的"六化"要求，着力解决"上班劳动纪律问题、开会会风会纪问题、工作联络备勤问题、工作质量效率问题、服务接待态度问题、场所设备管理问题"等日常管理中六个方面的突出问题。

该校提出培育和强化五种力量：领导力、执行力、教学力、文化力、学术力，将其作为内涵建设最重要的内容。特别是加强执行力，从"责任感和使命感、工作态度和工作作风、管理能力和管理水平"三个核心要素抓起，通过"加强学习，提高执行的能力；健全制度，奠定执行的基础；优化机制，形成执行的氛围；强化监督，建立执行的保障；

有效激励，改善执行的环境"等五大举措来提高执行的力度、速度和效果。

（四）以校企深度融合展现高职院校的文化特色

为了突出职业性价值导向，打造高技能人才供应链，该校建立了校企深度融合的长效机制，积极引进企业力量和文化要素，不断充实和完善学校办学条件和办学理念架构；深入推进"导入企业发展理念，强化高职服务功能；导入 ISO9000 质量标准，强化学校质量管理；导入企业运作模式，强化学生职业意识；导入竞争意识，强化科技文化素质"等"四导入、四强化"的策略，从办学理念、管理机制、培养模式、素质拓展等方面切入，努力构建融大学文化和企业文化于一体的具有学校特色的高职校园文化体系，为学院发展提供精神动力、智力支持和良好环境。

首先，学校将职业价值和职业精神渗透到各种文化活动中，除教学活动外，还包括学生社团活动、学术活动、创新活动和创业教育活动等。融通职场赛场，量身打造融"主体性、职业性和开放性"于一体的"三性"学生文化体系，实施"精品社团建设计划"和"校园科技文化活动品牌共建计划"，全面发挥学生文化活动的育人功能。

其次，学校营造富有特色的专业文化和科技文化氛围。学校各个二级学院注重依托行业办学，将相关的制造文化、建筑文化、旅游文化融入到学科和专业建设中来。通过举办各种专业发展和职业知识讲座、职业技能大赛，校企共同管理的"订单班"等途径，提升学生的职业素质。

最后，通过校企合作，在校内建设具有企业环境和氛围的实训场所，在校外建立适应专业教学需要的实训基地，让企业文化与大学文化相互融合，取长补短，共同为培养人才服务。

（五）以校园环境建设积淀高职院校的物质文化

学校物质文化是学校精神价值在保障教学、科研、服务基础功能发挥的各种实体物上的人文化成果体现，也是学校的综合实力和办学水平的物化呈现。由于高职院校发展历史比较短，积淀不深厚，能继承的物质文化并不多，为此，学校从整体规划着手，通过人文化设计，调整师生对校园环境的认识和审美取向。

武汉职院精心设计并规范校名、校徽、标准字、标准色、校歌等基本文化要素，突出学校展示陈列、公关广告、交通工具、展览橱窗、建筑外貌、师生制服、旗幅标牌、办公用品、办公设备、产品包装等应用文化要素的直观性。学校提出建设"文化校园、绿色校园、数字校园、和谐校园"，坚持"园林化布局，功能化分区，人性化设计"的原则进行校园环境规划，引导师生在情景交融中感悟学校理念、特色、人文精神，让"一砖一瓦、一草一木"都成为贯注学校精神的载体。

(六) 以品牌文化建设提升学校的社会价值和软实力

武汉职院积极落实"质量立校，特色兴校，品牌强校"的发展策略，采取"谋求学校发展，形成综合实力；创新办学特色，提高教育质量；依托优势专业，打造职教航母"等具体途径，以"光谷之心，高职旗舰；能者武职，银领天下"为传播口号，树立"立德树人的模范、优质就业的标兵、高职发展的龙头、职教改革的先驱"的学校品牌形象。

武汉职院对各种文化资源进行整合，在大量研究的基础上创编了《学校文化手册》，从理念识别、行为识别、制度识别、视觉识别、传播识别等五大方面系统建构了完备的学校文化识别体系(图1-3)，对涉及办学和育人的23个重要的文化识别要素形成完整清晰的表述。这一创新成果在全国同类院校中尚未出现。该手册发掘了学校品牌文化建设的丰富内涵，作为未来学校文化建设的重要蓝本，进一步突出文化在学校改革、建设、发展中的灵魂地位，提高学校社会价值和软实力。

武汉职院以国家示范性建设为契机，强化实施"大学精神强化、校园环境优化、管理制度科学化、文化活动多样化"等四大文化工程，全面推进学校品牌文化建设，取得了良好的效果。学校连续四届被评为"湖北省最佳文明单位"，获得"全国职教先进单位"、"全国高职院校就业质量50强"、"新中国60年湖北最具影响力品牌"、"新中国60年湖

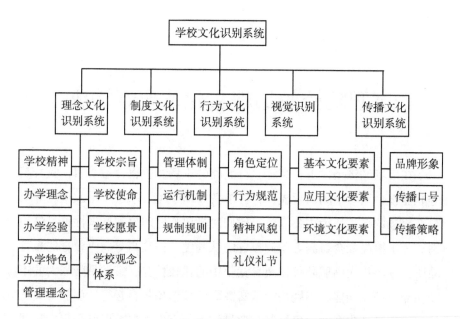

图 1-3　武汉职业技术学院学校文化识别系统

北十大教育品牌"、"全国管理创新改革品牌高校"等一系列荣誉，巩固了在湖北高职院校中的龙头地位，成为中部高职教育的改革先驱，在全国高职领域发挥了重要影响，形成了引领荆楚、示范全国的品牌效应和经验模式。

◉ 参考文献

[1]陈云涛. 高职教育视域下的大学精神重构[J]. 高等教育研究，2009（7）：63.

[2]徐国庆. 职业教育原理[M]. 上海：上海教育出版社，2007：29，80，34.

[3]黄焕山. 品牌文化[M]. 北京：光明日报出版社，2008：64.

高职院校的品牌文化及要素构成

在市场经济条件下，高等教育面临的市场竞争也日益激烈，随着高等职业教育买方市场的形成，目标消费者即学生、家长、用人单位等对教育服务的购买行为主要取决于他们对学校整体印象和标识性符号的识别。为了提高社会对高等职业教育的认同度，提高高等职业教育的教育品质，逐步扩大高职院校在教育竞争中的比较优势，借助品牌强大的市场功能、信用功能、识别功能重塑高职院校形象势在必行。而品牌文化战略历来被视为企业竞争机制和营销制胜的有效法典，引鉴品牌文化战略应对高职院校的市场竞争，才能使学校在激烈的竞争中立于不败之地。然而，创建高职院校品牌的内容有哪些？提升品牌文化的内涵应该关注哪些要素？目前实践层面并无相应的理论研究作为支撑。

一、高职院校品牌文化概念的界定

"高职院校品牌文化"是一个复合概念，基于"品牌"、"高职院校品牌"、"品牌文化"等几个相关概念，我们可以对"高职院校品牌文化"下一个比较科学的定义。

"品牌"（brand）一词来源于古挪威文字 brandr，意思是"打上烙印"，这就是品牌的本义，体现了品牌的有形性。综合国内外对"品牌"概念的各种界定，笔者认为"品牌"的概念应该包括四个层面的内涵：(1)法律含义：品牌是一种商标。现代企业商品意义上的品牌，特别强调其法律内涵，也就是它的商标注册情况、使用权、所有权、转让权等权利属性。(2)市场含义：品牌是一种牌子。这个牌子代表了商品的价值，也就是商品的品质、性能、满足消费者效用的程度以及商品本身所代表的市场定位、文化内涵、消费者对品牌的认知程度。（3）文化含义：品牌是一种品位、格调和口碑，强调品牌的档次、名声、美誉。（4）体验含义：品牌是消费者与产品有关的全部体验。

高职院校品牌是指学生、家长、用人单位和社会公众对高职院校的认知印象，它是学生、教师、设施、文化、历史、个性等要素的集合[1]；从教育经济学角度看，学校品牌是市场竞争的强有力手段，但品牌的内涵本质却是一种文化现象，品牌是物质和精神、实体符号、品质和文化高度融合的产物，即品牌文化的最终成果，而文化则是品牌的生命、产品的精髓、学校形象的内核、人才品质的基础。没有文化的品牌是不具有生命、灵魂和气质的，有学者认为：品牌的一半就是文化。

所谓品牌文化，是指文化特质在品牌中的沉积和品牌经营活动中的一切文化现象，以及它们所代表的利益认知、情感属性、文化传统和个性形象等价值观念的总和[2]。高职院校的品牌文化，是指高职院校在办学实践过程中沉淀下来的，用以识别和区分与其他教育产品与服务的文化要素的总和，是学校利益认知、情感属性、文化传统、个性形象的标识化的集中体现。这种文化是以学生和教职工为主流载体，以校内校外为空间，以提升学校整体品牌形象和市场竞争力为目的，以内外部传播为手段，以服务精神为主要特征的品牌文化。

比照高职文化的概念内涵，高职院校品牌文化凝练了与那些学校经营活动密切相关的精神文化、制度文化、物质文化、行为文化，突出体现了品牌文化的市场导向性、文化表征性、价值互动融合性、市场竞争性、公众传播性[3]。由这个概念内涵可见，高职院校品牌文化要素至少涵盖了精神文化、制度文化、物质文化、行为文化四个方面的丰富内容。

二、高职院校品牌文化的要素构成

此前关于高职院校品牌文化内涵分析的研究大都停留在一般层次的

简单描述上，并不能够系统地反映高职品牌文化的立体结构。研究者刘阳在其"企业品牌文化的要素构成及其价值提升"的研究中，把企业品牌文化在精神、制度、物质、行为四个方面的丰富内容归纳为内蕴核、表征面、承载体三个层面进行完整呈现[4]。鉴于学校和企业二者在多方面的统一性，笔者以为，把学校品牌文化在精神、制度、物质、行为等方面的内涵要素与内蕴核、表征面、承载体等三个层面对应起来，建构高职院校品牌文化的结构模型，高职品牌文化的构成要素便可得到立体呈现。(图 1-4)。

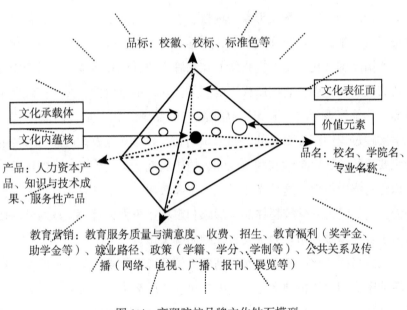

图 1-4 高职院校品牌文化钻石模型

(一)高职院校品牌文化的内蕴核

高职院校品牌文化的内蕴核是学校在办学过程中形成的文化意蕴和哲学理念，具体包括学校对其教育产品的利益认知、情感属性、文化传统、个性形象、精神理念等内容。

1. 利益认知

利益认知即消费者认识到某品牌产品的功能特征所带来的利益。高职院校品牌文化的利益认知，必然考虑到学生及家长、企事业单位及社会的利益需求。学生和家长是高职院校最直接的消费者，期望高职院校能满足学生在知识、技能、人格等方面的发展需求，并能获得相应的文凭、资格证书和相关职业岗位的就业机会；企事业单位是高职院校的间接消费者，希望学校提供职业岗位群所具备的高技能型人才，以最低的人力成本获得最大的人力资源；社会则会从宏观层面关注高职院校是否能培养出有较高道德水平和文化素养的身心健康的劳动者。

2. 情感属性

情感属性主要是基于消费者对某些事物的情感需求。高职院校品牌文化的情感属性包括三个层面：一是学校给予的荣誉感，学生要能从学校的校貌校风、社会知名度中感受到一种特别的荣誉和自豪；二是学校给予的亲切感和美感，学生能从老师、同学及校园文化活动中获得丰富的审美体验、宝贵的友情和对母校的眷恋之情；三是学校给予的人际关怀，庞大的校友库是为学生提供心理支持、成功案例、社会关系的最好资源，学生从这里可以获得学校延伸至社会的经验和人脉，以增强他们对未来的信心。

3. 精神理念

精神理念是学校教育活动所追求的最高理想和信念。高职院校的精神理念是从学校使命与愿景、办学理念、办学宗旨、办学特色、精神品格等价值观念体系中抽象出来的理念系统。使命是对高职院校存在与否对于其利益关系人和社会的价值贡献的回答，共同愿景可创造出众人一体的感觉，形成一种向前向上的拉力和牢不可破的支撑力，"把学校各个系统的人员都能调动起来，形成统一意志，积极、认真地把自己的本职工作与该大学的使命结合起来"[5]。

(二) 高职院校品牌文化的承载体

品牌文化的塑造和经营，必须是"产品、事品、人品"三者的有机结合，三品合一是建立品牌文化、实施品牌经营战略的核心。高职院校品牌文化的承载体是将高职文化的核心精神在教育活动中人文化体现的具体方式与途径，它的塑造和传播，也必须由特定的"物品、事品、人品"三种载体共同完成。

1. 物品：物化环境是高职院校品牌文化的静态承载体

物化环境是形象化承载学校的理念文化、制度文化、行为文化和器物文化的静态视觉识别体系，校园各种客观实体存在的总和构成了校园物化环境，包括校园布局、校容校貌、建筑设施、机器设备、工艺流程、技术装备等构成的学习、工作、生活环境所反映的文化内涵和文化意义。这里的物化环境也就是通常所言一流大学的四大要素——"大楼、大师、大爱、大制"中"大楼"的概念，一流的大学必然以其独特的学校气质和优美的校园环境令海内外学子为之神往。

2. 事品：关键事件是高职院校品牌文化的实践性承载体

事件本身就是品牌的文化外延。按照事件在高职品牌文化中营销动力和市场价值的大小，应重点梳理高职院校的发展规划、专业建设、科研和学术文化、就业与招生四个关键事件。

发展规划是高职院校品牌文化全局性、纲领性、前瞻性的总体设计，它从根本上规定了其他关键事件的具体目标、具体内容和实施途径。

专业建设是赢得社会美誉的重要途径，也是高职院校赖以生存和发展的基石，《国际教育标准分类法》将高职高专基本归于 5B 类型的高等教育，即与"专业口径与职业岗位或职业群对口，培养在生产、管理、服务第一线的实用性技术型专门人才"[6]，可见，专业文化是高职院校品牌文化的生长点。

科研和学术文化是指学校有关教学、科研、学术交流、社会服务的内部心理环境和组织氛围[7]。与学术型大学相比，高职院校科研与学术强调实践性与应用性研究，特别关注的是技术、产品、职业的更新；强调以专业开发为基础的职业教育研究和以教学为出发点的教学研究，特别是通过产学研合作与企业横向联合进行新技术、新工艺开发、生产流程设计、技术咨询与服务，并在学校组织中发挥"引领"作用，使之成为提升学校综合实力和办学水平的支撑点。

就业与招生分别直面于就业与招生两个开放的市场，其市场效应的优劣成为影响学校生存与发展的根本，但就业与招生并不是两个分离的点，而是一条长线，把学生从择校、入校、校内、校外等所有活动连在一起，成为承载和传播高职品牌文化的最重要的生命线。高职院校依靠丰富多彩的校园文化活动及关键事件培养学生的创业意识、创新精神和职业精神，引导学生正确定位、合理就业，而就业好则招生旺。

3. 人品：教育者和学生是高职院校品牌文化的创造性载体

文化人类学认为，教师的特质在于他首先是一种"文化"的存在[8]，当代德国哲学家雅斯贝尔斯认为，"……教育是通过培养不断地将新的一代带入人类优秀文化精神之中，让他们在完整的精神中生活、工作和交往，在这种教育中，教师不是抱着投机的态度敷衍了事，而是全身心地投入其中"。可见，教育者才是文化的核心载体。

大师是大学文化当之无愧的承载主体，"教学名师"、技能"名师"、优秀的"双师"、能工巧匠、技术大师则是高职院校品牌文化承载的核心。教师本身就是一本文化的活教材，在他们教书育人、言传身教的过程中，潜移默化地传承着"服务为本、职业情怀、经世致用、重技崇学、能力本位"的精神理念。

学生和校友是高职品牌文化传播的重要载体。学生是大学文化主体中最具活力的载体，校友的典型事件和奋斗历程，也是最形象最生动的文化读本。

（三）高职院校品牌文化的表征面

品牌文化的表征面，体现了品牌文化所具有的表现主题和表现形式，其中，主题要素包括：产品、品名、品标、包装等，形式要素包括四个基本的构面：文学艺术、语言文字、哲学与风俗[9]。

1. 主题要素

产品是品牌文化的物质实体依托。高职院校产品文化的基本内涵可以从三个方面界定：第一个内涵是关于人们对高职院校"产品"的普遍理解和整体形象。基于 ISO9000 质量体系对产品的分类法，"职业技术院校的产品主要是教育服务、直接为经济社会提供产品、发现发明和创造知识、提供社会服务"；基于《国际教育标准分类法》对高职高专的类型定位，其产品的目标定位是培养在生产、管理、服务第一线的实用性技术型专门人才；基于公共管理理论，其产品性质是不严格遵守消费上具有非竞争性和非排他性的产品和服务，是准公共产品。第二个内涵是高职院校对其所提供的四类产品的质数要求和质量意识的反映，类似于"最大程度地满足社会对高职教育多样化的需求，最大程度地满足学生求知、求技、求职等多方面的需要"、"办人民满意的高职教育"等，都是学校质量意识的反映。由质量意识生成的质量文化，将构成学校产品文化最核心的内容。第三个内涵是关于产品设计中的文化因素，即在四类产品生产过程中所形成的物质文化、制度文化、行为文化、精神文化的反映。

品名(即品牌名称)是品牌文化的直接体现，产品是实体，品名则是象征。高职院校的品名就是指学校名称、学院名称、专业名称。通常，一个好的学校名称能够体现三方面的意义：要有文化含量；要承接历史；有特定的特征。

品标是在品牌中可以被识别但不能用言语称呼的部分，通常由图案、符号或特殊颜色等构成。校徽、校标、标准色等都是学校的品标。校徽和校名共同构成学校完整的品牌概念。在校徽的设计中，要使点、线、面、体和色彩巧妙地搭配起来，以有效传达预期的视觉效果。

学校的包装是指与学校"产品"生产过程关键环节有关的精神理念和物质载体的外部呈现以及对"产品"生产方式、流程与路径的具体设计。高职院校教育产品的包装贯穿于学生入学到毕业前的整个流程，包括学校享有的声誉与威望、教师团队的水平与实力、人才培养的模式、专业体系结构、所采用的课程与教学模式及校内外教学、实习实训条件。通常可以选择静态、物化的形式比如宣传资料、图书、网络、服装、用品包装等直观呈现，编辑"文化手册"则可以将学校在理念、制度、行为、视觉识别、传播方式等方面的包装系统地呈现出来。

广告是最大、最快、最广泛的信息传递媒介，是学校产品的"介绍信"、"敲门砖"，也是学校扩大社会效益与经济效益的重要渠道。在高等教育国际化、市场化发展的今天，对学校的办学资源、办学实力、区位优势、办学特色、典型事迹、特殊荣誉、品牌专业、招生效应、就业优势、满意度、贡献度等进行系统的策划、设计、宣传，就是发挥"广告"的市场效应，塑造良好的教育品牌形象。

2. 形式要素

语言文字不仅是思维的工具和意识的暗示，也是交流、传递各种信息、表达情感的重要工具。在高职院校品牌文化的传播中，所有的理念、行为、方式都离不开文字形式的表达。标准字体是学校形象识别系统中的基本要素之一，也是品牌核心价值和品牌文化抽象化的视觉表达，它应用广泛，常常与标志联系在一起。比如学校校名、校歌、楼宇名称等，均按照系统设计的理念形成与学校文化相符的风格特色并保持相对稳定。经常变换学校视觉识别是不容易被人们记住的，也不利于人们建立明确的学校品牌形象。

艺术的本质是人文的，所以，艺术是品牌文化呈现不可或缺的形式要素。古语云："文以载道。"无论是文学、诗词、歌赋、散文、小说、书法，还是音乐、戏曲、绘画、雕塑等艺术形式都具有厚重的人文色彩与中和之美的文化特征，把艺术作为高职院校品牌文化的形式要素，可以把关于人存在的价值、潜能的发掘以及个性的张扬、人的自由而全面发展、个人丰富的内心世界和求善求美的本性等人文精神表现得淋漓尽致。

不同的教育哲学代表不同的教育价值观和方法论。长期以来，中国的职业教育实践是以社会本位主导的实用主义功能定位和价值取向为主导，所以，在院校层面显现出鲜明的"能力为本"、"就业导向"的价值倾向。随着中国现代职业教育体系的内、外部适应性及系统协调性的发展，高职院校主流文化的价值取向在关注对经济发展方式和产业结构的适应的同时，也会越来越多地观照到个体发展的终极目标以及职业教育过程的人本关怀[10]。地方风俗是高职院校品牌文化必然要考虑的形式之一，所以，学校在设计"产品"时也要尽量围绕本地的风俗、习惯进行创意和设计，尽量避免在某方面"犯禁"，以至于受到本地居民的抵制。

● 参考文献

[1] 邓战军. 高职院校品牌文化建设研究[D]. 南昌：江西师范大学，2006.

[2] 周朝琦，侯文龙，邢红平. 品牌文化：商品文化意蕴、哲学理念与表现[M]. 北京：经济管理出版社，2002.

[3] 朱立. 品牌文化战略研究[M]. 北京：经济科学出版社，2006.

[4] 刘阳. 企业品牌文化的要素构成及其价值提升[D]. 武汉：武汉大学，2007.

[5] 王守义. 从大学文化的视角看大学[J]. 中国高教研究，2010(2)：51.

[6] 潘懋元. 高等教育：历史、现实与未来[M]. 北京：人民教育出版社，2006：506.

[7] 陈何芳. 大学学术文化与大学学术生产力[J]. 高等教育研究，2005(12)：1.

[8] 张东，李森. 论教师专业发展的实然困境与应然向度[J]. 教师教育研究，2011(5)：41.

[9] 陈鹏. 中美比较视野中的职业教育个体取向研究述评[J]. 职业技术教育(复印报刊资料)，2011(10)：48.

[10] 陈鹏. 中美比较视野中的职业教育个体取向研究述评[J]. 职业技术教育(复印报刊资料)，2011(10)：48.

高职院校品牌文化的增值机理与提升策略

在高等教育国际化、市场化发展的今天，许多高职院校大胆引鉴品牌文化战略应对教育市场竞争。那么，品牌文化对于高职院校发展究竟有什么特殊意义？高职院校品牌文化价值是如何创造的？其增值机理何在？提升高职院校品牌文化价值的策略又有哪些？

一、品牌文化对高职院校发展的特殊意义

（一）品牌文化可立体呈现高职教育的品质追求

教育品质是教育行为和作风所显示的思想、品性、认识等精神实质的概括。高品质的教育能使人的潜力最大限度地调动起来并加以实现，使人的内部灵性与可能性得到充分生成[1]。高职教育的品质追求是对教育品质和职业教育类型属性的共同追求，它既要兼顾到社会功能、个体发展、知识成长等三方面的要求，又要办出高职教育的特色和水平，绝不是普通高等教育的补充或复制品。

而品牌文化最大特点就是它的识别性，它可以从理念、行为、视觉、听觉等不同的角度、不同的层面立体地抽象出高职教育的类型特色和价值追求，同时协调社会、个人、知识三方面发展的需求，灵活应对来自社会发展、顾客群体、企业需求的变化。鉴于品牌文化突出的识别性功能，借助品牌文化强大的影响力，从理念——符号——行为——市场等不同角度，我们可以最简约的方式诠释高职特色的精神追求，全方位地呈现高职教育的品质追求。

(二) 品牌文化战略可以积极应对教育市场竞争

高职院校面临的是多方竞争[2]，所有的竞争最终集中于生源与就业两个端口，而生源与就业竞争本质上是以学校的办学理念、办学模式、人才培养模式、专业设置、课程体系、教师技能和管理模式作为支撑的，这些理念内涵共同构成了学校的精神文化体系。而"精神命运必然决定教育的内涵"[3]，学校的精神内涵从根本上影响了教育产品的异质性，也就在一定程度上决定着学校的市场竞争力。高职院校唯有从内涵上突出其教育功能不可替代性和鲜明的教育特色，才能在不同层类的教育竞争中立于不败之地。

引鉴品牌文化战略应对高等教育市场竞争，也是行之有效的策略。因为，学校和企业二者在组织的管理属性、管理基本职能、社会经济功能、社会生产价值链等方面都具有统一性[4]。而且，品牌与文化本来就是天然共生的，品牌是文化的载体，文化是凝结在品牌上的精神，二者合一，即可提升学校的品牌价值，促进学校与消费者之间的融合，实现学校品牌个性差异化，增强教育产品的市场竞争力。凭借"品牌"的有形性、文化效应、市场效应、公众效应、情感效应、审美体验传播高职文化，使抽象的精神文化和价值观念变得形象、具体、生动，最终变成人们可感、可知、可奉行的真理。

可见，品牌文化在立体呈现高职院校教育品质、实现学校品牌个性差异化、增强学校教育产品市场竞争力等多方面具有强大的功能效应。品牌文化与学校发展凝结在一起，以高职院校品牌文化作为高职院校的识别符号，并以此为基础将高职院校的学校教育与其他教育产品和服务区别开来，以高职院校品牌文化代表高职院校的利益认知、情感属性、个性形象和文化传统，使高职院校的办学使命、办学目标、学校精神、核心价值观和经营哲学外化为形，形化为品，就会产生强大的市场竞争力。

二、高职院校品牌文化价值的创造过程

品牌文化是品牌形成和经营活动中所沉淀下来的理想、信念、行为方式、物质表现等价值观念的总和[5]，品牌文化的价值创造与品牌的形成与发展有着天然的密切联系。在品牌价值创造的过程中，品牌价值观驱动着品牌关系的发展。品牌价值观决定着品牌的个性特质，决定着品牌将成为什么样的品牌；而品牌个性又是消费者选择和喜爱品牌的情感切入点，影响顾客品牌关系的建立[6]。

高职院校品牌文化的价值创造也是如此。在品牌设计、品牌传播、品牌保护、品牌经营的各个重要环节，经过学校和目标消费者的互动，形成学校的品牌信用。高职院校将一定的信用凝聚在学校品牌中，通过学校品牌向目标消费者传达信用信息，而目标消费者也通过购买等行为暗示自己对学校品牌的认可程度，并进一步传达这种信息给学校。学校品牌信用带给学校的品牌价值体现为一种品牌力，包括品牌成本价值、品牌关系价值等，而学校的品牌信用对于消费者的品牌价值体现为消费者的品牌知名度、品牌忠诚度、品牌认知度、品牌联想度以及其他品牌效用度。两者之间形成一种心理契约，力与度的结合共同形成了高职院校的品牌价值。

可见，高职院校品牌文化价值创造的互动过程实质上是以市场为环境、以学校品牌为媒介的，整个过程都渗透着文化要素和价值元素。了解了品牌文化价值的创造过程，我们对品牌文化的增值机理就会有一个比较深刻的认识。

三、品牌文化价值的增值机理

(一) 创造性的劳动增值

商品本身的价值是由两部分组成的，一个是它的功能性价值；一个是它的文化价值。文化固然有自然形成的一面，但是更多的人文内涵却

是人的劳动创造的结果，是人的智慧的结晶。比如，对产品造型的设计、品牌载体的选择策划、各种艺术形式在品牌创造中的运用，都是一种创造性的劳动。人类创造的文化，也就将"无差别的人类劳动"凝结在商品和品牌中，从而使商品本身和品牌本身增值。

(二)需求满足最大化

需求不仅包括现实需求，还包括潜在需求。因此，市场观念要考虑的需求是整体性的，不能光顾眼前现实需求的满足，还要考虑如何满足潜在需求。某些特定顾客群对特定产品的现实需求更多的是产品的功用，而潜在需求更多的是情感满足与共鸣的需求，比如身份、喜欢、体验、怀念、渴望、梦想、信仰等比较典型的情感需求。王传友先生在其研究中提出客户需求，包括了产品需求、服务需求、体验需求、关系需求、成功需求等五个层次的需求[7]。因此，产品如果能尽量最大限度地满足顾客需求，商品本身的价值自然也就获得了增值。

(三)信用交易的信号

信用是依附在人之间、单位之间和商品交易之间的一种相互信任的生产关系和社会关系，它是构成人之间、单位之间、商品交易之间的关系或活动的基础。经济学家巴曙松在《南美归来话征信》一文中写道：在现代社会的信用经济下，个人信用不仅仅是获得财富的间接保证，有时候更是创造财富的直接源泉。所以，信用通常被视为资本价值的核心成本，它是可以交易的。生产者若能以一种具有文化价值凝结的品牌为依托作为交易的信用信号，而这种信号又能够被顾客所"解码"，那么品牌信用就转变成为了资产。

(四)心理契约的存续

Scott Davis 认为："品牌是一种触摸不到的但却是一个组织'拥有'的至关重要的组成要素，它代表着与顾客的一种契约关系，传递出产品或服务所具有的质量和价值水平。顾客不可能与某种产品或服务一直保持关系，但却能够与品牌保持联系。"[8]这种契约，实质就是一种心理契约。以"信用"作为支撑的制度文化虽然包含了许多与契约相联系的制度安排，但在自由竞争的市场上，一旦生产者和消费者之间无法通过制度安排来实现购买的时候，就只有通过心理契约来扩大品牌的疆域，而心理契约的产生，就相当于和顾客间有了一个长期的"续约"，也就意味着原有的交易时空得到了进一步的拓展。

（五）文化差异化增值

随着科技资讯的快速发展，同类产品的物质性差异日渐缩小，性能区分的意义也不断缩小，因此生产者追求品牌文化上的创意空间就会更大。产品均质化的市场由卖方市场转向买方市场，非物质价值相对物质价值的比例越来越大。此外，消费者本身也出现实用性消费者和风格型消费者的分化。无论是生产者还是消费者对产品文化内涵的关注度都大大提高，特别是消费者更加注重自己的更高级的需要的满足。随着人们的需要层次呈现多样化提升，消费者对产品的最终选择，占据主导地位的是品牌带来的情感满足的效用，从而形成一种文化消费现象。这种文化的差异为生产者和顾客双方都带来增益。

（六）选择成本最小化

品牌的经济学意义，正在于它能够显著降低目标消费者的选择成本。首先是一种预付的搜寻成本，包括了解市场所需的时间成本、精神成本、学习成本等。其次是风险成本。随着社会分工与知识的细化，人们对自己不熟悉的产品，因为信息不对称可能造成不充分信任，只能依据市场上所有该种商品的平均水平来做出购买决定。这样一些劣质产品因其相对低成本而大获其利，而优质产品则因其相对的高成本反而不堪亏损。而通过品牌标识来宣称产品优质，向公众表明一种诚信，目标消费者通过直接体验或者间接传播形成消费认知及消费偏好后，就逐渐培育形成了对这个品牌产品的崇尚。

(七) 文化内涵的迁移

品牌文化是在文化与价值的桥梁中找到品牌发展方向，在文化内涵迁移中达成品牌形象价值的互换，从而促进了品牌价值的提升和延伸。品牌发展方向突出表现在品牌定位、品牌定性和品牌定型三个方面的营造上。明晰品牌发展方向是为更好地突出品牌文化与品牌价值的互换关系。明晰的品牌发展方向指引着品牌在更高层次上搭建传播手段，从而让品牌价值和品牌文化内涵得到进一步提升。

(八) 审美价值的增加

审美需要是人类的一种高级情感需要，人们对于美感的追求也是丰富而多元的，比如生理上的美感、理念上的美感和体验上的美感等。消费者对于商品的审美价值尤其看重，特别是在物质条件日益改善的今天，审美价值逐渐代替实用价值而成为消费者的主要选择。

四、提升高职院校品牌文化价值的策略

(一) 以创造为理念不断丰富高职院校品牌文化的文化内涵

在高职教育文化"化"的过程中，学校应该将创造的理念渗透在品牌文化价值创造的各个层面、各个环节，包括教育产品的生产、教育服务的提供、学校品牌形象的设计与传播、学校品牌经营与保护等，特别是在教育产品的生产和服务提供中更应如此，因为教育产品的生产和服务提供不同于普通商品，其本质就是要通过创造性的劳动，提升教育的附加值，使受教育者获得个性化的发展和自我价值实现，而这一切所依附的，是一个具有强大创造功能的文化环境，一个充满创造理念的"大楼、大师、大爱、大制"的环境，一个心灵与心灵、学术与学术能互相激荡的环境。高职院校是专门的高等教育机构，是高端技能型人才培养的摇篮，应通过各种形式的知识创造，使高职院校真正成为智慧的首

府、人文的光源和孕育新生的母体。

(二)发挥文化驱力在满足学生各层级需求中的驱动作用

马斯洛的研究表明：人们日常生活中最常见的动机，例如衣服、友谊、赞扬、荣誉以及类似事物的欲望，都属于文化的驱力，而且这些文化的驱力大多数都不是孤立的，不能把它们部位化……任何动机都是连续不断、无休止的、起伏的，同时也是复杂的。高职院校所提供的教育服务从过程到目标都要能够以学生的需求为基点(图1-5)，以文化为驱动，在满足学生求知、求技、求职的基础之上，尽量为学生提供多层次、多元性、个性化的教育服务，使学生潜在的需求，比如喜欢、体验、怀念、渴望、梦想、自豪、崇拜、信仰也能得到相应的满足，以获得学生对母校执着的忠诚和深度的认同。

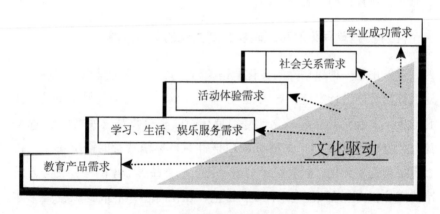

图1-5　高职学生的教育需求层次

(三)建立以"公平正义"和"效率最大"为标准的信用文化

学校的信用是学校个别属性信息，是学校获得效益的间接保证，也是创造价值的直接源泉，因此信用信息的使用也成为学校的信用财富。以孙曰瑶先生提出的品牌信用的10个信用因子，即规模、历史、功能、价格、服务、质量、共鸣、渠道、促销、团队等为基础[9]，可以归纳出高职院校品牌信用的 10 大因子，即办学规模、办学历史、教育功能、教育服务、教育质量、社会声誉、招生、就业、教师资源等。而信用通常是以"公平正义"和"效率最大"的价值判断为基础的，因此，高职院校就可以此标准作为信用文化的支撑，去实现其对广大学生、企业和社会的承诺。

（四）以信用文化为支撑建立学校与学生和企业间的心理契约

心理契约的产生，极大地突破了"面对面"交易的时空，但要达成与维持"心理契约"，必须有赖于信用为支撑的文化气氛。契约的基本精神是公平价值与平等原则，这些精神内涵也就成为学生和企业与学校"续约"的理由，在自由竞争的教育市场中，高职院校应该以信用为支撑，努力建立学校与学生和企业间的心理契约，从而不断获得学生和企业对学校教育长期而忠诚的购买。

（五）实施差异化的高职院校品牌文化的营销战略

差异化是一种战略性的文化营销策略，其核心思想是细分市场，针对目标消费群进行定位，导入品牌，树立形象。教育的差异化正是与教育同质化发展而对立的概念，特别是在中国高等教育发展"泛化"现象比较严重的背景下[10]，高职院校应该针对目标消费者的需求特点，在教育层类的差异化、教育服务的差异化、教育品牌形象的差异化等方面准确定位，力争在"位格"中形成特色、强化特色，形成比较优势，才能在众多的高职院校中脱颖而出。

（六）以媒介传播培育消费者对高职院校品牌文化的崇尚

在教育产品丰富、均质化发展的教育市场上，为了尽量节省消费者的搜寻成本，降低其风险成本，高职院校应走品牌路线，通过电视、网络、报刊等多种传播途径和信息平台不间断地宣传学校的品牌文化，为消费者创设直接或间接的体验渠道，利用各种媒体加强学校与社会公众的沟通与对话，培育广大消费者对高职院校品牌文化的崇尚。

(七)以文化内涵迁移提升高职院校的品牌形象价值

实现品牌文化的内涵迁移是达成品牌形象价值互换的前提。高职院校应当充分发掘品牌文化要素中的各种资源，找到品牌文化与品牌价值的利益互换点，对学校品牌发展的方向进行准确的定位、定性、定型，实现学校品牌内在基因与外在利益在形式上的统一，并通过高层次的传播手段，实现学校的品牌价值和品牌文化内涵的共同提升。

(八)创建审美文化环境提升高职院校品牌文化的审美品质

高职院校应当从外形、内质等不同方面创建审美文化。首先，优化学校的物质审美文化环境，使其给学生带来他们所期望得到的舒服感、满足感，比如校园自然空间的布局、建筑式样与格局、景观雕塑与文化、森林与草坪、园林与绿化、球场与器材、场馆与图书、光线与颜色、空气与水质、网络与软件、仪器设备、学生食堂、学生宿舍，等等。其次，通过学校制度的审美文化环境宣传平等、民主、人本、和谐、优质、高效、发展的价值导向，真正做到融文化审美于大学管理制度之中，使师生的生命得到尊重，师生的价值得到体现。再次，通过精神审美文化倡导以良好的教风、学风和学术之风引领的高职特色的大学人文精神、科学精神和自由独立精神。最后，通过教育教学、学术交流、学习生活、文化活动等各种具体的行为文化渗透德高为范、技高为师、知行合一、律己敬业、分工合作为核心要求的行为操守和文化品位。

◉ 参考文献

[1]单中惠，杨汉麟.西方教育学名著提要[M].南昌：江西人民出版社，2000：711，528.

[2]向成干，王艳宜.基于波特模型的高职院校竞争态势分析与研究[J].职业技术教育研究，2008(12)：10.

[3]王洪才.论高等教育内涵发展[J].教育发展研究，2006(7A)：

14-15.

[4]胡类明. 论学校与企业在管理理论上的统一性[J]. 管理学家, 2010 (4).

[5]周朝琦, 侯文龙, 邢红平. 品牌文化: 商品文化意蕴、哲学理念与表现[M]. 北京: 经济管理出版社, 2002.

[6]刘阳. 企业品牌文化的要素构成及其价值提升[D]. 武汉: 武汉大学, 2007.

[7]王传友, 略论客户需求的五个层次 [EB/OL]. [2003-1-23]. http: //www. e-works. net. cn/Articles/515/Article4339. htm.

[8]施恩. 职业的有效管理[M]. 上海: 三联书店, 1992.

[9]孙日瑶. 品牌经济学[M]. 北京: 经济科学出版社, 2005.

[10]张应强. 大学的文化精神与使命[M]. 合肥: 安徽教育出版社, 2008: 322.

品牌哲学视角的高职院校
品牌关系及行动策略

品牌的经济学原理依然是价格理论，即通过提升品牌的信用度而降低消费者的选择成本，提高社会福利整体水平[1]。在高等教育中引入品牌战略，可以将品牌的经济功能、信用功能和识别功能"三位一体"，实现个性化教育、差异化办学，扩大影响力并提升竞争力。然而，品牌的建立需要概念化的品牌意念和品牌价值作为支撑，这就需要对品牌本身的内涵、价值有深刻的理解。来自高职院校品牌实践的观念和做法，一定程度上反映出我们对品牌本质属性认识上的偏差。本文以品牌的哲学内涵为切入点，揭示高职院校的品牌关系，研究内容跨越品牌哲学、教育学、管理学等多门学科，通过研究，建立以概念、价值观、品牌关系、关系要素、行动策略于一体的高职院校品牌培育方法论。

一、品牌的哲学思考

(一) 从产品"物"的方式到品牌"人"的方式

在品牌出现之前，人类主要采用"产品"的活动方式，由于产品本身是实体的，其生产过程与存在方式属于"物"(物理的、功能的、理性的、非重复的)的方式。品牌是从产品发展而来的新生产方式，从哲学的角度看，品牌不是一种实体，而是一种关系[2]，最早提出品牌概念的大卫·奥格威也认同这一观点："品牌是在消费者心目中建立的产品与消费者之间的一种关系和纽带。"[3]这种关系是顾客在重复交易、重复购买基础上建立起信任与信用后逐渐形成对产品的一种心理契约关系。与产品的"物"的方式相比，品牌更多体现为"人"（心理的、情感的、理性和非理性混合的、重复的）的方式，二者的不同，类似于物理不同于心理，正如兰德公司创始人华特·兰德所言："工厂制造产品，心灵创造品牌。"

（二）品牌的"实体归属论"与"关系归属论"

"实体归属论"是一种以"产品"实体为主导的品牌哲学，持这种观点的人认为品牌归属于厂商，如同厂家自己的"产品"一样，这种关系本质上认为消费者与品牌间的关系是一种"物"的方式，因而经营者可以通过物化过程去制造品牌，通过大规模的广告投入和狂热营销速成品牌。"关系归属论"则认为，品牌是厂商和消费者共同享有的，厂商与品牌间按照"人"的方式互为前提、互致变化，这是超越产品层次之上的新的关系方式，即消费者对品牌的态度和品牌对消费者的态度之间的互动并形成的品牌关系[4]。

二、高职院校品牌培育的价值选择

品牌"实体归属论"与"关系归属论"代表着两种不同的价值观，受其引导，高职院校品牌实践中也呈现出两种倾向：一种观点认为高职院校的品牌建设是学校内、外部公众与学校产品之间的关系，就如同顾客与产品的关系一样，高职院校品牌被看为物化的实体，支撑这种观念的实质是产品引导的"物"的关系论。另一种观点则认为：高职院校品牌反映的是学校内、外部公众与学校品牌之间的关系，如同顾客与品牌的关系，这是一种"人"的关系论，即学校与品牌间是人的关系方式，是在学校办学实践中与消费者共同建立、共同培育形成的新的关系方式。

第一种观点并不符合品牌的哲学本意，所持的"物"的关系论，也并非品牌的本质属性，因为，学校产品与消费者间的"物"的关系在品牌产生之前就已经存在。"实体归属论"下的品牌实践更多地主张品牌

"制造"与品牌"速成"，这种方法论，由于缺乏对学校品牌活动中人的关系方式的完整而持续的把握，因而忽视了学校品牌价值的积累过程；速成最终导致的还是"产品"，却不是学校的品牌。另一种观点对品牌的理解符合品牌的哲学本意，也能够反映学校品牌价值生成与积累的过程规律。任何一个学校品牌的诞生都不可能一蹴而就，必须经历由学校产品为主的"物"的方式到以品牌为主的"人"的方式的转变，在学校品牌形成的初始阶段，表现出学校产品的强势与品牌的弱势，一旦顾客与学校品牌间的关系成为主导，学校产品便越来越依赖学校品牌，顾客便更多地因学院品牌的独特价值而购买学校产品，此时，学校品牌开始自发运动[5]。

可见，学校品牌是消费者与学校共同缔造的。学校品牌的培育，一方面要关照学校自身利益和价值的满足，同时也要满足消费者的需求。消费者的需求，不只是学生在教育功能方面的现实需求，也包括消费者对学校文化、个性、体验等方面潜在的情感需求。

三、高职院校的品牌关系及要素功能分析

高职院校的品牌关系是指消费者对学校品牌的态度和学校品牌对消费者的态度之间的互动。按照 Blackston 对品牌关系界定的"客观品牌与主观品牌的互动"的思想[6]，学校品牌可视为客观品牌，消费者的态度可视为主观品牌。品牌关系的分类方法有很多，根据高职院校品牌内部、品牌与渠道、品牌与供应商、品牌与用户、品牌与政府机构、品牌与媒体、品牌与观念领导机构、品牌与口碑关系、品牌与特定事件、品牌与品牌等不同关系接触点，可构建形成高职院校品牌关系的关系系统（图1-6）。系统中，每个关系要素的功能角色各不相同，比较起来，学生、教师、企业、政府、媒体在高职院校品牌培育中担当着相对重要的角色。

（一）育人环境是高职院校品牌关系生长的基础平台

"育人"是衡量高职院校品牌的首要尺度。按照马克思主义的育人

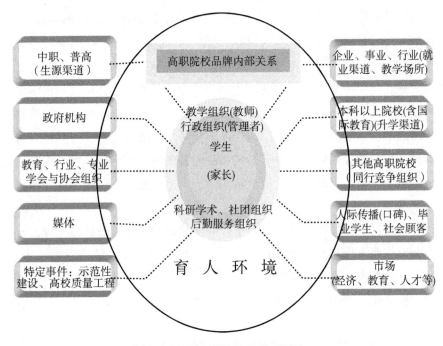

图1-6 高职院校品牌关系系统

观，教育可以培养"能够通晓整个生产系统的人"，它对促进人的全面发展具有基础作用[7]。高职院校的育人目标一方面是满足社会对高端技能型人才的需求，另一方面也要满足学生自身自由发展、全面发展的要求，尽最大可能帮助学生掌握各种知识，接受多方面的技能训练，使学生成为具有全面知识、受过全面训练的人。因此高职院校品牌培育必须精心构筑能够满足育人目标所需的育人环境，在这样的环境中，有卓越的领导、优秀的大师作为学校品牌的设计师和形象代言人，以他们的教育理想和人格魅力奠基学校品牌的精神理念。

(二)学生(家长)是高职院校品牌关系的核心接点

高职院校的品牌载体是"人"，这是学校品牌区别于商品品牌的标志。由于高职院校是通过培养学生为社会服务的，在众多的"人"群中，学生不仅是教育服务的直接消费者和评判者[8]，更是教育服务质量高低的承载者和体现者，所以学生（家长）是高职院校最直观、最生动的品牌形象承载体，因而也是高职院校品牌关系的核心接点。

（三）校企关系是高职院校品牌关系的类别要求

高职院校从属于技术文化体系[9]，技术活动最能代表技术文化体系的特色，由于技术活动的本质都是由一系列前后衔接的步骤或环节组成的，实践的结果取决于操作者、工具和对象等要素结合[10]，所以技术实践就成为职业教育的必然要求，校企合作就成为职业教育的必要实现方式。合作中，企业既是实践教学的场所，也是高端技能人才的就业场所，相当于企业既是学校产品的生产者，也是市场购买者；既是品牌的合作者，又是品牌的直接消费者。

（四）政府是高职院校品牌关系的稀缺资源

"国家行动"确定了中国高校发展的整体框架[11]，"国家—学校"是高职院校的基本发展模式。代表国家意志的政府机构可以通过制订合作促进计划、合作激励政策、提供服务等方式，从物质、资金、基础设施环境等方面对学校给予大力支持，从宏观层面通过出台相关政策、法规、制度来保护学校的合法权益，培育良好的合作环境。在实施层面，政府还可以通过重大项目，比如国家示范性建设、高等学校质量工程，直接推动高职院校内涵式发展，从而间接引导着高职院校品牌的竞争与分化。在高等教育竞争激化的今天，政府在信息、机会、经济、人力等多方面的资源优势，是高职院校品牌建设中不可或缺的关系资本。

（五）媒体是学校品牌形象的推介与传播平台

品牌影响力是产品力、品牌力、传播力的乘积，而传播力与媒体密切相关。媒体的显著功能在于全方位、多渠道、短时间、广覆盖地传播品牌的正面资讯，塑造良好的品牌形象。好的校、媒关系可以主动引导消费者对学校品牌的价值态度与个性体验，引导双方沟通与交流，争取公众认同与支持，提升学校知名度、美誉度；同时还可以迅速反馈学生（家长）及广大社会用户的需求和满意度，引导服务质量改良，促进形成学校良好的口碑，帮助建立消费者与学校品牌间的心理契约。

四、基于品牌关系的高职院校品牌培育的行动策略

以品牌化经营凝练学校特色，提升学校影响力，已作为高职院校竞争制胜的路径选择在实践中推广应用。而品牌化经营，不只是品牌概念的系统设计，更是品牌关系的主动经营和整体策划。基于品牌内涵的哲学理解和价值观引导，我们可以选择以学生、教师、企业、政府、媒体等关系为切入点，通过系列行动策略，培育建立高职院校品牌关系。

(一)以教学改革为立足点，精心构筑育人平台

学生的满意度与学校品牌的信用度直接相关，而学生满意度主要取决于学生在育人环境中求知、求技、求职中的感知与体验。对学生而言，教学过程无疑是学生形成学校品牌体验最重要的渠道。中外高校教学方式的比较显示，中国高校教学的方式、方法并不先进甚至比较落后[12]。来自中国大学生学情状态研究证明[13]：大学生在学生主体的教学方式、同伴关系和教学组织的平均得分都不高(分别为 3.65 分、4.21分和 3.94 分)，仅仅略高于 7 分的中位数 3.5 分，在师生互动交流上的平均得分为 3.32 分，高职高专学生此项得分最低(3.26 分)。通常，偏自主性的学习方式学生学习体验的满意度偏高，可见高职学生课堂体验的整体情况并不乐观，这与深层自主学习的教学策略缺乏、师生互动少有着密切关系。

笔者以为，在高职院校品牌培育阶段，"产品"质量依然是首要的。在行动层面，必须持续加强校内外教学条件设施的建设力度，强化教师的职业教学方法培训，严格执行教师指导学生专业学习、实习跟踪服务制度，重构满足职业教育类型要求的评价体系，把师生互动、学习指导作为教学评价的关键指标，适当放宽学生选课、选班权限，增加学生自

我学习、自主创作、自我研究等考核内容和考核权重。在育人过程中，真正体现以生为本，实现柔性化教学管理。

(二) 实施能力建设工程，塑造学校品牌人物

高职院校可以通过普及性的能力建设，培育一批精英人物。一方面，积极开展境内外职业教育学习研讨，强化教师教学组织能力、教学设计能力、现场讲演能力训练，培育一批金牌讲师；与部属院校建立科研帮扶合作关系，重点培养科研学术拔尖人才；借鉴 MBA、MPA 培训模式，组织学校中高层管理者进行系统培训与能力开发；通过挂职锻炼与干部交流，加强管理干部的培养和成长；设立专项基金，重点支持教学、科研、管理、育人、服务等团队建设；完善专、兼职教师沟通机制，鼓励教师在行业、企业、协会、学会等学术团体中担任社会兼职；开展校内品牌人物评选活动，针对学校突出贡献人物、教学名师、管理名师、学生最喜爱老师(辅导员)、科研学术拔尖人才、技能名师、技术大师，设立系列荣誉和专项奖励。另一方面，推介一批杰出、优秀的校友人物，收集其典型事件和奋斗历程，整理"校友故事"并汇编成册；遴选一批优秀的学生团队和个人，成立兴趣小组，推行导师制度，挖掘学生特长；通过技能高考，遴选并培育一批高技能人才精英；常规性地组织引导学生参加全国大赛和国际大赛，并配备专门指导老师，有组织地培训指导；整体策划，专题报道，利用多种宣传渠道打造学生精英人物。

(三) 实施品牌文化工程，全媒体传播学校品牌形象

文化是品牌的灵魂。高职院校的品牌文化，是学校利益认知、情感属性、文化传统、个性形象的标识化的集中体现。通过品牌文化工程，塑造学校品牌形象，借助"全媒体"立体传播，迅速提升学校知名度。

具体策略是：从理念识别、行为识别、制度识别、视觉识别等五大方面系统建构学校品牌文化识别体系；完成学校品牌文化系列图文著作、音像制品、物化成果的编纂、赠阅和出版发行及学校校名、校徽、校标、域名、发明专利的注册登记；完善文化标识系统，完成文化理念

落地展示；建设校园人文大讲堂、学术大平台、艺术大世界、技能大赛场等集群文化阵地，打造校园文化活动精品；全员强化学校品牌营销传播意识，通过各类场合主动宣传推介学校的典型人物和成功经验，加大名专业、名师、名学生的培养和典型宣传工作等亮点工程的深度报道；以高职院校综合排名、专项排名或其他国家重大建设项目为契机，加强学校现有荣誉的系列报道和立体传播，彰显学校优势特色，重点传播并扩大品牌效应；建立学校文化研究基础平台，打造高职领域有一定影响力的品牌与文化创新科研团队；加强学校与高端主流媒体的沟通合作，综合运用好搜索引擎、关键词搜索、论坛发帖、交换链接、信息发布等各种网络营销手段，塑造学校品牌形象，提升学校的知名度和美誉度。

(四) 以三螺旋理论引导合作教育，共同培育高职院校品牌特色

合作教育是高职院校的层类特色和主流模式。合作教育的理论很多，而三螺旋理论是关于政府、企业、学校三要素合作的非线性创新模式[14]，三螺旋理论下的高等职业技术合作教育，不是以学校为主体的校企合作模式，也不是以企业为主体的合作模式，而是在政府的介入下，学校与企业的一种非零和博弈[15]。

经过示范性建设之后，高职院校普遍完成了中低层次的校企合作，在品牌培育进程中，目前应当着力推进校企间在教学、科研、研发、咨询等方面深层次的合作。实践中，学校应该始终坚持教育优先、学生利益第一的校企合作教育战略方针；大力开展新技术、新工艺的发明创造与成果转化，吸引更多企业主动参与校企合作；规范校企合作组织，建立并完善从学校到专业层面的校企合作组织体系；通过培养人才、技术转让、产品开发、员工培训等各种途径，促成校企合作；整合政府、企业、学校的资源优势，争取政府在经费、土地、生均拨款等方面的支持，争取企业及个人的资助与投资，全方位延伸高职教育的价值链，比如中高职衔接、与技术本科合作办学、提供远程职业教育服务和成人技术教育服务，实现创收与育人双赢；通过政府的资源整合、成果扩散、市场培育等扩大学校人才合作培养的社会效率；通过学生参与生产经营

活动，锤炼形成学生专业技能和职业态度，推广和扩散学校人才培养的经济效益和社会效益。

● 参考文献

[1]刘华军.品牌经济学的理论基础[J].财经研究，2007(1).

[2]周晓光.品牌哲学论略[J].云南社会科学，2003(6).

[3]余明阳.品牌学[M].合肥：安徽人民出版社，2002.

[4]卢泰宏，周志民.基于品牌关系的品牌理论：研究模型及展望[J].商业经济与管理，2003(2).

[5]周晓光.品牌生命周期论[J].厂长经理日报，1997-08-28.

[6]卢泰宏，周志民.基于品牌关系的品牌理论：研究模型及展望[J].商业经济与管理，2003(2).

[7]马克思恩格斯选集(第1卷)[M].北京：人民出版社，1995.

[8]闫德明.学校品牌的涵义、特性及其创建思路[J].教育研究，2006(8).

[9]徐国庆.职业教育原理[M].上海：上海教育出版社，2007：29，80.

[10]王前.技术文化视野中的"道""技"关系[J].自然辩证法通讯，2010(6).

[11]徐永.国家行政下学术创新策略的实践逻辑及其反思[J].高等教育(复印报刊资料)，2013(4).

[12]周远清.提高质量是教育改革发展的关键[M].重庆：西南师范大学出版社，2012.

[13]史秋衡，郭建鹏.我国大学生学情状态与影响机制的实证分析[J].教育研究，2012(2).

[14]方卫华.创新研究的三螺旋模型：概念、结构和公共政策含义[J].自然辩证法研究，2003(11).

[15]匡维."三螺旋"理论下的高等职业技术教育校企合作[J].高教探索，2010(1).

湖北省职业教育品牌建设的理论设计

"品牌"本身是以概念化的品牌意念和品牌价值作为支撑的[1]，倘若避开"品牌"建品牌，或在"教育"之外建品牌，就会出现价值体系的混淆或实践行为的盲从。由于教育品牌必须关照学生的主体性需求，建设内涵要素复杂，建设周期长，因此必须进行系统的理论设计、整体构架、分步实施。鄂教职成〔2014〕8号文中也明确提出"品牌建设理念先行"的要求，原因也正在于此。鉴于品牌建设的实践要求，有必要廓清职教品牌的概念内涵，界定职教品牌、品牌专业、特色专业的结构要素及相关性，为系统设计品牌建设实施方案提供必要的理论支持。

一、湖北省职业教育品牌建设的政策背景

继湖北省2003年启动省属本科院校100个品牌专业建设项目后，2005年，湖北省政府明确提出"打造职业教育十大品牌，促进经济社会快速发展"的战略决策，把职业教育作为教育强省支点建设的重要内容，把职教品牌建设作为现代职教体系建设的重要推手，以品牌建设为支点重点推进。省政府明确指出：职业学校是打造职业教育品牌的主体……职业院校品牌建设的重点是改革办学模式，进一步拓展职业教育的服务功能，向融职业教育、成人教育、职业培训、就业服务于一体的全能职业教育服务机构转变，形成职业教育、培训、技能鉴定、就业服务"一条龙"[2]。为此，省政府、省教育厅相继颁行了相关文件和实施方案。2014年7月湖北省省长王国生主持召开省政府常务会议，在安

排部署全省职业教育发展工作时强调："加快构建现代职业教育体系，全面提高我省职业教育改革发展水平……更加精准地推进职业教育与经济发展相衔接，与产业配套相适应……要加大投入，着眼于重点难点问题集中攻坚。"预计湖北省财政未来5年将支出1.5亿用以实质性支持职教品牌和职教集团发展建设。

2012年，湖北省教育厅颁发了《关于充分发挥行业企业作用建设湖北职业教育品牌的通知》（鄂教职成〔2012〕16号），正式启动实施湖北职业教育品牌战略，计划到"十二五"末建成湖北十个职业教育品牌（下文中简称"职教品牌"），并由省级财政对每个职教品牌一次性补助专项建设经费500万元。此项目从2012年启动以来，现已有10家单位通过评审并正式列为湖北省十大职教品牌建设单位。

继职业品牌建设项目启动后，2014年9月，省教育厅又颁发了《关于组织开展高等职业教育省级品牌专业与特色专业建设的通知》（鄂教职成〔2014〕8号），开始启动湖北地区高职院校的品牌专业与特色专业建设项目，建成后将由省级财政或建设单位对每个品牌专业、特色专业补助专项建设经费150万元，建设期满验收合格后正式授予"湖北省高等职业教育品牌专业"或"湖北省高等职业教育特色专业"的称号。

二、品牌及职业教育品牌的基本问题及理论界定

（一）什么是品牌？职业教育和职业院校为什么要建"品牌"

英语"品牌"（brand）意思是"打上烙印"，"品"即品质、品格、品位、品味，"牌"即标志、资质、荣誉、口碑、概念、历史、指标、排名，通俗讲品牌就是为优异的资源、产品和服务打上鲜明的烙印、挂上醒目的标牌（表1-1）。所有鲜明的烙印、独特的个性、显著的标牌都可视为特色。特色是品牌的根基，但仅有特色不足为品牌，但没有特色不可能形成品牌。

表 1-1   **"品牌"释义**

	词源	本意	引申	法律含义	市场含义	文化含义	哲学含义
Brand	Brandr	烧灼、烙印	符号、商标	即商标注册，包括商标使用权、所有权、转让权等	牌子，即商品的品质、性能、效用度、市场定位、文化内涵、消费者的认知度、信用度	即品位、格调、口碑、档次、名声、美誉度、知名度、贡献度、审美心理体验	产品与消费者之间的关系、纽带、心理契约
品牌	品	物品、品质、品位、品味					
	牌	牌子、凭证、商标、牌位					

在品牌出现之前，产品主要靠其本身的质量或价格优势争取顾客，一旦形成品牌后，产品更多以其与消费者之间的心理、情感的体验等方式来占有市场，实现持续盈利，并凭借卓越品质、优质服务而建立心理契约并不断进行重复交易、重复购买[3]。可见，品牌信用是品牌经济价值的不绝源泉。

正是因为品牌在实现个性差异化、增强产品竞争力方面具有明显的优势，其强大之处在于市场功能、信用功能和识别功能的"三位一体"，通过塑造良好品牌形象，形成强大影响力，成为企业营销制胜的法宝。学校品牌就是能产生增值的无形的信用资产，其载体是用以和其他竞争者的产品或服务相区分的名称、术语、象征、记号或者设计及其组合，其增值源泉来自学生、用人单位、社会机构等教育投资者和消费者心中形成的关于其载体的印象。在职业教育及职业院校实施品牌战略，凝练专业特色，寻求异质发展，也是职业教育竞争制胜的理性选择。

(二)职教品牌与商业品牌、普通教育品牌有何区别

商业品牌的目的是在产品市场竞争中获胜，即商业企业为了突出自身形象、维护竞争地位、充分利用自身无形资产而采取的一种竞争策略，因而，商业品牌的价值取向就是经济利益最大化。

教育品牌与商业品牌的根本区别在于教育品牌以精神价值作为核心

价值，它是由教育思想理念、学校文化环境(含物质的)等共同构成精神价值系统，所以教育品牌必须在精神领域具有独特性、稳定性、积淀性、不易复制性、长效性以及辐射性[4]。现代大学作为教育品牌的承载体，必须把发展知识、开展高层培训、开展批判性研究、服务社会需求作为其核心职能，以追求科学思想、人文精神、理性思考、知识创新、人才培养、独立批判等精神价值最大化作为目的。

职教品牌是近代大工业生产发展而日益产生社会需求的结果，与普通教育品牌所不同的是职教品牌的"职业性"定位而非"学术性"定位，因此，职教品牌价值更多以追求职业院校为社会及企业培养了多少高素质技术技能型人才、在促进产业结构调整和优化经济活力等方面所做出的实际贡献来衡量。职教品牌虽关注市场，但并不是把经济效益作为终结目标，而是社会效益与经济效益的有机兼容；虽关注知识创造，却更强调技术与社会服务能力；虽关注教书育人，但不唯学历更重能力。依此标准，在本研究中，我们可将职教品牌、品牌专业及特色专业建设全部纳入职业教育品牌建设的范畴，统称"职教品牌"。

(三)品牌建设与示范性建设有何区别

我国高等职业教育确立于 20 世纪 90 年代，经过 30 多年的发展，特别是经过全国范围内的高职高专院校人才培养工作水平评估、百所院校参与的国家示范性高职建设项目引领以后，高等职业教育整体水平向前迈进了一大步。按照生命周期评价理论对产品发展三个阶段(起步阶段、探索阶段、发展成熟阶段)的划分，当下的中国高等职业教育的优质产品建设，主要也是基于国家示范性(骨干)建设院校，这些院校在经过国家及地方大量资源的集中投入之后，基本上已具备成为区域培养优质的高素质技术技能人才的标志性资源，发展成为本地区标志性高等职业教育成果输出的示范单位，逐渐进入高等职业教育产品发展的成熟阶段，而品牌建设正是与此发展阶段相匹配的战略定位(表1-2)。

表 1-2　　　　　　品牌建设与示范性建设的比较分析

建设项目	产品周期	生产方式	产品定位	经营策略	营销策略	建设定位	市场效应
示范性建设	职业教育的投入期与成长期	以资源的输入为主	规范、合法、达标合格、标准化、有示范效应	标准化、流程化的质量控制	产品质量营销(内部)	机构建设、体系建设、队伍建设、基地建设、资源建设、学术平台建设	入学率、毕业合格率、就业率、双证率、重点专业、重点基地、团队及教学成果
品牌建设	职业教育的发展期与成熟期	以标志性资源和标志性成果输出为主	理念先进,品质超群,特色鲜明,有卓越影响力	错位发展,优势与特色发展	品牌关系营销、品牌形象传播(外部营销)	模式创新、专业排名、课程特色、团队影响力、基地辐射力、资源服务力、学术影响力、文化影响力	优质生源、优秀毕业生、优异就业率、专业排名、精品课程、团队影响力、学校信用度、知名度、美誉度、贡献力

三、职教品牌、品牌专业及特色专业的建设思路与模型参考

(一)建设思路:"点""面"结合,分层定位

职教品牌建设的目的是为凸显全省职业教育特色,围绕湖北支柱产业、高新技术产业、战略新兴产业、重点或特色产业发展,在全省范围内建成十大职教品牌。因此,它是以某一个产业(行业)为依托,由学校和企业多方合作而创建的职教品牌。通过职教品牌建设,可以充分发挥职教群体的平台与桥梁作用,整合省内相同专业(群)在不同层次、不同地区职业院校(含应用本科)的资源优势,构建平台内部的交流、共享、互认、评价机制,实现平台自治;建立业内认同并具有较高社会声誉的职业教育专业(群),为某产业(行业)内的高素质技术技能人才提供标志性的培养范式和产品服务标杆,实施品牌战略,并为实现该专业领域的专、本贯通提供实践基础和理论准备。

如果说职教品牌是一个跨界跨校的合作开发，那么，品牌专业、特色专业则更多侧重于一个学校一个专业的特色与内涵凝练。品牌专业的建设定位是在省内同类专业中建成具有较大影响力和知名度，得到社会公认的专业；特色专业是指服务区域或行业发展成效明显，在办学思想、专业建设、教学改革、人才培养、社会服务等方面具有较强特色和较高社会声誉的专业。湖北省的整体规划是到 2020 年，在全省高职高专院校建设 100 个左右品牌专业和 150 个左右特色专业。可见，"十大职教品牌"是实施湖北职教品牌战略"面"上的布局，而品牌专业、特色专业建设实质上也是"打造湖北职业教育品牌，形成优质职业教育资源"战略布"点"设计，三者之间既有密切的关联，但各自又有着显著不同的目标定位和建设重点（表1-3）。

表 1-3　职教品牌、品牌专业、特色专业建设的目标定位与重点比较

品牌名称	建设基础	品牌目标定位	品牌建设重点
湖北省职教品牌	①依托一个湖北省优势产业 ②依托报省教育厅备案的职业教育集团 ③有较大规模、特色突出的专业（群）；至少有1个省级及以上重点专业 ④开展中职、高职至少三个以上企事业单位跨界协同合作	①建立产业文化育人联盟，并形成一定规模 ②专业机制高效、务实、灵活，专业有活力，形成省内标志性职教集团及产教融合模式 ③专业（群）发展有积淀，专业与产业文化深度融合，特色鲜明，获得省级或国家级多项殊荣 ④专业、课程、教学与教育管理改革有理念有创新有特色，并获得系列标志性研究成果 ⑤获得该领域培训与考证等相关服务资质 ⑥省内专业（群）排名名列前茅；国内知名 ⑦生源优质；毕业生质量优异，业内认同度高，获得省级、国家级系列相关殊荣 ⑧专业（群）梯队中高职称高学历占比高；拥有国内知名专家、行业知名专家、国家级省级以上名师、优秀教学名师等 ⑨职教集团平台体系完备，辐射力大；资源设施完备，代表省内该专业顶尖服务水平	①职教集团规模、平台建设，校企合作环境资源与合作、互认、评价机制创新 ②职业教育体系功能完善及中高职衔接、专本贯通的路径创新 ③职教集团社会服务能力与体系建设，职教科研成果转化 ④基于现代职教体系范畴的专业（群）课程、教学、教育管理制度设计 ⑤专业教育及实践教学层面产教深度融合 ⑥团队结构优化升级

品牌名称	建设基础	品牌目标定位	品牌建设重点
湖北省高等职业教育品牌专业	①省内高职同类专业中办学水平较高，社会认可度较高 ②有优质的教学条件基础 ③生源充足、报到率高 ④毕业生就业质量好，有3届以上毕业生 ⑤上年专业招生规模不低于150人	①专业文化有积淀，机制灵活，专业有活力，特色鲜明；获得省级或国家级多项殊荣 ②专业人才培养能及时适应专业领域技术进步、生产方式变革、社会公共服务需要 ③专业、课程、教学与教育管理改革有理念有创新有特色，并获得系列标志性研究成果 ④获得该领域培训与考证等相关服务资质 ⑤省内专业排名名列前茅；国内知名 ⑥生源优质；毕业生质量优异，业内认同度高，获得省级、国家级系列相关殊荣 ⑦专业梯队高职称高学历占比高；有国内知名专家、行业知名专家、省级以上名师、优秀教学名师等 ⑧基地设施完备，资源服务力强，有一定辐射能力	①特色专业文化的凝练及人才培养模式创新 ②中高职衔接、专本贯通的路径创新与现代职教体系试运行 ③课程及教学模式改革与创新成果 ④专业教育及实践教学层面产教深度融合 ⑤教师评价制度创新；教育质量评价理念与评价技术改革 ⑥团队结构优化升级
湖北省高等职业教育特色专业	①专业适应区域或行业经济发展和产业优化升级需求 ②毕业生就业质量较好，就业岗位专业性强 ③必须有1届以上毕业生 ④为学校重点建设专业或主干专业	①专业发展理念先进，有浓厚职业教育文化特色，有获得专业领域、行业授予的奖项 ②服务区域或行业发展，特色鲜明，成效明显，社会声誉高，获得相关证书或奖牌 ③人才培养模式有特色，专业、课程、教学管理有理念有特色，有相关高质量研究成果 ④省内专业排名为第一方阵 ⑤生源充足；毕业生质量高，业内认同度较高，并获得校、省以上或领域内相关殊荣 ⑥专业梯队高职称高学历占比较高；有业内知名专家、校级以上名师、优秀教学名师等 ⑦实训设施完备，资源服务力较强，能满足专业一体化教学需求	①校企合作文化育人的特色理念和特色模式 ②课程模式、教学模式的改革创新与特色成果的形成 ③教师评价制度创新；教育质量评价理念与评价技术改革 ④团队结构优化

通过比较可知，职教品牌建设更多强调产教融合的平台建设、机制创新、职业教育体系功能完善和社会服务体系建设。相比而言，特色专业的建设标准相对较低，建设内容也相对较少。

为了进一步明确职业教育品牌建设的具体内容，有必要进一步明晰职教品牌、品牌专业的结构要素，这也是组织实施品牌建设的关键环节。如果把品牌建设的内容要素看成品牌建设的"砖头"或"零部件"，那么品牌建设的结构模型就是品牌建设内容的主体框架。

(二)结构模型：由"内"而"外"，立体建构

品牌的本义体现了品牌的有形性；品牌所具有的引申义体现了品牌的识别性，以精神文化为核心价值的教育品牌更有其丰富的内涵，而职教品牌则自成一个复杂的概念系统。为了整体清晰地表达这个系统，我们可以参考高职院校品牌文化钻石模型（图 1-4），分别从"内蕴核"、"承载体"、"表征面"[5]三个层面及其不同的价值元素由"内"而"外"构建职教品牌钻石模型。

四、职教品牌、品牌专业及特色专业建设的结构要素

通过职教品牌钻石模型，把职教品牌、品牌专业、特色专业的建设内容的结构分成内蕴核、承载体、表征面三层，根据职教品牌、品牌专业及特色专业的建设内容的不同侧重，分别选择各自在内蕴核、承载体、表征面三个层面的核心价值点，从而确定职教品牌、品牌专业及特色专业的建设要素。但总体而言三者的结构要素条目相差不大，只是在具体的标准和内涵上，职教品牌建设的要素涵盖了品牌专业及特色专业的结构要素的全部内容，特色专业的结构要素，可以根据各地各校的资源优势酌情选择。本研究着重以职教品牌和品牌专业为例，对其建设内容要素进行比较详细的分解和分层设计（图 1-7）。

职教品牌的内蕴核是专业（群）在办学过程中形成的文化意蕴和哲学理念，可以通过专业发展定位、利益认知、情感归属、文化传统、个

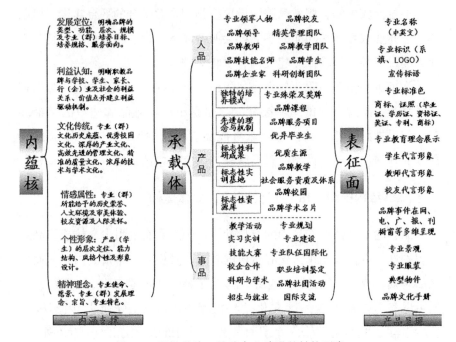

图 1-7　职教品牌、品牌专业建设的结构要素

性形象、精神理念等具体内涵集中体现；职教品牌的塑造和经营，必须是"产品、事品、人品"三者的有机结合，三品合一才能为品牌建设提供强有力的支撑；而职教品牌的表征面，体现了职教品牌所具有的表现主题和表现形式，其中，主题要素包括：产品、品名、品标、包装等，这些主题要素都可以借助文学、语言、艺术等多种形式要素具体呈现。

　　总之，品牌化的过程是一个向社会传播输出的过程，品牌的影响力更是产品力、品牌力、传播力的乘积，而传播力与媒体密切相关。职教品牌的建设，可以通过主流媒体，主动引导消费者对职教品牌的价值态度与个性体验，引导双方的沟通与交流，争取公众认同与支持，提升职教品牌、品牌专业、特色专业的知名度及美誉度；同时还可以迅速反馈学生(家长)及广大社会用户的需求和满意度，引导服务质量改良，促进形成学校良好的口碑，帮助建立消费者与职教品牌间的心理契约。为了便于传播，职教品牌建设的最终物化成果之一就是：形成职教品牌、品牌专业、特色专业的《品牌文化手册》。

● 参考文献

[1]周晓光.品牌哲学论略[J].云南社会科学，2003(6).

[2]陈训秋.打造职业教育十大品牌，促进经济社会快速发展[J].湖北教育，2005(10).

[3]刘华军.品牌经济学的理论基础[J].财经研究，2007(1).

[4]王恒.大学品牌内涵再探：哲学思考与层次阐释[J].现代教育管理，2011(2).

[5]刘阳.企业品牌文化的要素构成及其价值提升[D].武汉：武汉大学，2007.

职业博物馆的功能及设计

职业是每个人安身立命之本，对于社会来说，也是劳动分工、经济发展的必然形式，可见其对个人和社会都有不同寻常的意义。职业研究是职业教育学、人力资源管理、社会学和心理学等领域的跨学科研究[1]。此项研究在我国起步较晚，目前可查询的国内首个以职业、职业活动和职业科学为对象的研究机构，即北京大学职业研究所成立于2009年。有关职业研究的理论成果、公共资源及平台也非常稀少，通过知网数据库搜索"职业研究"的核心期刊论文仅4篇，但每年发表的有关职业、职业体系和职业发展研究的文献数量是20年前的200多倍[2]，可见，随着经济社会的快速发展，人类对于职业的关注度必将越来越高。专业化的职业博物馆是职业与职业研究的承载，也是职业教育与社会服务的基础平台。

一、职业博物馆的概念界定

职业博物馆就是以"职业"发展历史、职业群类、职业特点为脉络，以汇集、保藏、陈列与职业相关的具有科研价值、历史价值、艺术价值的文史资料、典型人物、典型物件、典型场景为基础建立起来的专题馆。按照职业博物馆的主要内涵与基本功能，其基本属性又集中体现为：职业属性、教育属性、文化属性、公共属性。

二、职业博物馆的建设背景

(一)社会经济的快速发展带来职业种类与结构的调整提速

职业是经济发展的符号。经济的发展、社会的进步、科学的飞跃催生着新行业的不断产生，也带来职业种类的巨大变化。当前，我国正处于经济体制改革、产业结构调整时期，第二产业的社会职业以消亡变动和重组为主，第三产业正迅猛发展，而信息化推动下的新兴产业、行业、企业、岗位等层出不穷，传统产业也在发生着巨大的变化，一些传统职业在逐渐消亡或迁移的同时，许多新兴职业(工种、岗位)也在不断涌现，许多传统职业的内涵也在不断更新。

(二)差异化竞争及职业教育内生发展对职业院校的特色诉求

在高等教育国际化、市场化发展的背景下，大学文化成为差异化竞争中不容忽视的软实力，许多高校纷纷以品牌文化为立足点，凝练学校类型特色，塑造学校品牌形象。我国高职院校现已进入转型升级的新阶段。转型升级与其说是一个外在的结果，不如说是职业院校内生修炼的积淀过程，在暂不"升级"的情况下，能够且必须要做的是学校的基础性、共享性、发展性文化资源及环境建设，特别是从职业教育特征属性切入，寻求内生发展的特色和支撑，加强学校公共基础服务能力建设，发挥图书馆、博物馆等各类场馆在大学文化传承与创新中的引擎作用，为"升级"、"升本"作好准备。

(三)国家发展规划及地方政府营造了文化繁荣发展的良好环境

国家在高职教育发展规划中明确提出：传承创新，推动文化大发展大繁荣。繁荣发展文化事业和文化产业，要坚持一手抓公益性文化事业，一手抓经营性文化产业，始终把社会效益放在首位，实现经济效益和社会效益的有机统一，增强公共文化产品和服务供给，把公共文化服务体系建设工程列入文化事业重点工程。武汉市政府在高职教育发展规划中也明确提出：大力发展文化事业，坚持以保障市民基本文化权益为目标，加快构建普惠型、全覆盖的公共文化服务体系；尽快建成一批具有中部乃至全国一流水平的标志性文化设施；加强区级文化建设，完善基层文化设施，实现城区 15 分钟文化生活圈、农村文化站村村覆盖。

三、职业博物馆的功能定位

（一）收存文化遗产，支撑职业研究

保管、研究、教育是博物馆的基本职能。职业博物馆通过对各类职业的陈列与展示，收集和保存职业发展变迁中宝贵的文化遗产，搭建对职业的学习、研究与交流的平台，引导全社会人们认识职业发展与变迁的历史，探索职业与科技进步的关系，寻找职业与经济发展的规律，传播不同职业的价值与伦理，树立历史的、发展的职业观。我国职业研究起步较晚，职业科学研究事业发展相对薄弱，这种情形与快速变迁的职业发展很不匹配。兴建职业博物馆，可为我国职业科学的理论、国际职业比较研究、人力资源管理科学化和规范化发展积累宝贵的基础性、共享性资源，也为社会职业与职业教育的相关研究提供保障与支撑。

（二）传播职业文化，实施文化育人

高职院校有没有文化，关键取决于有没有蕴藏大学文化的土壤，有没有吸纳先进职业文化的能力。所以，文化育人不是一句空洞的口号，其落地生根必须依赖于一定的实体，专题博物馆就是浓缩的文化育人"物质"实体，也是学校专业发展水平的物化体现。目前国家第一批 28 所国家示范性高职院校只有 2 所建有纪念馆和博物馆。江苏省 15 所国家示范性（骨干）高职院校都建设了校史馆（或校史展室），只有 3 所学校建立了纪念馆、文化馆、技术馆等专题博物馆。较有特色的其他高职院校也有少量建有专题博物馆。已建立的专题博物馆虽然体量较小，但

足以为这些学校文化育人、扩大影响、推动高职教育发展起到积极的作用[3]。以职业博物馆作为职业院校"以文化人"的路径选择，可以将高职院校的大学文化与职业教育的价值理念、专业文化有机融合，构建职业文化落地生根的实体平台，辅助专业教学，丰富大学生文化生活。

(三)打造学校"文化名片"，树立学校品牌形象

教育品牌的有形化与特殊意义的人品、事品、物品、表征符号密切相关。但凡一些著名大学，之所以卓尔不凡，不仅因为这些大学具备了在世界范围内使它们成名的一致性，还因为它们各自的独特性[4]，以及与之相关的荣誉体验。比如牛津大学的自然史博物馆、哈佛大学的图书馆、洪堡大学的名人墙、北京大学的红楼等，这些可圈可点的"符号"，都将成为人们怀想和追寻的标志。武汉是全国知名大学云集之地，拥有多所211、985高校，这些学校几乎全部坐落在东湖至光谷一带，自然连成一个大学文化圈。其中每所大学都有自己独特的名片：武汉大学的艺术博物馆、华中科技大学校史展览馆、中南财经大学的货币金融历史博物馆、中国地质大学逸夫地质博物馆、中南民族大学的民族学博物馆、武汉纺织大学的纺织科技馆等。在这个大学文化圈内综合性国家示范性高职只有一所，依托区域著名品牌的高职院校兴建职业博物馆，将"职业"与"教育"有形结合，凝练职业院校的品牌特色，精心打造职业院校向社会推介和展示底蕴的"文化名片"，即可形成武汉大学文化圈内的新视点、新亮点。

(四)增强社会服务功能，扩大社会效益

国际博物馆协会在第一届会议章程中明确指出："博物馆是一个不追求营利、为社会和社会发展服务的公开的永久性机构。它把收集、保存、研究有关人类及其环境见证物当成自己的基本职责，以便展出，公之于众，提供学习、教育、欣赏的机构。"[5]一个国家，一个区域，社会对每一所大学在文化传承中都寄予期待，职业院校被认为是职业文化实践、传承、创造的殿堂，职业博物馆正是职业文化"传承创新"的典

型载体，它同时承载职业文化、社会文化、学校文化、企业文化等多种文化，是学校、社会、企业、政府间沟通互动的中心，成为公共文化服务体系中不可或缺的重要组成部分，对推动区域职业教育、传承职业文化、弘扬技术文明、推介技能人才、增强职业教育吸引力、提升社会对技能人才认同度、促进区域文化繁荣、提升区域文化软实力等都将产生积极的作用。从某种意义上讲，兴建职业博物馆，功在当代，利在千秋。

四、职业博物馆的设计研究

(一)设计思路

1. 建专业化博物馆

博物馆是以文物标本等真实的典型实物组成的自然和人类社会"缩象"的公共文化场所[6]。为了尽量保证"缩象"文化的逼真性，必须要求在对职业相关资料的研究整理、收集、保藏、陈列的运作过程中，需要进行大量高水平的科学研究，包括对不同职业的起源、发展、职业群类、职业变迁中的典型人物、关键事物的科学研究与考证，以及对相关文物标本陈列及与复制品、仿制品、代用品、模型、图片、文献资料等相匹配的说明文字、音、像、声、图等传播资料的提供。职业博物馆的策划、设计、建设、资料收集和整理等也都是专业性很强的工作。因此，需要自始至终坚持研究先行，充分发挥社会职业与职业教育研究中心的引领作用，立项开展与职业相关的系列研究，以高水平的科学研究做好顶层设计，并严谨考证，以专业化标准指导博物馆建设全过程，为博物馆馆藏陈列提供科学依据。

2. 建职业教育型博物馆

高职院校是实施职业教育的专门机构，以此为依托建立的职业博物馆，应当符合职业教育本质的特征要求。职业教育的本质是工匠传统引导工作体系，即人类进行物品设计、生产和交换的体系，其主体是工匠[7]。因此，职业博物馆的内涵建设，是以不同时期的技术革新与工匠主体为线索，以工匠们从事职业的物品、生产、交换活动为要素的资源组织。按照工作体系的逻辑，职业教育对应于职业培训体系，因此，职业博物馆所倡导的教育方式，是以职业种类发展变迁为题材，真实再现职业活动场景，创建职业培训的立体互动学习，职业博物馆内的培训学习不同于书本静态固化的文字介绍，也不同于教室里单一模糊的口头传述，而是关于职业与职业群类的动态、立体、过程的呈现，所谓耳听为虚，眼见为实，使那些即将走向职场的在校学生仿佛身临其境，在仿真场景中自主体验职业的变迁与生产过程。

3."三馆一体"，整体推进

（1）图书博物馆

图书博物馆将为实体博物馆和网上博物馆提供母本，也是与博物馆建设的"共生"成果。因此，在建馆的进程中，此项工作属于基础性的、创造性的工作。以此为契机，收集编纂职业百科图史，形成系列"职业"读本，此项目工作在我国也是填补空白的一项工作。在文物资料的收集整理进程中，依托社会职业与职业教育研究中心，兼顾职业科学系统性、科学性、历史性原则构建丛书知识框架，按照以图征史、以史述图的原则分类编著，图文并茂，装帧精美，力争为广大学生提供一套信息量大、可读性强的职业科学科普读物。

（2）实体博物馆

实体博物馆是职业博物馆社会价值的根本体现，也唯有实体概念的博物馆，才能将实物与文字描述统一起来，"文"、"物"一体，真实呈现职业的"缩象"。这样的"'缩象'越接近对象，越逼真，质量就越高，其社会价值就越大"[8]。当然，现代社会博物馆对文物的概念早已突破了传统的三维实物概念，大量二维空间的有形或无形实物，比如原版照片、图片、复制品、模型、无形或有形的民俗都可以作为博物馆的收藏物，可以在适当地方，结合运用现代声、光、电、网等现代科技手段，立体、艺术地呈现职业文物的标本内涵。

（3）网络博物馆

网络博物馆是借助现代信息技术而建立的虚拟的、压缩版的职业博物馆，通过对已有文字、实物、图片、影像等信息收集、加工和管理，实现收藏数字化、信息存贮自由化、操作电脑化、传递网络化、资源共享化、结构连接化[9]。相对于实体博物馆，网上博物馆的建设投资少，见效快，结合图书博物馆的基础资源，实体、图书、网络博物馆"三馆一体"，进一步增强职业博物馆的基础功能，极大提升职业博物馆在对外宣传、服务育人、服务科研等方面的综合功效。

(二)功能分区

职业结构与经济发展和科技进步密切相关，世界各地区经济发展水平不一，职业群类繁多，分类标准不一，职业数量不均，因此，兴建职业博物馆建议采取主馆、副馆功能分区，总分结合、资源整合、统一规划、整体推进的方式进行。

1. 主馆定位

从空间和时间两个维度展示职业的全局概念及总体趋势。主馆建设在资料的收集及内涵设计中，可以通过空间和时间两个维度展示职业的动态变化。空间维度上，侧重于从全局视角整体呈现世界职业的发展历史及群类分布，特别是中国近现代职业的发展变化的历史及群类布局，以便有助于参观者建立对职业的整体的"面"的认知；时间维度上，以时间顺序为线索，突出每个时间阶段重大生产变革催生的新型职业，以图片、模型、情景等形式展现不同时期的典型职业、典型人物、典型事件和典型物件，以便有助于参观者建立对职业在某个分类上的"点"的识别。

2. 分馆定位

以行业、专业为分界合并归类建设专业职业馆。按照求"特"不求"全"的原则，分馆第一期建设主要以学校现有的专业所对应的职业群类为依托，比如，武汉职业技术学院可以现有64个专业所对应的职业为基础，按照职业的工作性质相同或相近原则，将现有64个专业对应的职业群类，合并归类为制造类、建筑类、纺织服装类、生物生态类、现代服务类(旅游服务、软件网络服务、商业管理服务、公共管理服务)等五个大类，分区或分模块建设，展示各种职业的典型工作场景、职业特征、衍化形态、重要典迹，以及与行业其他职业的角色关系等。为避免重复建设，设计者需要从学校层面统一规划，统筹资源，整体设计，逐步开放。

(三)开发策略与实施路径

建职业博物馆，主要满足校内外职业、专业、就业服务的具体要求，以职业教育为本，以学生需求为本，建工具型博物馆，以此为定位，选择以下策略与路径，开发和使用场馆资源。

1. 建成专业教育与课外活动的教学基地

职业博物馆的教育功能与专业教育深度融合，是实施职业素质教化、训育、养成"三位一体"的有效路径。从专业的视角看，职业博物馆本身也是一本生动的教科书，可以作为学生专业学习与职业素质教育的辅助课堂。以此为路径，将"职业"植入专业教育课堂，借助实物及现代技术声、光、电、网等现代媒体教育环境和交互式学习方式，使学生在主动学习、主动探索中受到职业文化的熏陶，得到职业素养的教化。博物馆中职业的展示既反映单个职业的特征，也能全局反映职业的群类关系，有助于学生跳出狭隘的专业本位，了解本专业以外其他职业的特点及要求，从而增进专业归属感、对不同职业的认同感，培养学生敬业乐群[10]、团结协作的能力。学校可将职业博物馆与主体专业板块密切联系起来，突出重要专业的主导职业及核心竞争力。

2. 建成新生入学、职业规划、就业创业的辅导中心

职业教育不仅是就业教育，也是乐业教育。对于应试教育体制下的中国学生，特别是经历高考分层筛选后的高职学生，从入学到入职，对职业的选择更有着不一样的困惑。职业博物馆应该建成为学生职业辅导的虚拟课堂，为学生就业创业提供必要的支持。基于学生职业成长需求，职业博物馆建设不仅应面向专业，也要面面人人。可以针对新生入学、职业生涯规划、就业创业指导有针对性地开发职业教育活动模块，

通过信息化手段实现学生在线学习、虚拟职业设计、虚拟就业、虚拟创业，提高学生职业规划的能力，增强学生就业创业的信心。需要强调的是，职业博物馆作为现代化的知识载体，应紧跟信息科技发展的步伐，使学生能在自我学习、人机互动中感受到学习的快乐与成就。

3. 建成终身教育培训与职业文化的辐射中心

职业是职业文化深深根植的本土，因此，把职业博物馆建成为职业文化与终身教育的教育与培训中心，以实物及场景展示各种职业，这正是向人们传播"使无业者有业，使有业者乐业"的职业文化的最直接的方式。职业教育本质上是面向人人的教育，更是涉及终身的教育，通过职业博物馆的实体或虚拟展示，给人们建造一个通往未来职业的桥梁，让更多的人走进职业，让那些即将走进或者已经走进劳动世界的每一个公民，逐渐开始崇尚职业，崇尚技能，寻找适合自己的职业，学会在自己的工作领域中幸福地成长、快乐地生活。

4. 建成社会职业与职业教育的学习科研基地

职业是一门科学，也是跨界于工作、技术、教育之间的新领地。建设实体、图书、网络等"三馆一体"的职业博物馆，可以实现数字化的加工和管理，使博物馆与数字化档案、信息、中外资料连成一体，开拓研究视野，增进交流学习，为开展社会职业与职业教育研究提供史料支持，为专业教师的教学和科研提供支持，为行业企业职业发展研究提供支持，为全国乃至世界范围内的职业研究爱好者创造便利的科研条件。

职业博物馆建设是一项复杂的系统工程，从方案设计、场馆建设、开发实施乃至管理运行，除了依靠学校一定的人力、物力支持外，还需要广泛吸纳政府、企业及社会的资源。为了便于顺利推进跨领域、跨部门的协同合作，建议职业院校成立专门的机构，实施统一组织，统一部署，科学规划并分级立项管理。

● **参考文献**

[1] 赵志群. 我国职业研究概述 [J]. 中国职业技术教育，2012(27).

[2] 赵志群. 我国职业研究概述 [J]. 中国职业技术教育，2012(27).

［3］方桐清．高职博物馆是啥样［N］．光明日报，2014-2-11．

［4］艾莉森·理查德．差异与优势：对杰出大学的反思［EB/OL］．
［2006-05-31］．http：//news. xinhuanet. com/newmedia/2006-05/31/
content_4624112. htm.

［5］王宏钧．中国博物馆学基础［M］，上海：古籍出版社，1990．

［6］梁华平．论博物馆的本质［J］．四川文物，1993(1)．

［7］徐国庆．工作体系视野中的职业教育［J］．职业技术教育，2007(1)．

［8］梁华平．论博物馆的本质［J］．四川文物，1993(1)．

［9］徐文伯．建设中国数字图书馆工程 开创中华文化光辉的未来［N］．
中国文化报，1996-6-3．

［10］马振彪．再析黄炎培的"敬业乐群"职业道德教育思想［J］．职业技
术教育，2006(4)．

第二辑

中国地方现代职教体系建设的政策、制度之比较

从《国务院关于加快发展现代职业教育的决定》(国发〔2014〕19号)到《现代职业教育体系建设规划(2014—2020年)》等重要文件的颁行,从国内学者关于现代职业教育体系研究的边界与维度界定到《高等职业教育创新发展行动计划(2015—2018年)》的正式印发,标志着我国现代职业体系建设已从国家宏观政策、理论研究进入到省级层面的贯彻落实和院校层面的管理实施。《国务院关于加快发展现代职业教育的决定》(以下简称"决定")中提出了"到2020年,建成一批世界一流的职业院校和骨干专业"的目标任务,《高等职业教育创新发展行动计划(2015—2018年)》中把"开展优质学校建设"列为近三年的主要任务。笔者以为:无论是建"世界一流高职"的愿景,还是建"优质学校"的行动计划,都要遵循区域经济发展和职业教育规律,建制度,出政策,合理设计,从体系功能上实现专本贯通、中高职贯通、普职沟通、中外合作、终身教育才是关键。为此,本研究重点搜集、查阅了全国32个省(市、自治区)在现代职业教育建设中的政策、制度及相关资料,以制度的定量统计为基础,进行比较研究和质性分析,试图总结我国现代职教体系制度建设的特点、亮点、创新点及共性问题,供同行广泛交流,深入探讨。

一、现代职教体系的理论界定及国家层面的顶层设计

相对于传统职业教育体系,现代职业教育体系有着更新的意蕴和更

高定位。从教育体系发展史看，现代职业教育体系主要着眼于工业革命以后以学校本位为主体的职业教育体系，从时间进程看，现代职业教育主要关注 21 世纪以后职业教育的新环境和新发展，从内涵要求方面看，现代职业教育相对于传统职业教育无论是体系结构还是品质标准都要求具备现代化特色、协同化机制及更好、更进步、更优越的要求[1]。《现代职业教育体系建设规划（2014—2020 年）》按照终身教育的理念，从体系框架和总体布局等方面对我国现代职业教育体系进行了顶层设计，各地遵照《现代职业教育体系建设规划（2014—2020 年)》的目标要求贯彻落实，其中重要任务之一就是建构地方现代职业教育体系的制度体系，为高素质技能人才培养工作提供良好的政策环境。

二、各地贯彻国家现代职业教育体系建设的政策、制度的比较研究

为分析全国现代职业教育体系建设的政策和制度，本研究采用网络调研方法，主要通过四条路径搜集资料：一是通过各省（市、自治区）教育厅官网 2012—2015 年的重要文件、重要通知栏，以网络搜索"职业教育"、"现代职业教育"的方式翻阅查询；二是百度检索"省（市、自治区）+职业教育或现代职业教育"查询相关信息；三是通过各地职教信息网检索查询；四是通过电话、通信等特殊渠道获取信息。对所收集汇总的制度文件通过 SPSS 统计软件分类处理并得出统计结果。本次调研覆盖了全国各省市教育行政官网近 4 年内公开发布的有关现代职教体系建设的重要政策、重要文件及突出事件，最终统计结果在一定程度上能够真实反映各地现代职教体系制度建设的总体情况。极少数省市教育行政官网因引擎功能不灵或文件录入不足，制度统计的最终数据不一定是完全穷举，但并不影响统计数据的基本面貌。

（一）各地现代职业教育体系政策、制度建设的统计描述

自 2014 年 6 月 6 日"决定"发布以后，各地纷纷响应，按照"决定"

的指示要求，各地陆续颁发了《加快现代职业教育体系构建的实施办法（决定）》（下称：地方"决定"），统计显示：全国共有 30 个省市陆续颁发了地方"决定"。西藏是教育部加快现代职教体系建设的支援省份，在 2015 年 3 月北京召开的民办本科对口支援西藏和四省藏区中等职业教育发展工作推进会上，教育部有关负责人对支援西藏职业教育工作也进行了具体部署。至 2015 年 12 月底，全国共有 16 个省（市、自治区）向社会公开发布本省未来 5~15 年《现代职业教育体系建设规划》（下称：地方"规划"）。为全面推进落实中央及地方现代职教体系建设"决定"和"规划"，2012—2015 年 4 年间各省市共建制立策至少 258 项之多（图2-1）。

（二）31 个省市现代职业教育体系政策、制度建设的比较分析

通过对各地现代职业教育体系的政策、制度的横向比较，可以形成以下观点：

1. 地方现代职业教育体系协同联动的制度框架初步形成

地方"决定"是现代职教体系顶层设计从抽象到具体的宏观指导政策；地方"规划"是各地实现现代职教体系顶层构想的宏观行动指南，二者与中央的"决定"和"规划"相对应，统一纳入地方制度体系的整体设计并系列颁行，形成了自上而下贯彻执行的制度支柱。30 个省级政府很快出台了本省的"决定"，16 个省级政府向社会公布了地方"规划"；部分省市，如上海市、河南省、青海省、福建省、广西壮族自治区还以省政府名义颁发或转发促进职教体系建设的配套文件，例如《上海市人民政府办公厅转发市教委等十六部门关于加强校企合作、提高高等教育、职业教育质量意见的通知》（沪府办发〔2012〕56 号）、《青海省人民政府关于进一步优化全省高等教育和职业教育布局及学科专业结构的意见》（青政〔2013〕74 号）、福建省人大常委会 2015 年 12 月 1 日颁布施行了《福建省促进闽台职业教育合作条例》等。"决定"与"规划"及具体制度的配套，既有静态的政策方针，也有动态操作办法，这表明我国地方现代职业教育体系协同联动的制度框架已初步形成。

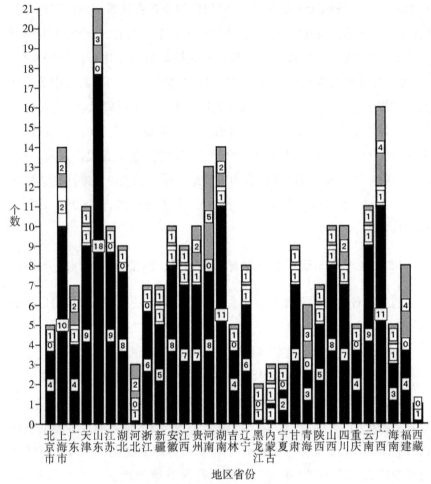

图2-1　2012—2015年31个省(市、自治区)现代职业教育体系政策、制度建设统计比较

2. 地方教育行政建制立策亮点纷呈，直接引领七大经济区域发展方向

查阅各省教育厅(局)、处级现代职教体系建设的制度文本发现，政策、制度建设与经济发展水平高低并无关联，有些西部经济欠发达的省份，如新疆、甘肃等地，现代职教体系的政策、制度建设与经济发展

需求匹配紧密，能有针对性地解决现实问题。本次统计录入的各省教育行政部门 4 年内现代职教体系建设的政策、制度约 200 项，制度种类繁多，制度创新亮点纷呈，政策、制度对七大经济区域发展引领作用强，比较明显的是：华东有山东、上海，华南有广西、广东，华中有湖南、河南，西北有甘肃、新疆，西南有贵州、四川，华北有天津、山西，东北有辽宁等（表2-1）。

表 2-1　部分地区现代职教体系建设的制度创新及重大事件举隅

省份	体系建设的制度创新及改革实践的重大事件
上海	1. 建立中职至本科贯通培养的模式。详见《上海市教育委员会关于开展中等职业教育——应用本科教育贯通培养模式试点工作的通知（沪教委职〔2014〕29 号 2. 市教委、人社局两厅联合制定职业教育"双证融通"制度。详见沪教委职〔2012〕13 号和沪教委高〔2015〕52 号
山东	1. 建立省级层面全方位支持职业教育改革发展的政策体系。全国省级职教体系政策制度建设数量最多省份，由于数量较多，此处不作举隅
浙江	1. 建立普职沟通制度。详见《浙江省教育厅关于推进普通高中和中职学校学生相互转学工作的指导意见》（浙教基〔2015〕20 号）
江苏	1. 建立职业学校实训基地现代化建设制度。详见《省教育厅省财政厅关于推进职业学校现代化实训基地建设的通知》（苏教职〔2015〕39 号）
天津	1. 联合四川、河南、广西、三峡库区、辽宁沈阳、山东潍坊、安徽皖江城市带、黑龙江、宁波、重庆十省区市合作构建现代职教体系 2. 高职升本案例首创：天津中德应用技术大学
湖北	1. 制度创新：取消高职统考，在全国率先全面实施"知识+技能"招生考试改革。详见《关于做好 2015 年普通高等学校招生工作的通知》（鄂招委〔2015〕1 号） 2. 创新职业院校教师引进机制和专业教师招录制度 3. 建立省级职业教育品牌建设制度。详见《省教育厅关于充分发挥行业企业作用　建设湖北职业教育品牌的通知》（鄂教职成〔2012〕16 号）

续表

省份	体系建设的制度创新及改革实践的重大事件
河南	1. 建立省级职业教育校企合作管理制度。详见《河南省职业教育校企合作促进办法(试行)》(豫政〔2012〕48 号) 2. 教育厅、人社厅、财政厅三厅共建职业院校品牌和特色发展机制。详见《关于抓紧做好第一批河南省职业教育品牌示范院校和特色院校项目建设工作的通知》(豫教职成〔2013〕138 号)
湖南	1. 建立现代职校院校治理系列制度。详见《关于实施湖南省卓越职业院校建设计划的通知》(湘教通〔2015〕167 号);《湖南省职业院校管理水平提升行动计划(2015—2018 年)实施方案》(湘教通〔2015〕628 号)
广东	1. 出版现代职业教育标准体系建设理论成果
福建	1. 建立职业教育跨海合作教育机制。详见《福建省促进闽台职业教育合作条例》
贵州	1. 人社厅、省教育厅、省财政厅三厅共建技工院校与职业院校的沟通机制。详见《关于全面推进技工院校与职业院校"双挂牌""双证书"融合发展的意见》(黔人社厅通〔2014〕287 号) 2. 经信厅、教育厅两厅共建产教融合发展机制。详见《关于推广"产业园区+标准厂房+职业教育"模式的通知》(黔经信园区〔2013〕40 号)
四川	1. 建立职教集团化办学机制。详见《关于深入推进职业教育集团化办学的指导意见》(川教〔2015〕94 号)
重庆	1. 建立移民高职职业教育管理机制。详见《重庆市三峡移民高等职业教育助学金管理办法》(渝教财〔2013〕73 号)
新疆	1. 建立高职院校师资培养机制。详见《自治区高等职业教育毕业生直升本科定向免费师资班选拔及管理办法(暂行)》(新教职成〔2012〕16 号)
辽宁	1. 建立高职注册入学制度。详见《关于开展 2015 年高等职业院校注册入学试点工作的通知》(辽教发〔2015〕25 号)

16 个省市推出的地方"规划"也有不少亮点。上海市提出:构建中职至本科 10 条通道的学制体系,构建以企业为主体、职业院校为基础、公共实训中心为支撑、职业培训机构为补充的终身职业培训系统;建立

体现职业教育特征的职业院校与开放大学、成人高校的学分转换机制及课程学分转换制度。广东省提出：实施现代职业教育体系建设五大工程，即标准体系建设工程、专业课程体系建设工程、强师工程、信息化工程、国际化工程，到2020年，支持100所职业院校与国(境)外优质职业院校进行实质性合作，加强与粤、港、澳、台职业教育机构的交流合作，建立区域职教联盟，共享国内职教资源。新疆职教体系建设规划中有两点值得关注：一是健全职业培训层次设置，完善从初级工、中级工、高级工到技师、高级技师不同层次的职业技能培训，畅通技能劳动者职业发展通道，建设一批融职业教育、职业培训、公共实训、技师研修、竞赛集训、技能人才评价等功能于一体的技能人才综合培养基地；二是率先提出建立健全校长上岗培训和定期轮训制度，按照职业院校院(校)长任职资格标准，开展院(校)长聘任制改革和公开选拔试点。甘肃省在"规划"中提出的促进职业教育公平机制建设的四个举措值得全国各省广泛借鉴。

3. 地方现代职教体系建设的制度结构分类统计与分析

本次网络调研共收集省级宏观政策文件48个，厅、局级中观层次的现代职教体系建设规划16个，厅、局、处级创建职业体系中观层面的政策制度共194条，文件重点涉及省级中观和宏观两个层次，涵盖职业教育管理政策、中本贯通、专本贯通、中高职衔接、普职沟通、职业教育国际化发展、高职人才培养质量(含人才培养模式、专业和课程建设、品牌专业、学徒制试点)、高职院校建设、中职学校建设、考试招生、升学就业、教师队伍管理、职业教育评估督导、多元主体及产教融合、职业教育培训体系建设等15种制度类别。制度结构统计显示(图2-2)，与高职人才培养质量、中高衔接相关的制度最多，与普职沟通、职业教育国际化发展、职业教育培训体系建设相关的制度鲜少。这表明，目前地方现代职业体系建设仍以相对宏观的指导性、调控性制度设计为主，而操作性、规范性、多部门协调性管理制度相对较少，与体系外沟通的相关制度，如普职沟通、国内外沟通、产教融合、校企合作的制度建设亟待加强。

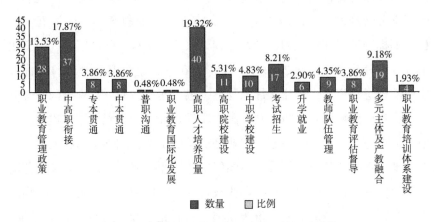

图 2-2　地方现代职教体系制度建设的结构分类统计

(三) 中国台湾地区职业教育体系制度建设的特点分析

中国台湾地区自 20 世纪 70 年代后，借鉴德国"双元制"职业教育理念并结合台湾现实情况加以改进，开始实行"双轨制"。1975 年建立了第一所技术学院(台湾工业技术学院)，从此建立了从高职(高级职业学校)—专科—技术学院的技职教育一贯体系。为了更好地为社会经济发展培养务实制胜的优质人力，更好服务于社会进步与事业繁荣，台湾一直在与时俱进地调整职业教育的体系结构和管理制度。自 1996 年开始，台湾通过各种政策推动高等教育改革，其中之一就是通过对技术学院和科技大学改制，搭建了通往高等教育的第二条通道，逐渐形成了从高职到研究所博士班的完整而独立的职业教育体系，与普通教育体系分庭抗礼。

1. 台湾地区职业教育体系的制度体系框架

根据 2015 年台湾地区教育行政部门对外公布的法规制度[2]，台湾地区职业教育体系的制度体系结构主要由基本规范、高等技职教育、中等技职教育、私立学校、校务行政、教师、特殊教育、原住民族教育、特种身份学生、社会教育、艺术教育等 11 个纲要及若干个子目构成。以高等技职教育为例，其制度的结构要素由大学，专科学校，学位，学校设立、改名与改制，学校招生，入学，学分、成绩与毕业证书，推广教育及远距教学，产学合作，导视与评监，奖辅助，其他等 12 个子目 71 个制度共同组成(表 2-2)。

表 2-2　　　　台湾地区高等技职(职业) 教育制度的体系框架

制度纲要	制度种类
基本规范	教育基本法、教育经费编例与管理法、教育部门辅助及委办核验结报作业要点、性别平等教育法、性别平等教育法实施细则
高等技职教育	①大学(2 条)②专科学校(4 条)③学位(2 条)④学校设立、改名与改制(10 条)⑤学校招生(9 条)⑥入学(6 条)⑦学分、成绩与毕业证书(3 条)⑧推广教育及远距教学(2 条)⑨产学合作(3 条)⑩视导与评监(6 条)⑪奖辅助(15 条)⑫其他(9 条)
另：中等技职教育、私立学校、校务行政、教师、特殊教育、原住民族教育、特种身份学生、社会教育、艺术教育	中等技职教育(40 条)，私立学校(28 条)、校务行政(50 条)、教师(23 条)、特殊教育(10 条)、原住民族教育(7 条)、特种身份学生(31 条)、社会教育(9 条)、艺术教育(3 条)

2. 台湾地区职业教育体系的制度体系特点

台湾技职(职业) 教育制度体系的层级和结构主要体现以下三个特点：

第一，纵向的层级结构体现了职业教育体系育人制度的完整性。台湾技职教育从中职—专科—大学，建立了完整的学制体系；从入学到招生，有录入机制；从学分成绩与毕业证书到学位制度，有完整的学业认定机制；从产学合作到远程教学，建立了职业教育与企业及外部就业体系的沟通机制；从普通学生至特殊身份学生，尽量关照到每名学生的个性发展。

第二，横向制度设计体现了教育管理的规范性、实操性。台湾技职教育的制度设计中差不多一类问题就有一个操作规则，一个制度解决一种问题。比如高等技职教育的入学，就相应地建立了大学多元入学改进方案及配套措施、入学大学同等学力认定标准、入学专科学校同等学力认定标准、四技二专多元入学方案、五专多元入学方案、五专特色招生核定作业要点等6个具体制度。

第三，政府投入机制的常态化、规范化。在台湾高等技职教育制度体系中，单列的"奖辅助"制度共15条，如：《政府辅助技职学院建立策略联盟计划经费要点》、《政府辅助专科学校提升整体教学品质专案计划要点》、《政府辅助技专院校推动学生参加国际性技艺能竞赛要点》、《政府奖励科技大学及技术学院教学卓越计划要点》、《政府奖励科技大学及技术学院设立区域教学资源中心计划要点》、《政府辅助科技大学及技术学院办理产业学院计划实施要点》等，将政府常年资助或扶持高等技职教育发展的种类、规则、申请程序制度化，凡有需要且符合条件的学校均可按制度规则流程常规申请，无需另行通知或特别审批。

三、现代职业教育体系制度建设的方法与建议

(一) 以系统论理念为指导构建现代职业教育体系制度

系统是由要素组成的，要素之间相互关联，共同构成不可分割的有机整体，整体功能等于各部分功能之和加上相互连结的功能，所以系统的整体功能一定大于要素功能的简单相加[3]。目前各省制度结构虽然涵盖面比较广泛，但由于结构层次缺失或要素连结不紧密，子系统与子系统之间尚有不少真空地带，制度的体系功能暂时难以发挥整体功效。现代职业教育体系是一个有机的系统，可以按照系统论观点建设体系内部的次层、阶段、办学主体、办学形式、办学规范、投入要素等若干子

系统制度体系，以及体系外部与普通教育、就业体系、经济环境、政治环境、文化环境等若干子系统相互沟通的连结机制[4]。台湾技职教育体系建立历时已有半个世纪，其制度体系已日臻完善，他山之石可以攻玉，各地可结合实际情况，有针对性地加以借鉴。

（二）以区域经济发展方式和产业结构为制度设计出发点

制度的功能之一就是为经济提供服务。职业教育是与区域经济社会发展联系最直接、最紧密的教育类型，地方现代职业教育体系制度也必须与地方经济发展方式和产业结构调整相适应、相匹配[5]。如青海、甘肃、宁夏等经济欠发达地区，农业经济和环保产业所占份额较大，中等职业及非学历的培训教育需求明显，该地区职业教育体系建设制度中需把中职层次的学历教育和各类公共职业培训体系制度建设纳入省级宏观政策统筹；上海是我国经济发达地区的引领城市，其体系建设的定位是"引入国际知名教育品牌，采用与世界一流高职院校合作办学等方式，建设若干所亚洲一流、世界知名的高端职业院校和培训机构"，因此与之匹配的职教体系制度设计的重点是建立中本贯通培养的模式及体系内部贯通的学制体系。

（三）通过编制地方现代职教体系建设发展规划实现内外统筹

地方现代职业教育体系建设规划编制的意义在于省级层面统一认识，营造良好职业教育体系建设的外部环境。目前各地政府习惯采用渐进决策的方法[6]，摸着石头过河，比较关注制度的修复或补充而忽视制度的预设和规划，这种方法一旦遇上制度滞后现实发展情形就比较被动。为了应对现代职业教育体系建设实践的不确定性、抑制随意性，发挥制度预先控制功能，建议各地组织专门人员编制体系建设规划，并在地方"规划"中为突出不同层次学历教育的统一认定、不同层次职业课程考核评估、不同身份学生学习的学分转换、办学规范与办学主体之间的法律机制、普通教育与职业教育之间的沟通机制、就业体系与职业教育体系之间转换机制、国内职教与国际职教之间的交流互认等机制而进行统筹设计，强调前沿意识，使编制的体系更加科学、完整、实用。

◉ 参考文献

[1]关晶，李进．现代职业教育体系研究的边界与维度[J]．中国高教研究，2014(1)：90-91．

[2]台湾地区教育局技术及职业教育处．技术及职业教育法规选辑[G]，2015．

[3][美]L. 贝塔朗菲．一般系统论：基础·发展·应用[M]．秋同，袁嘉新，译．北京：社会科学文献出版社，1987．

[4]关晶，李进．现代职业教育体系研究的边界与维度[J]．中国高教研究，2014(1)：90-91．

[5]孔源．山东省职业教育体系构建研究[D]．济南：山东师范大学，2013．

[6]丁煌．林德布洛姆的渐进决策理论[J]．国际技术经济研究，1999(3)：33-34．

以效果为导向的高职
院校教学评价的理论与实践

高职院校教学评价作为高职院校教育管理的重要手段，在推进教育教学改革发展中发挥着重要作用。而从当下推进的质量评价体系和评价标准的实施情况看，高职院校教学评价的信度与效度受质疑的问题并不少见，集中表现为现实中的教学评价在一定程度上偏离了以师生教学实践为根基的活生生的真实教学过程。那么，教学评价如何才能直抵教学过程深处、回归真实教学生活？这正是本研究试图触击的真问题。

一、教学评价的本质

(一)"评价"不同于"评估"

评价(assess 或 assessment)在英语中本意是指对人而言的评估，有主观评论之意。汉典释义为"对人或事物所评定的价值"，或者说是对人、事、物的优劣、善恶美丑、合理不合理进行价值判断。学者沈玉顺认为，评价就是评定价值的简称[1]。

评估(evaluation)在英语中的本意是"从某事中获得价值"，主要针对事物，没有评论之意。赖因哈德·施托克曼认为：评估有三个基本要素，即评估的目的、评估的标准、评估的工具，可见，"标准"是评估活动的必要条件[2]。

从词义看，两个概念的含义是有所不同的，"评估"中包含评论估计的意思，并不含有价值的意义，而"评价"则具有评定价值程度高低的意思。可见，评价侧重价值判断，评估侧重于事实判断，离不开"标准"和"工具"。当然，评估中也会有评价，评估中的评价是对搜集的信息进行判断，不涉及价值判断，即使有评价也是依据既定的标准，不能独立于科学依据之外，价值判断不能成为评估的任务[3]。

(二)教学评价的本质是价值判断

国内学者陈玉琨认为：教学评价是对教学活动的现实价值或潜在价值做出判断的过程，以期达到教育价值增值的过程[4]。日本学者桥本重治认为：评价是按照教育目标和价值观对学生的学习成果及教育计划的效果等进行测量的过程，它与教育的目标和价值有明确关系。可见，教学评价的本质是价值判断。

(三)客观依据不能推定价值判断的全部内容

由于评价者的价值观、价值导向、个体需求、主体层级不同，评价结果就会出现较大偏差。而与教学评价相关的因素很多，如教学评价观、质量观、评价方式、评价者的品质、评价者的需求、评价内容、教学效果等，这些因素所处的维度都不相同。因此，有关教学过程和效果的价值评价，其实是非常复杂的，受个体主观因素影响较为明显。正因为教学评价活动过程中的复杂要素及主体差异，因此客观依据并不能推定价值判断的全部内容。

二、高职院校教学评价理论研究成果及主导思想

(一)国内高职院校教学评价理论研究概况

本研究以中国知网数据库为平台，分别以高校教学评价、高校教学评估、高职院校教学评价、高职院校教学评估为主题，以教育学专业为限定范围，以2011—2017年为时间维度进行文献检索，翔实检索了国内相关研究成果。

以"高校教学评价"为主题的研究主要以高等教育为对象，以教学评价理念、制度与机制、评价体系、评价方法工具、学科课堂教学评价、学生评教指标等为主要研究内容，基于质量标准及质量管理模式语境的教学评价的系统研究甚少，成果的呈现方式也比较分散。

以"高职院校教学评价"为主题的研究主要以高职教育为对象，以教学质量评价、评价体系、评价模式、数理评价工具、专业课堂教学评价、学生评教等为主要研究内容，其中与"质量评价标准"相关的文献至少有9篇，占总体文献的43%，此类研究内容比较集中，且与产品和服务质量导向的质量观、顾客导向的质量管理模式的语境有关。以"高职院校教学评价"为主题的绝大部分成果是省级学报类期刊，有关教学质量评价理论体系及标准体系方面的高级别的宏观研究成果甚少。

(二)职业教育质量标准研究引领了高职教学评价的价值走向

2002—2012 年 10 年间，职教领域围绕着顾客导向、适应性导向、产品导向的质量观，集中涌现了一批以"质量标准"为主题的研究成果，如任君庆、苏志刚的《高等职业教育的质量标准和质量观》，肖化移的《高等职业教育质量标准研究》，黄斌的《高等职业院校质量保障体系研究》，刘晓欢、刘骋的《论职业教育的质量标准与质量评价》，周明星的《职业教育人才观、教学观和质量观探析》，刘芬的《ISO9000 族标准在高职院校教育质量管理体系中的应用研究》，卢佳的《大众化高等职业教育质量观的转变研究》，等等。其中，以顾客为导向的 ISO9000 质量管理模式和全面质量管理(TQM)模式的质量标准价值体系，一时间主导着职业教育的质量标准价值体系，引领了高职院校教育教学评价主流价值的基本走向。

三、ISO9000质量管理模式对高职教学评价的贡献以及局限

(一)ISO9000 质量管理模式的质量观及基础理念

质量管理体系最初使用于企业内部产品生产管理的检查和控制体

系，其形式有不同的模式，它们可以建立在标准族（DIN EN ISO 9000—9004）或全面质量管理（TQM）指导思想基础之上，其决定性的评价标准是产品及服务的质量。ISO 是以顾客为导向、侧重于过程控制的通用质量管理模式，它不是确定质量程度的工具，而是对质量管理体系的最低要求加以定义，而且以具有工作流程的完整文本为目的，这一过程包括策划（Plan）、实施（Do）、检查（Check）、处置（Act）的不断循环，其出发点是：如果产品生产经过了逻辑策划而且一体化，产品生产对所有参与者也都是透明的，那么就会带来尽可能好的质量[5]。

（二）ISO 质量管理模式对"三改一补"时高职院校的积极贡献

20 世纪 90 年代后，我国政府对职业院校提出并实施"三改一补"政策，在此背景下，高职院校的建设一方面需要对当时已有的高等专科学校、短期职业大学和独立设置的成人高校分别进行改革、改组和改制，另一方面是要选择部分符合条件的中专进行补充改办。这种多源合流的历史，客观上决定了高职院校文化及管理制度的多源性、复杂性，而教学评价制度是学校教育制度体系的命门，自然也是统一思想的关键要素。为了统一理念，凝练特色，不少高职院校率先引入并实施了ISO9000 族标准体系展开内审，极少数院校还实施了质量认证工作，ISO 质量管理理念也渗透并融入教学管理和教学评价活动中，逐渐建立起一种"检查"、"控制"型的质量评价文化，将教学评价的原则、准则以条款的形式规定在管理规则手册或评价量表里，简明扼要，操作简单，极大地提高了高职院校教学管理效率和教学评价的规范性。

（三）ISO9000 质量管理体系评价理念在教学评价中的局限

高职院校教学评价是指依据一定标准，采用适当的方法对学校教学行为做出客观衡量和价值判断的过程。由于针对教育组织的教学评价，与生命个体发展潜能、教育活动的创造性、人性化教育策略等诸多要素有关，因此必须有心智、情感的共同参与才能高质量地完成。而 ISO 质量管理体系标准的标准定位主要针对某项工作（产品）的最低要求，即

"合格"层次的工作(产品)质量评价，而不是确定质量程度的工具，这种
理念引导的评价标准并未深层触及对学生个性化的教育引导，对学生创
造力及兴趣的激发，也未涉及对教学艺术与智慧层次的追求，实际上并
不能测评教师教学水平、能力的程度高低。换言之，ISO9000 质量管理这
种以完整文本为目的的评价方式，在检查和评定教学文本、教学环节、
基础性目标、处置结果等凡是可以量化的客观领域方面有明显优势，而
对于教学活动不能规定、难以量化的价值内容，就显得有局限性。

一旦标准体系本身设计不科学，或者参与评价的主体也不专业，教学
评价过程可能出现的风险就很大；一旦可信度不高的教学评价结果在职称
评定、年终考核、个人晋升等重大事件中进一步放大其功利效用，其作用
和危害就会更大，其消极影响最终以直接或间接的方式反映至课堂，最终
导致种种情形的无效课堂的显现，如程式化教学、刻板平庸的课堂、教师
教学过程重物轻人、教师缺乏参与教改的热情和动力等。在有些学校教学
评价指标体系中学生几乎占据 100%的评价权重，基本上学生掌控着教师评
教的否决权，在这种评价环境中，师生关系很容易被庸俗化，教师在教学
中很难坚持教学学术自由，很难坚持原则履行并行使教学权利，教师有时
还不得不放弃教学原则而去迎合或满足学生不合理的要求。

四、高职院校教学评价实践中的问题——以 7 所高职院校为案例

本研究搜集了北京农业职业学院、武汉职业技术学院、武汉交通职
业学院、深圳职业技术学院、泰州职业技术学院、武汉船舶职业技术学
院、武汉城市职业学院共 7 所高职院校教学评价的管理文件及标准文
本，以此为案例，重点从价值导向、主体结构、评价权重、标准适应性
等方面进行分析并归纳高职院校教学评价实践中的共性问题。

(一)以"合格"式标准为主导

从 7 所学校教学评价项目的标准条款看，一级指标基本以教学准

备、教师素质、教学实施、教学态度、教学内容、教学方法、教学效果等程式化套路为框架，二级指标主要由教学过程中的基础性、管理性的"合格"式标准组成，标准的描述也比较抽象，譬如：教学资源准备齐全、按照教学计划执行、老师上课精神饱满、着装得体、使用有效手段管理课堂纪律、学生到课率高、思路有条理、教学环节到位、教学内容设计合理等。这些标准体系，或多或少都有"检查"、"达标"、"控制"的质量文化的烙印。

(二)评价主体结构不完全

统计显示，案例学校参与教学评价的主体主要包括学生、专职督导、教学单位三类人群。仅1所学校的评价主体覆盖有学生评教、同行测评、考核组测评(含教学巡视、教学常规检查、督导听课情况及教师教学质量考核登记)等4个以上主体；7所学校中有2所学校将教师自评分仅作为教学评价的参考分，并未纳入评价体系；有2所学校教学评价的主体实质上只有学生，因为其标准体系设计中只对学生评教的结果进行了量化，其他主体均为等级定性评价，而评价结果应用时，只录入量化分数，因此，学生评教所占的实际权重相当于100%(表2-3)。

表2-3　　　　7所高职院校教学评价的主体结构及权重结构

学校代码	学生评价(%)	督导评价(%)	同行评教(%)	教学单位管理评价(%)	课堂教学资料评价(%)	教学建设专项评价(%)	教师自评(%)
A	100	等级定性	等级定性	等级定性	无	无	参考分
B	70	20	7	无	3	无	无
C	25	12.5	25	12.5	无	25	无
D	40	25	15	20	(纳入同行评教范畴)	(纳入教学单位管理评价范畴)	无

续表

学校代码	学生评价（%）	督导评价（%）	同行评教（%）	教学单位管理评价（%）	课堂教学资料评价（%）	教学建设专项评价（%）	教师自评（%）
E	100	等级定性	无	等级定性	（纳入督导评价范畴）	等级定性	参考分
F	50	20	15	15	无	无	无
G	50	20	无	30	（纳入督导评价范畴）	（纳入教学单位管理评价范畴）	无

（三）评价权重结构欠科学

学校与学校之间，教学评价的权重结构数据相差很大。7 所学校共有 6 个不同的比例结构。这些比例结构，多以学校管理经验为依据，并非科学的理论模式或数据建模，特别是学生评价占据 100% 的比例分配，这样的评价理念及体系设计本身存在一定的偏颇，其评价结果的信度和效度自然会受到质疑。

（四）评价指标极不适应"云教学"

"云教学"是在移动互联网、云教学系统以及智能学习终端的支撑下进行的教学，"云教学"中的教学过程及活动形式与传统课堂教学是大相径庭的，比如在翻转课堂、混合式教学中，教师大量的资源准备和教学活动都是在课外线上动态进行的。研究发现，7 所学校教学督导评价和学生评价均未针对云教学设计相应的评价指标。而适用于传统课堂教学的静态评价指标大量存在，如评价内容以教材为主，教学时间规定为 45 分钟，教具、教材、板书、仪态、教案、计划至少占据 10% 分值等，这样的指标体系与"云教学"时代极不匹配。

五、问题反思：从比较中探求高职院校教学评价的文化属性

教学评价实践中的问题，根源还是评价文化的属性问题，而后才是标准母体的建构。学校从根本上有别于企业：企业是生产性组织，生产性组织是人与物的关系，通过人与物的匹配，生产符合规格的物质产品；学校是教育性组织，教育性组织是人与人的关系，通过人与人的交往，激发人的潜能，促进人的发展。二者分属营利性组织和非营利性组织，各自的评价文化价值体系并不相同（表 2-4）。质量管理模式下的 ISO9000 标准族、全面质量管理（TQM），这些控制理论均源自企业生产的质量管理，从属于营利性组织的质量文化，它们与学校所处的非营利性组织分属完全不同的两种质量文化。高职院校的教学评价应当守住"学校教育"的本位和"有效教学"的初衷，然后合理借鉴，不断寻求教学评价的理论创新。

表 2-4　营利性组织（企业）与非营利性组织（学校）评价理念比较

营利性组织（企业）	非营利性组织（学校）
以赢利为目的，为自己获利	非营利目的，为他人获利
从产品和（或）服务所得中获得资金	通过集资获得资金（如拨款、会费、募捐等）
明确的最终目标（如利润最大化）	综合的目标体系
测量值明确（如利润、股息、股东所得）	须明确测量值（可变的、多维度的）
公开竞争	有时不存在竞争，经常存在限制性竞争
自由选择供方	有时无法选择供方，选择供方通常受限
产品和服务	服务
一维的"生产者——顾客"关系	多维度层面的关系（其中包括出资者、委托人、生产者、服务对象）

六、理论构想：以效果为导向构建高职院校教学评价的标准体系

鉴于高职院校教学评价实践中存在的问题及困顿，本研究特提出变革教学评价的系列设想。

(一)以教学评价的主导价值引导教学评价的制度设计

叶澜指出："导致我国教育危机的一个重要原因是我国教育价值取向上的偏差，即政府的教育决策中历来只强调教育的社会工具价值，忽视教育在培养个性、促进人的发展方面的价值。"[6] 高职院校必须明晰高职院校教学评价的主导价值是促进教师专业化发展和学生的有效学习，其次才是辅助学校决策和提高政府管理效率。如果把教学评价的管理价值人为拔高，把教学评价视为"指挥劳动"和"监督劳动"的工具，就会主辅倒置。教学评价制度应当按照教育内部发展逻辑，遵循教学基本规律来规范和引导教学行为、评判教学效果、促进教学质量和水平大幅提高、促进教学专业可持续发展、指导教师专业化发展。

(二)以效果为导向构建高职院校教学评价的标准体系

效果是非营利性组织以公益性或慈善为目的制造出的产品。在可持续发展为内涵的质量观引导下，"效果"成为质量评价的重要标准，并被运用于社会生活的各个领域。国际质量评价的理论和实践中，"效果"通常采用效率、效益、有效性、影响力、可持续性等指标去衡量。与一维的"生产者——顾客"关系相比较，效果导向的教学质量评价则从结构——过程——行为、计划性和非计划性、有利性和不利性三个维度进行立体评价[7]。高职院校可以教学投入、教学活动、教学结果、教学成效、对学校及社会的影响所形成的"效果链"为逻辑框架，整体构建教学评价的标准体系(图 2-3)。

①教学投入：教学活动所需的资源，包括物质资源、经费资源和教

学资源。教学资源的投入主要分为教的素材、学的素材、评价的素材，具体表现形式有课件、教案、测评表、视频、文档、图书、网络文献等。

②教学活动：教师为了实现预期的教学目标，通过形式、方法的组织和设计，通过对教学资源的有效配置，将投入转化为一组相互关联、相互作用的活动。

③教学结果：教学结果既可以是有形的物质、能量、信息，如学生的作业、作品或产品，也可以是无形的，如学生的品德、职业精神、学习兴趣、团结协作等精神层面的东西。

④教学成效：宏观的教学成效体现在对受教育者、对学校及社会等利益相关方发展需求的满足，而微观的教学成效体现在教学给学生带来的结果和潜在变化，即教学本身达到了预期目标，实现了"有效教学"。

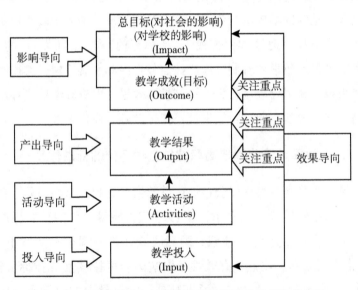

图 2-3　以效果为导向的高职院校教学评价标准体系框架

(三)把"有效教学"内容纳入教学评价的指标体系

效果导向的教学评价其终极目标是促进"有效教学"。在可持续发展质量观及第四代评价理论引导下，教学评价不仅仅是辅助学校管理的工具和手段，也是兼顾多元主体的价值诉求共同实现"有效教学"的重要路径。"有效教学"在教学评价指标体系内可以通过以下内容具体体现：①教师是否具有清晰的表达能力；②教学方法是否灵活；③教师是否具有极大的教学热情；④教学目标与任务是否一致与协调；⑤教学是否能够引起学生学习兴趣；⑥课堂教学氛围是否活跃；⑦积极、合适的评价是否能促进教师、学生的发展与学习；⑧教师对学生的期望如何；⑨课堂教学管理效果是否有效；⑩教学中是否强调问题的解决；⑪教师、学生是否善于提问；⑫教师是否具有良好的个人品质等[8]。

● 参考文献

[1]沈玉顺.现代教育评价[M].上海：华东师范大学出版社，2002.

[2][德]赖因哈德·施托克曼，沃尔夫冈·梅耶.评估学[M].唐以志，译.北京：人民出版社，2012：67-70.

[3][德]赖因哈德·施托克曼，沃尔夫冈·梅耶.评估学[M].唐以志，译.北京：人民出版社，2012：61-63.

[4]陈玉琨.教育评价学[M].北京：人民教育出版社，1999.

[5][德]赖因哈德·施托克曼，沃尔夫冈·梅耶.评估学[M].唐以志，景艳燕，等，译.北京：中国社会科学出版社，2008：19，21，103.

[6]叶澜.试论当代中国教育价值取向之偏差[J].教育研究，1998(8).

[7]唐以志.关于以效果为导向构建职业教育质量评价标准的思考[J].中国职业技术教育，2016(6)：12.

[8]任艳红.高校教学评价制度的反思与重构[D].西安：陕西师范大学，2011.

高职院校内部管理科学化之路径创新

高职院校内部管理是指学校在围绕高素质技术技能人才培养这一中心工作过程各环节的运动中所进行的决策、计划、指挥、监督、组织、核算、调节活动，通过有效的管理活动实现高职院校在知识传授、知识创造、知识应用、人才培养、社会服务等多方面教育目标。从本质上讲，高职院校内部管理实质也是经济意义上的管理，需要选择"正确地做事"、"做正确的事"，才能以有限的投入获得尽可能多的产出，实现更多预期指标，获得良好的社会效益和社会声誉。然而，有效的管理完全取决于环境[1]。基于"三改一补"方针指导下的逐渐发展起来的中国高职，面临复杂情形下政策、经济竞争环境，尤其需要不断创新管理理念和管理方法，提升内部管理的整体效益，促进学校办学效益及内涵品质的不断提升。

一、管理科学化是高职院校内部管理效率提升的路径选择

(一)外部环境的转变使高职院校的内部管理日益复杂化

当前，中国正处于社会经济的转型时期，经济的发展、产业结构升级、高新技术和现代信息的发展，客观上要求高职院校人才培养目标的重心由单纯的数量、规模发展向办学质量、教育品质转变；发展模式也由初期的合并、外延式做大向精简、内涵式做强转变。但是，现行的政策环境和经济条件尚不能满足高职院校转型升级的要求。来自国家教育行政学院 2013 年对 120 位高职院校书记、校长的调研显示[2]，高职院

校发展中普遍面临三个突出问题：办学经费不足、资源配置不均衡和生均拨款未落实；管理体制多元多极化，政府对高职院校过度干预；专科层次的高等职业教育体系不能满足社会对高素质技能人才的需求，同时也对高职生源质量产生负面影响。种种情形，使原本内涵不足、积淀不深的高职院校的管理环境日益复杂化。

（二）传统经验管理模式及方法对解决复杂环境中的现实问题存在局限

全球经济一体化的大格局及高等教育的大众化、国际化、市场化发展，使高职院校不由自主地卷入到世界范围的生源大战之中，学校的个性特色、品牌塑造和社会评价就成为高职院校生死攸关的命门。外部的竞争环境日趋严峻，内部的情形也很复杂，由于各个院校自身特殊的历史背景，许多现实问题都是个案，没有现成的理论模型和成功案例。随着市场在资源配置中决定作用的凸显，学校管理及管理中的人、财、物、信息随时都会受到内外部动态环境的影响，在这种情形下，管理的理念、方法、质量、效率，直接影响着招生、就业、教学、实训、考试、生活、财务等各个环节，成为影响学校内涵建设、品牌培育过程环节的基础要因。

然而，受传统管理文化的影响，高职院校内部管理"人治"的现象严重，习惯采用权威定约、经验惯例的决策方式，而以信息调研、事实认证为路径的决策尤显不足。此外，学校管理主要采用行政式组织、行政式运作模式，一定程度上制约着行政及学术组织的主动创新。在内部管理工作中，过多地强调制度的执行，相对忽视与管理制度联系密切的监督制度和信息反馈制度。管理部门之间协调不足，服务意识不强，效率低下，经验式、模仿式、行动式管理方法引导着模糊化的管理行为，时常出现不切实际的制度设计及低效、无效甚至是错误的管理行为。二级院系在教学、招生、科研创新等方面的主体作用尚未充分发挥，影响了学校办学的整体效率。管理人员的管理科学知识相对薄弱，干部队伍的管理能力开发不足，也是影响内部管理效率低下的深层原因。

(三) 管理科学化是高职院校内部管理效率提升的路径选择

不可否认，由于中国高职教育的特殊历史及社会原因，高职院校在初创时期，依靠经验管理可以有效处理合并改造中的人情事务及大量非理性的纠纷问题；进入内涵建设时期，外部环境受制因素多，管理的事务多，不确定的因素多，处理复杂的现实问题不可能完全依靠以"人治"为导向的经验管理。随着学校办学品质要求的提高以及内部管理组织扁平化发展，经验管理的局限性、模糊性、不规范成分逐渐显现，并且成为提高管理效率、推进管理创新的负累。从理论层面讲，管理是一门艺术，也是一门科学，任何时候都不可能放弃把科学作为管理的重要手段。针对内涵提升阶段高职院校内部管理的现实需要，遵循教育科学的发展规律和职业院校管理的基本原则，选择适宜的科学管理方法，推进管理科学化，才能有效提升高职院校内部的管理效率。

二、管理科学化的本质内涵及其在普通高校管理中的应用

(一) 管理科学化的本质内涵

管理科学化在实践层面的含义就是应用科学的管理知识指导管理实践、解决管理问题、提高管理效率，实现以科学理性取代经验管理的实践过程；在管理现象的认识和研究层面上，管理科学化强调以科学的方法论指导管理问题的研究，探索管理活动规律，创新管理科学知识，促使管理科学知识有效积累和系统化[3]。可见，管理科学化的根本目的就是有效解决管理现实问题、提高管理活动效率，而管理问题研究和管理科学发展则为实现这一目的提供了科学的方法和有效手段。从美国管理学家泰罗首次提出科学管理思想至今，管理科学化的历程已有一个多世纪，管理科学学派、决策理论学派、系统管理学派、社会系统学派、管理过程学派、经验主义学派、权变理论学派、经理角色学派等诸多学派均取得了丰硕的理论成果，为管理科学化提

供了强有力的理论支撑。

(二)管理科学化在普通高校管理中的应用

管理科学化概念一经提出便饱受质疑。然而，基于钱学森所提出的"技术科学观"，认为管理学与一切工程技术科学并没有本质的区别[4]。因此，借鉴技术科学观去理解的管理科学化，并被广泛应用于政府、企业、事业部门的内部管理是完全可能的。此前，科学管理方法成功应用于高校内部管理的实践案例也并不少见，比如数学公理化方法、实验方法、实证方法以及从企业管理科学化中引鉴的流程再造(BPR)、决策分析、运筹学、博弈论、决策支持系统(DSS)、全面质量管理(TQM)、价值工程、柔性生产系统(FM)、关键路线技术(CRM)、计划评审技术(PERT)、价值链绩效测评、综合财务指标体系、基于活动的成本核算与管理、管理收益率指标体系等，这些科学方法，因其不可替代的客观性、可检验性、可重复性、精确性、广泛性，不仅使高校在处理海量的管理事务中节省了大量的人力、物力和财力，还切实有效地促进了高校管理的规范化、科学化运行。

三、管理科学化在高职院校内部管理中的管理范式及实施策略

高职院校的管理活动与普通高校的内部管理并没有本质的区别，所有应用于高校管理的科学方法都可以在高职院校内部管理中进行推广。但理论上的科学方法永远与现实问题之间存在"鸿沟"[5]，在每一种方法所能应用的环境、尺度及其在应用中需要进行的"技术"调整问题上，需要进行理性分析、价值判断和创造性的决断。客观上讲，管理者并不可能完全凭直觉选择"正确地做事"的科学方法并能做到恰到好处，按照管理科学化的理念，我们需要建立一种有利于弥合理论与实践鸿沟的管理范式。

（一）基于事实依据的决策范式

管理学家西蒙（Herbert Simon）有一句名言："管理就是决策。"决策的错误则是最无效的管理，也将是最大的资源浪费。有人认为，决策只是领导的事，其实，每位管理者和教职工在工作、实践中都是决策者或参与决策者。管理科学化要求决策是基于真正事实的行为过程。在处理管理事务时，不能单以经验、资历、个人智慧作为决策的基础，也不是依赖某种信仰、时尚潮流、意识形态、随意的标杆或是自己擅长的东西选择方案，而是首先寻找决策的"证据是什么"。为了获取事实证据，学校有必要建立基于信息、数据、实证、实验等最佳科学依据为基础的决策范式；建立由学术组织、教学组织、企业行业组织等多元主体共同组成的咨询机构，切实发挥学术委员会、教学委员会、职教联盟理事会在学校重大事宜决策中的参谋咨询作用；建立科教融合、产教融合的协同管理机制[6]，倡导以科学研究为基础，推进教育管理、教学领域的管理创新，因为科学研究的过程和方法本身就是基于事实为依据的探索过程。需要强调的是，高职院校是由教学、科研、文化共同构成的育人体系，其管理活动本质上从属于教育，所有事实证据，必须首先遵循教育科学的发展规律和职业教育的基本原理，以此作为事实证据判断的价值标准，凡是涉及道德和价值判断的问题，比如教育质量评价、教师教学测评，就需要将管理对象分解为事实和道德两个部分，从而选择不同的方法或调整方法使用的范围和尺度，比如：全面质量管理（TQM）方法在实现制度规范化、流程科学化方面有显著功效，但用于控制和评价教师教育质量方面就存在局限。

（二）以科学证据为指导的执行范式

好的执行和科学决策同样重要。现实中，科学的原理和方法得不到有效执行成为制约高职院校内部管理效率的一大瓶颈。其原因主要有三个：第一，管理者把工作任务设想为一般性的管理事务而非有专业标准的"技术"工作，比如：高职院校的教学评价其实是一个技术性很强的工作，如果等同于一般性的事务，十年重复同一个评价量表，即使执行了，也不能完成以评促改的工作目标，因为十年后的职业教育在教育理论、教学理念、课程理念上已经发生了颠覆性的变革。第二，管理者常常从技术的角度提出工作要求，却忽视了具体情境对执行者造成的影响，不能及时修正和调整工作方法。比如，在教学管理中引进教材图书管理系统，并由学校层面统一管控，海量的录入工作却是二级院系执行中的最大困难，如果把教材管理自主权下移，问题便迎刃而解。第三，政令不一、制度因素及危机事件给执行造成的干扰，使基于科学证据的管理执行得不到很好落实。

有鉴于此，学校对专业性较强的管理岗位在人员选配时需要提出专业技术背景的特殊要求；在关注执行情境的困难和问题时，允许或授权执行者根据实际情境调整执行计划；定期修正完善现有规章制度和管理标准，适当简政放权，扩大二级学院在教育、教学、科研管理中的自主权。关于政令不一、制度因素所导致的执行不畅问题，在具体做法上，建议实行党政联席会议制度，统一协调，避免政出多门，多头领导；建立专项工作统筹制，将短期的、专门的事务授权一人进行统筹，打破条块分割，便于调动资源，避免因为职能分离而带来的无效工作；实行协调小组制和专业委员会制，可以将不同部门的人员联系起来，共同研究某一工作，快速协调，快速执行；实行 AB 角制，即每个管理岗位有A、B 两个人承担管理责任，A 角是主角，不在时 B 角自动顶替，可以有效避免因为出差、外出培训等临时离岗造成的管理缺位；建立明晰的岗位责任制和问责机制，完善校园责任体系，更是保证学校有效运转的必要手段。

(三)建立定量评价和定性评价相结合的管理标准体系

管理是一个持续改进的实践活动，通过评价才能促进管理行为的持续改进，而科学的评价标准则是持续推进管理科学化的技术要求。没有科学标准作为评价依据，将使高职院校内部管理停留于不规范、模糊与低效重复的状态。为了改进方法和提高效率，必须建立相对科学的管理标准体系。根据高职院校的教育属性和类型特征，建议从以下几个方面着手：第一，根据管理对象工作任务的不同，构建以事实评价为主的定量评价标准和以道德、价值评价为主的定性评价标准相结合的标准体系，并通过研究论证、专家咨询等方式确定相对科学的权重分配；第二，完成所有岗位的工作分析及岗位职责标准；第三，基于定量评价和定性评价，划分相应的等级并予以呈现，定量评价一般通过满意率、合格率、差错率、成功率、出勤率等数量指标进行呈现，对无法用数字指标显现的迷糊指标，可以用好、中、差或者优秀、良好、一般等概念进行定性描述；第四，适时更新评价标准，保证评价标准与管理环境的适应性。

（四）以精细化管理贯穿高职院校内部管理全过程

精细化管理作为一种现代科学的管理理念早已跨越企业管理领域，在高校教育管理领域深入推广。精细化的要点就是精简、筛选，去粗取精，通过流程再造，明确岗位，强化考核[7]。精细化管理是一种态度，以科学严谨、认真务实的职业精神对待教学、科研、管理、服务中的每项工作，"没有最好，却能更好"，要求管理者养成从小处着手，注重细节的工作习惯，坚持用心做事，把事做细；精细化管理是一种追求，要求管理者打破经验思维和常规定势，以创新思维的心智模式不断优化工作流程，细化每个岗位、每个环节的工作内容，努力做好每个单元的工作，追求精益求精，永无止境；精细化管理是一种过程，从宏观到微观，从低层到高层，从决策到执行，由浅入深，循环往复，循序渐进。

高职院校可以从以下几个方面贯穿精细化管理：（1）规范、标准文本化。基于科学的工作分析，建立管理岗位的工作规范和质量标准，并实现文本化管理。（2）工作流程图表化。基于实践检验，精简、合并、删除不必要的工作单元，优化常规工作流程，实现工作流程图表化。对特殊事件，设立单独流程。流程化要求将学校所有的管理活动视为一个整体，注重部门流程间的连续性，以全流程观念来取代个别部门观念，强调全流程整体绩效，打破职能部门本位主义的思维方式，鼓励职能部门间的协同创新。(3)凡管理必先预定计划。基于学校、部门、项目的整体策划，预先制订切实可行的工作计划和工作目标。(4)立足岗位自学践行。按照"哪里不合理就从哪里入手"的原则，自我问责，自我诊断，查漏补缺。(5)管理类别化。对学校内部纷繁复杂的管理工作分类细化，细化的方法有横向细化和纵向细化两种方式。横向细化是将工作事项按照涉及的方面分解成若干项目，纵向细化是按照时间先后分解成不同时段的工作细目。一般情况下，可采取横向、纵向同时分解的办法，使工作计划、工作安排尽量细致明确，明确责任和完成时限，便于检查督办。(6)管理数据化。在管理实践中，尽量避免传统管理方式中"多数、大概、很多、基本上"等模糊概念的表述，量化工作规划、工作方案、工作目标、工作计划等环节的具体指标。管理科学发展的历史证明，科学化、数据化、技术化确实可以提高管理的准确性。在管理数据化过程中，可以借助统计学、最优化方法、信息模型、计算机模型等技术工具，极大提高管理效率。(7)管理信息化。在校园中广泛使用校园网、一卡通、无纸化办公、网络课堂等现代信息手段，用信息管理系统把学校的招生、就业、教学、实训、考试、生活、财务等各个环节集成起来，实现信息和资源共享，加快内外部信息传输与沟通，降低管理成本，为科学决策提供支持。

管理科学化的先决条件是管理人员具备获得科学证据的能力和实施科学管理的专业知识，而愈是复杂事件、危机事件和重大事件的预先决策，管理知识就愈能发挥其普遍性、权威性作用。当一个没有管理知识的人走上管理岗位时，管理科学化对他而言是一件多么困难的事！因此，如何让管理者加强学习就显得尤为必要。

● 参考文献

[1]黄速建，黄群慧. 管理科学化与管理学的科学性[J]. 经济管理，2004(18)：6.

[2]佛朝晖，邢晖. 转型时期高职院校发展的政策期待——基于对120位高职院校书记、校长的调研分析[J]. 中国职业技术教育，2013

（1）：16-19.

[3]黄速建，黄群慧．管理科学化与管理学的方法论[M]．北京：经济管理出版社，2005.

[4]吕力．管理科学化的争论、困境与出路——基于钱学森"技术科学观"的思考[J]．科学学与科学技术管理，2011(2)：22.

[5]曹素璋．循证管理——西方管理科学化新思潮[J]．外国经济与管理，2008(11)：12.

[6]周光礼，马海泉．科教融合：高等教育理念的变革与创新[J]．中国高教研究，2012(8)：21.

[7]杨显贵，张昌明．精细化管理与大学精细化[J]．上海管理科学，2008(2)：82.

德国职业院校管理及对中国高职院校管理创新之启示

"德国制造"已成为世界范围内的竞争力品牌并享誉全球[1]。德国靠什么创造了这个奇迹呢？在《德国概况》一书中是这样描述的："德国是一个原料缺乏的工业国家，它依赖的是受过良好教育的技术力量。"[2]显然，高质量的职业教育培育出优秀的产业工人为德国技术提供了坚强后盾。如果说"双元制"模式是德国职业教育先进发达的秘密武器，那么，支撑并推动德国职业教育持久发展的基础保障是一大批特色鲜明、质量精良的职业院校。依托教育部 2013 年"千名中西部大学校长海外研修"项目，我们对德国职业院校及企业培训机构进行了深入考察，全面分析德国职业院校的体系结构及管理特点，并结合国内高职院校的管理实践，从比较视角，提出可行性的参考借鉴。

一、德国职业院校的体系结构及管理特点

广义的教育管理是以国家教育系统作为研究对象的，职业教育是教育管理的重要组成部分，职业院校管理又是以职业教育为母体而派生的分支，因此，分析德国职业院校管理特点，应该对德国职业教育体系结构有一个整体认识。

(一)职业院校体系结构的"融通性"

德国的职业教育是与普通教育相对独立又相互融通的有机系统。德国并没有"高等职业教育"的概念，从德国职业教育体系结构不难看出，

德国的职业教育包括三个不同路径、两个不同层次的职业院校：技术（职业）学院、专科高等学校以及技术大学（图2-4），这里统称德国职业院校；两个不同层次分别是指大专层次的技术（职业）学院、专科高等学校，及大学层次的技术大学。

技术（职业）学院是政府与企业合作举办的借鉴"双元制"教育模式的高等教育学校，招收文理高中毕业生或同等学力者，为企业培养具有实践经验的高级专门人才，或中高级管理人员。进入技术（职业）学院的学生需要具备两个条件，一是与某企业签订培训合同，学生只有与企业主签订培训合同才能在技术（职业）学院获得求学的资格。二是具有升入高等学校的文凭，即文理高中毕业生或通过培训达到同等学力者。这类学校属于专科层次的学历教育，学制上并不授予学位，但可以通过"双元制"学业补充获得国际公认的"工程学士"学位。

专科高等学校属于德国高等教育体系的另一分支。德国的高等教育体系由两大部分构成：一类是综合大学、技术大学和特殊科类大学等学术性大学；另一大类就是专科高等学校，主要集中在一些工程技术和企业经济类的专业领域，以培养企业和社会组织实际应用型人才为目标，学制4年，学生4年必须完成学业，学生毕业授予专业硕士学位[3]。专科高等学校学生必须具备两个条件：一是实践经历要求，即对于未接受过职业教育的学生，主要是文理高中的毕业生，要求必须有一定的，与所申请专业一致的实践经历，一般要求3个月，申请入学者需要自己寻找企业实习，并且要有带班师傅的鉴定。二是学历要求，即必须是文理高中或高级专业学校毕业；或者是接受"双元制"职业培训的毕业生，通过补习文理高中课程，达到高中毕业水平。

技术大学是学术型大学的一种，与其他综合类大学一样，学生毕业最终可授予硕士以上学位。所不同的是：在专业设置方面技术大学以技术类专业为主，兼顾开设经济、社会、教育类专业，并非涉及整个专业领域；在课程门类与内容设置上除必要的基础理论课程之外，技术大学更多偏重于应用学科，专业分类较细，教学安排紧凑，学制较短，学生只需八个学期甚至更短的时间就可以获得应用技术学院硕士学位。

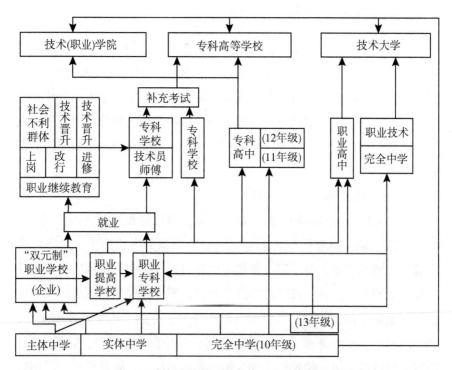

图 2-4　德国职教体系及职业院校的体系结构

从图 2-4 可以看出，德国职业教育体系基本上是以技术（职业）学院、专科高等学校、技术大学三种职业院校为高端平台，自上而下形成三条不同路径的职业教育主干，三条主干不同层级之间可以贯通，学生在不同时期都可以选择适合自己学习能力的学校，也可以调整想要上的学校，这样既可以保证人才的合理流动，又有利于学生的成才，并使他们能在社会上找到自己相应的岗位。在这个系统中，每种职业院校为不同学习能力的学生提供相应的教育，并共同为学生的终身职业教育提供保障。这是一个基于系统论原理构建设计的开放的、自组织的、相互关联的、具有等级结构性的有机整体，它遵循了系统、要素、环境三者间的相互关系和变动的规律性[4]；无论是职业教育与普通教育之间，还是职业教育体系内的三条主干路径之间都显示出灵活变通的"融通性"。

(二)职业院校管理的主要特点

基于对代根多夫应用科技大学、维恩斯蒂芬应用科技大学等职业院校的考察，我们的深刻体会是：在硬件方面德国职业院校的校园建筑、实训设备、教学条件等设施与中国高职院校，特别是国家示范院校相差无几；然而，德国职业院校在组织结构、教师管理、教育评价、环境设计、资源利用、校企合作等方面拥有许多先进而独特的理念和方法值得我们借鉴。

1. 职业院校结构精简，职能完备

德国的职业院校结构精简，职能完备，可以形象概括为"小行政"、"大学校"。职业院校的校长都是采取公开招聘的方式产生，主要负责学校的筹资和学术。每个职业学校一般只设一个公务员编制的、没有任期限制的副校长，负责日常教育教学管理，职业院校的各项具体工作则由各院系负责落实完成。学校设有若干秘书，分别承担某方面的工作，如行政保卫、财务管理、学生服务部门、对外合作部门等，除此之外，没有其他行政部门。学校的工作人员也非常精简，主要是教授、聘用教师和实训工程师，行政人员相对很少。比如：有几所职业学校，在校学生有 2000 人左右，而学校教职员却不足 100 人，大多数教师，在学校 2/3 的时间均是用于教学的，另外 1/3 的时间主要用于参与学校的管理和其他事务性的工作。学校的后勤服务全部采取外包方式解决，学生住宿等事务由学生自行解决。但从整体看，学校的行政、教学、后勤等，各项职能完备，人员定位，并各司其职。

2. 教师备受尊重，教师资质要求很高

在德国，教师享有很高的社会地位和经济待遇，所有教师都是国家公务员，可以终身任职。教师经济待遇无论是与欧洲其他国家同行相比，还是与德国国内其他职业工作相比，相对居高并超过国内平均水平。职业院校里，教师可以独立行使教学管理和教学职权，政府无权干涉教师的授课自由和公开发表言论的自由，学校无权解聘教授，校长只能对教授的考试出题提出建议，约束教授的只有学生评价。而"高待遇"背后，则是国家对各类职业院校教师设立的高门槛，比如申请职业学校教师资格，首先必须接受 5 年职业教育师范的学习并通过第一次国家考试获得见习教师资格；然后接受 2 年实习并通过第二次国家考试获得职业学校教师资格；一般大学毕业生，必须要有五年以上的工作经验和两年半的教师职业培训，才可以参加国家考试取得职业学校教师资格，无论哪一类职业院校教师，其资格的取得绝非易事。学校对教师素能要求很高，每个教师要求可以胜任两个学科的教学工作，每周需要负担 24~28 节课时，其工作压力是可想而知的。技术大学全部实行教授讲座制，不设置教授以外的教师职称，对教授实施分级管理，教授聘任条件要求是博士学位且至少要有五年以上的校外相关工作经历，其中至少在企业工作三年，应聘大学教授需要经过严格复杂的选拔任用程序，最后由州教育部统一任命。教师的团队合作能力更是基本要求，工作中协作互助，每个人把自己的事情做到最好。

3. 以顾客为中心的职业教育质量体系

德国的职业教育评价包括外部评价和内部评价两个体系，内部评价则是外部评价的补充和延伸，二者之间既相互独立又互相沟通。内外部评价的理念基本上是以顾客为中心，特别注重对学生从业能力的培养，那些能够支持学生获取从业资格并顺利地进入某一职业或行业的内容都是评估职业教育质量最根本的标准[5]。注重对学校特色等定性内容的评价，比如办学特色、专业特色、学校使命、学校定位与优势，而并非拿一把尺子度量所有的学校。注重评价主体的多样性和代表性，评价主体由学校督导、学校领导、教师及非教学人员、学生代表、学生家长代表、培训企业代表组成，学生评价对于教授、教师考评及校长选聘都起着重要的作用。注重对"教与学"的过程评价，教师是否运用了职业教育的课程开发和专业教学法成为过程评价的重要指标。注重对职业教育结果的评价，学校设置了"工作绩效"评价标准，并以利益相关方的满意度和学生能力水平作为学校工作绩效考核的重要指标。注重评价方法的科学性，评价中针对不同群体设计分类问卷，在涉及不同群体参与评价时，采用问卷调查法、访谈法、观察法、文本分析法、现场巡查等多种方法采集数据，为增强评价的客观性，所有访谈和课堂观察等必须由两个评价团共同执行、分析和评价[6]。

4. "职业性"特色浓厚，环境设计精细入微

德国职业院校的"职业性"特色非常浓厚。在教学楼走廊、橱窗里，到处摆设着各专业相关设备的实物截面或解剖图、构造原理图；许多张贴画都是体现普通劳动者愉快工作的场景，如拿着锄头在田野里劳作的、建筑工地认真施工的、车间专注地操作仪器设备的……处处彰显着劳动的光荣，对技能的崇拜和职业的神圣。校园的环境设计更是精细入微，令人称道。在德国职业院校到处可以看到一些值得称道的细节，比如，走廊扶手设计成向外倾斜，增加手扶时的舒适感；实训室设置专门冲洗眼睛的水管以防止学生眼睛受污染后受伤；教师上课的黑板上，都设置一条暗暗的虚线，方便教师板书和画图；在公开查询或显示的课程安排中，调整时间的课程用红色标出，以便引起学生注意；学校的卫生间都准备有充足的纸巾，小便桶里设置一个不锈钢网可以过滤并防止外溅；授课的课桌上，除了摆放必要的茶杯、资料、纸巾盒、笔筒外，还摆放几片校园里的红树叶，使整个教室倍增温馨之感。

5. 资源节约型的管理理念

资源节约对于职业院校来说是懂得用"钱"的方法，充分利用政府和企业资源，当用则用，把钱用在刀刃上。比如：对于学校或企业而言，职业培训既是提高质量降低成本的有效途径，更是激励员工、提高员工贡献率最经济的方法[7]，教师、学生在工作和学习中都要经常接受各种职业培训，培训费用耗资巨大，但只要争取到政府支持，就可以由州政府承担，无论是接受培训还是提供培训的职业院校，都可以从政府得到各种各样的补贴和资助。而在日常管理中，学校处处厉行节约，能省就省。比如：学校工作人员到机场接机一般都是临时租用出租车，一定距离内的对外接待一般都是走路步行，接待用餐也一律安排在学生食堂，正式宴请也是每人一份的简餐，实训室里的计算机和打印机，尽管配制样式落后，但只要能正常运转就不会被淘汰。

二、德国职业院校管理对中国高职院校管理的启示

由于环境和历史不同，中国高职院校面临的管理问题及管理活动与德国职业院校的情形有很大不同。然而，同为职业教育类型，二者之间又有着天然的相似性。根据 Guest 和 King 研究提出的管理实践的"类质同构"观点：对于管理者来说，最理想的证据是已经在同行业其他组织中得到验证的证据……因此，管理者总是向同类组织中的同类人员寻求创见[8]。从比较借鉴的视角，我们或许可以找到一些管理创新的启示。

（一）建立高职院校与应用大学间的衔接通道

与德国相比，中国的职业教育体系本身存在结构功能上的缺陷。我们相信，未来的中国职业教育也会形成两个层次三种类型的格局，比如高等职业院校、高等专科学校、应用技术大学，但短期内建立如德国一样横向融通、纵向衔接的职业教育体系还有许多障碍。中高职衔接为中职与高职之间搭建了宝贵的职业教育上升通道，然而，高等职业教育与普通高等教育之间依然是"泾渭分明"，这种情形极大限制了不同能力的学生自由选择教育与职业的可能性。而按照系统论及教育促进人的全面发展的基本原理，欲使学生在不同时期都可以选择适合自己学习能力的学校，并找到适合自己的职业岗位，建立高职院校与应用大学间的衔接通道才是关键，唯有纵向路径贯通了，才可以顺利推进普教与职教体系间的横向沟通。因此，建议引入市场竞争机制，在应用本科与一批办学实力雄厚的高职院校中间遴选产生应用技术大学，以此为框架，建立中国职业教育的本科学历、学位教育及专业硕士教育。

（二）精简机构，构建新型学校组织

高职院校组织结构再造过程中，既要依据高等职业教育特点对高职院校组织结构及其功能进行探索，又要基于校企合作的实现情况对学校生存环境的变化进行研究，以便建立起真正具有校企合作功能的组织结

构。借鉴德国"小行政"、"大教学"的经验,可以建立企业、社会各界人士参与的校董事会,营造并运行民主管理机制,将管理权限置于公众监督之下,这有利于提升高职院校管理决策的正确性和对市场需求的敏感性。同时,以教学、科研为中心,改革传统管理体制,适当精简机构;挑选精兵强将,减少管理层级,适当增加中层管理的管理幅度;对不必要的机构,分别采取合并、整合或服务外包;实施招生、教学、科研、社会服务权力下移,充分发挥二级院系的自主性。

(三)行政与学术相对独立,强化职业院校教师专业化管理

高职院校本质上属于学术组织,过多的行政干预,不利于学术组织的主观能动性发挥,容易养成行政组织人浮于事的习惯,最终导致学校整体效率低下。借鉴德国职业院校教师管理的策略,建议在高职院校成立专门的学术委员会、教学委员会、职教联盟理事会,规定学校党委会、校长办公会的职权范围和决策规则,发挥学术委员会、学校理事会(董事会)等组织在决策中的作用;建立有教师、学生及家长代表参加的校务委员会,完善民主决策程序;建立有行业企业人员参加的学校理事会或董事会,形成校企合作决策机制;扩大教授、专业负责人、学术带头人等非领导职务参与教育、教学管理的权限。与此同时,还应强化职业院校教师评价的类别特色,把企业实践经历纳入职业院校教师准入标准,细化教师职业成长不同阶段的资格要求,深入推进职业院校教师的专业化管理。

(四)建立内外沟通的教育评价体系

教育评价兼具着导向、鉴定、激励、教育等多项功能,因此,评价标准的科学性、评价的主体及主体评价权重将直接影响着评价导向的正确性和评价结果的公平性。高职院校可以从以下几个方面科学建立评价体系。首先,建立以企业、行业、政府为主体的职业教育外部评价组织,充分发挥社会评价的主导作用;其次,建立包括企业代表、政府官员、学校督导、学校领导、教师及非教学人员、学生代表、学生家长代

表为结构的评价主体，实现评价主体多元化；再次，按照职业教育评价的专业要求，建立和完善职业院校内、外部教育评价标准体系；最后，针对职业教育的过程与结果，分别建立督导、同行、学生、企业的评价标准及指标权重，并由学校组织专家论证。

(五)建立产业文化育人联盟

在职业院校人才培养活动中，应通过熏陶、嵌入、渗透等方式把科技与文化、认知与情感、做人与做事融为一体，培养既有职业知识技能又有符合当代产业体系所需要的高素质技术技能人才，从而更有效地促进现代产业体系的发展[9]。学校可以整合各方资源，构建由行业企业、社会团体及职业院校共同组成的产业文化育人工作交流平台，探索职业教育产业文化育人的途径与方法，推广院校产业文化育人优秀成果，创新院校产业文化育人机制；从教产融合、校企合作、工学结合的高度，明确产业文化育人的目标和任务；重点推进和发挥产业文化育人在职业院校校园文化建设、学生实习实训以及教师产业文化素养提升等方面的作用；推动优秀企业文化融入校园文化，传承、推进和传播先进企业文化；通过物质文化、行为文化和制度文化对学生的行为习惯进行养成训练。

(六)建立资源节约型学校

节约资源对高职院校办学效益有着十分重要的意义。借鉴德国的经验，高职院校可以从以下路径具体实施：建立健全资源相关管理办法，依照学校的实际情况进一步明确资源管理体制、责任及各类资源使用管理办法，明确责任；以节能、节水、节材、节地等资源综合利用为重点，大力加强资源的循环利用；重视节能节约资源新技术的运用，要充分利用校内校外两种技术资源；以科学手段高效利用实验室、实训室、食堂、素质拓展基地等场所，充分发挥公共设施在人才培养中的教育功能；通过普及《环境资源保护法》、座谈讨论、倡议书等形式，强化广大师生员工的节约意识；将节约的理念贯穿于学校教学、科研、管理、服务和学习生活等各个领域，倡导从身边做起，勤俭办事，厉行节约。

◉ 参考文献

[1] 曹素璋. 循证管理——西方管理科学化新思潮[J]. 外国经济与管理，2008(11)：12.

[2] 郇公弟. 德国职业教育发展经验[EB/OL]. [2008-10-14]. http://www. gx.xinhuanet.com/misc/2008-10/14/content_14635898_1. htm.

[3] 徐涵. 德国高等职业教育的培养模式[J]. 广西教育，2002(10).

[4] 魏宏森，曾国屏. 系统论：系统科学哲学[M]. 北京：清华大学出版社，1995.

[5] 陈静漪，宗晓华. 职业技术教育的质量评估：国际经验与趋势[J]. 职业技术教育，2011(10).

[6] 王玄培，王梅王，英利. 德国职业教育外部质量评价及其对我国职教评价体系的启示[J]. 教育与职业，2013(32).

[7] 范冬岩. 德国职业培训：价值与效益[J]. 中等职业教育，2005(16).

[8] 曹素璋. 循证管理——西方管理科学化新思潮[J]. 外国经济与管理，2008(11)：12.

[9] 余祖光，荀莉. 产业文化育人典型案例[M]. 北京：高等教育出版社，2012.

高职院校素质教育的理论思考

我国政府对职业院校的素质教育尤其重视。2005 年《国务院关于大力发展职业教育的决定》（下称《决定》）中明确提出我国的职业教育是"以服务社会主义现代化建设为宗旨，培养数以亿计的高素质劳动者和数以千万计的高技能专门人才"；《决定》中特别强调素质教育应"把德育工作放在首位"，"坚持育人为本，突出以诚信、敬业为重点的职业道德教育"[1]。在 2010 年颁布的《国家中长期教育改革和发展规划纲要（2010—2020 年）》的职业教育部分再次提出：到 2020 年，形成适应发展方式转变和经济结构调整要求、体现终身教育理念、中等和高等职业教育协调发展的现代职业教育体系，满足人民群众接受职业教育的需求，满足经济社会对高素质劳动者和技能型人才的需要。规划并对职业院校的素质教育提出具体要求："坚持以人为本、全面实施素质教育是教育改革发展的战略主题"，"重点是面向全体学生、促进学生全面发展，着力提高学生服务国家服务人民的社会责任感、勇于探索的创新精神和善于解决问题的实践能力"[2]。

早在 2011 年教育部在《关于推进高等职业教育改革创新引领职业教育科学发展的若干意见》（教职成〔2011〕12 号）中，特别强调了高等职业学校要把社会主义核心价值体系、现代企业优秀文化理念融入人才培养全过程，强化学生职业道德和职业精神培养，加强实践育人，提高思想政治教育工作的针对性和实效性。重视学生全面发展，推进素质教育，增强学生自信心，满足学生成长需要，促进学生人人成才。2014 年，在国务院印发《关于加快发展现代职业教育的决定》中，对职业教育的培养目标重新定位为："以服务发展为宗旨，以促进就业为导向，适应技术进步和生产方式变革以及社会公共服务的需要……培养数以亿计的高素质劳动者和技术技能人才。"在 2014 年 6 月召开的全国职业教育工作会议上，国家主席习近平就加快发展职业教育作出的重要指示中特别强调了素质教育的重要价值和深刻内涵：要树立正确人才观，培育和践行社会主义核心价值观，着力提高人才培养质量，弘扬劳动光荣、技能宝贵……努力培养数以亿计的高素质劳动者和技术技能人才。李克强总理在 2015 年 5 月 10 日首届"职业教育活动周"作出重要批示：要培养形成高素质劳动大军，提高中国制造和服务水平。

可见，不同历史背景下，国家和社会对高职院校素质教育提出的目标和要求有着显著的不同。然而，究竟该如何把握高职院校素质教育的教育观？如何定位高职院校素质教育的目标和内容？关于这类问题，其逻辑的起点是素质教育及高校素质教育，研究的起点应从素质教育的缘起及高校素质教育理论与实践开始。目前国内外已有的研究成果，可以为我们提供广泛的参考与借鉴。

一、国内素质教育的相关研究及对高职院校素质教育的启示

(一) 素质教育的缘起

素质教育缘起于国民教育，起因于基础教育"应试教育"的弊端而来。作为国民教育的重要组成部分，素质教育历来受到我国政府和各类学校的高度重视。1987 年，原国家教委副主任柳斌在题为《努力提高基础教育的质量》文章中首次使用"素质教育"一词，他指出："基础教育就其性质而言，还是国民教育，也可以说是社会主义公民素质教育。"[3]这一概念随后在学术论文《素质教育是初中教育的新目标》中首次出现(《上海教育·中学版》1988 年第 11 期)。1994 年，国家教委提出要转变教育观念，在第二次全国教育工作会议上，李岚清副总理指出："基础教育必须从应试教育转到素质教育的轨道上来。"[4]1995 年，教育部在华中理工大学(今华中科技大学)召开了加强高校文化素质教

育试点工作研讨会，标志着我国高校加强素质教育的正式开始。1997年，在《国家教委关于印发〈关于当前积极推进中小学实施素质教育的若干意见〉的通知》中明确提出："素质教育是以提高民族素质为宗旨的教育。""是依据《教育法》规定的国家教育方针，着眼于受教育者及社会长远发展的要求，以面向全体学生、全面提高学生的基本素质为根本宗旨，以注重培养受教育者的态度、能力，促进他们在德智体等方面生动、活泼、主动地发展为基本特征的教育。"[5] 1999 年，《中共中央国务院关于深化教育改革全面推进素质教育的决定》中明确提出必须将德、智、体、美等方面的教育有机地统一在教育过程中，全国推进素质教育[6]。2004 年，在《关于进一步加强和改进大学生思想政治教育的意见》中明确了思想政治教育在素质教育中的重要意义[7]。至此，素质教育在中国高校得到了前所未有的重视和推行。

可见，素质教育从缘起到全面实施，主要还是着眼于受教育者及社会长远发展的利益要求，立足于帮助解决实现中国社会中因应试教育所致的国民素质水平提升问题、人才素质的片面发展问题，这也就奠定了我国素质教育以社会需求为本位的国情特色。

（二）素质教育价值观念的理论研究

国内学者对素质教育观念的研究在争鸣中逐渐明晰。"素质教育"一词是针对应试教育出现的，特别是初等教育，只为"应试"的教育是不利于人的全面发展的。国内众多学者均对此达成共识，思想理念的转变是素质教育得以真正实施的保障，这包括两个层面的问题，一是对教育本身的科学认知需要提高；二是大学教育受何种观念的指导，这是更高层面的问题。素质教育并非不应试，机械地将素质教育与应试教育放到非生既死的对立面都是不正确的。素质教育不是只存在课堂之外的形式主义，它绝不只是带领学生走出教室搞搞调研、写写报告，更不只是领着学生又唱又跳、吹拉弹唱，否则就会违背素质教育的初衷，将教育引入误区[8]。只有认识到教育过程的机制不是僵化的，就能走到素质教育的道路上来。

大学素质教育究竟应在何种价值观指导下推进实施呢？学者魏饴认为，大学素质教育应从人本教育目的出发，但实际上不一定能落实到以人为本。现实中的"社本教育目的观"、"生本教育目的观"比较突出。所谓社本教育目的观主要是遵循工具理性，要求大学服从社会、服从政治，教育处于政治和经济的依附地位；而"生本教育目的观"提示教育的本质是提升生命，教育手段是依靠生命本身的内在力量，其教育理论建立在人类学习能力的先验性基础之上。魏饴认同张楚廷的人本教育目的观，坚持高等教育的生命论根基，这是高于政治论和认识论基础的[9]。而燕国材认为社本教育观与人本教育观并不冲突，他认为所有的事物都处于自身内部结构和外部关系当中，教育亦是如此。人本教育观恰好是要从教育的内部观察教育的特征和规律，是从人与教育的关系来考虑教育问题；而社本教育观是从教育的外部观察教育本身，从教育与社会的关系来考虑教育问题。"教育人本论绝不排斥教育社会本位"，只有分别从内部和外部两方面来观察教育，才能揭示教育的本质特征和规律[10]。

高职院校素质教育概念从属于大学素质教育，二者在价值观中具有相对统一性。国内学者关于素质教育价值观的理论观点至少可以给我们这样的启示：高职院校素质教育应当遵从素质教育以人为本的核心思想，体现教育对学生全面发展的关怀，以此为基础，树立"人本教育"与"社本教育"相结合的素质教育观，才能比较全面、深刻地触及素质教育的本质内涵。

(三)素质教育的内涵及实践模式研究

各学者对素质教育内涵及教育实践策略进行了深入的探讨。燕国材通过研究朱智贤主编的《心理学大辞典》、顾明远主编的《教育大辞典》和1999年版的《辞海》对素质的诠释，认为人的素质包含先天和后天两个阶段，即：素质既是人们先天具有的本源特性，又包括人们在后天实践中形成的品质。为便于实施，他从生理、文化、心理和道德四个方面展开归纳[11]。国内许多学者对于素质教育模式的研究均基于燕国材的这一研究结果。赵恺认为，大学生素质教育应围绕文化、专业、心理、生理四个方面构建教育模式，具体而言有三：改革课堂落实文化素质；发挥校园活动功用以培养学生素养；加强思想政治教育构建学生道德素养[12]。胡建波认为大学生素质教育依赖于三大支柱：以专业课程为主的教学活动、丰富多彩的文体娱乐活动、能潜移默化教化育人的校园文化[13]。除此之外，燕国材总结、提炼了我国素质教育实践的八大教育模式，包括：主体教育模式、愉快教育模式、情境教育模式、和谐教育模式、人格教育模式、创造教育模式、健康教育模式和成功教育模式[14]。

素质既是人的心理品质，先天具有、后天也可"形成"，那么它与各学科知识的"习得"过程或是不尽相同。袁振国把素质教育看成一种理念指向，即：素质教育具有导向作用，也是开放多元的，"没有、不应该也不可能有一个全国统一的模式"[15]。文辅相就提出素质教育是一种思想的体现，是一种教育观，而不是一种教育模式。素质教育作为一种观念影响，并不是以一种固定的程式出现[16]。刘嘉秀、肖月分别从宏观和微观方面提出素质教育的构建，国家政策的有力推动及师资队伍建设共同构成素质教育构建的宏观要素，并从微观实施层面提出两个结合，即：素质教育应与实践结合；家庭、社会、学校三者应结合。他们还主张应学习西方国家的优良做法，发掘教育实践与社区结合的作用培养青年人[17]。

国内学者对素质教育的内涵结构的研究观点没有太大分歧，主流的观点认为大学素质教育在内涵结构上基本是基于生理、文化、心理和道德四个方面或者是概括为生理素质教育、心理素质教育和社会素质教育三个层次，而后延伸出其他内容，以此为基础建立各种各样的教育模式。关于素质教育的实践模式，实践中需要关照到各种不同类型层次的学校教育特色及个别需求，不能一律固化，应鼓励大胆创新。

（四）高校人文素质教育的研究及启示

在科学技术突飞猛进的现代，人文在科技的面前逐渐萎缩，学科的此消彼长在人的身上表现出来的是人性的渺小，科学技术在促进社会生产力飞速发展的同时也成了人类异化的一股强势力量。国内学者对于回归人文的呼声反映了对当下社会的客观认知，同时也是对人类自身危机意识的反映。人文教育要解决的问题就是人与社会是何种关系，与自然是何种关系，以及人与人之间又是何种关系。因此，人文教育对于陶冶人的性情、培育健全人格有着不可替代的作用，只有人文教育才能使人成长为和谐的人，重视人文素质的培养实为人文精神的崛起。叶郎认为，人文精神乃人类自我关怀的精神，表现为对人尊严、价值等的维护和追求，是对全面发展人格的肯定和塑造。人文精神是独特的精神文化，是体现人之灵气之根本[18]。梅醒斌认为，教育必肩负两个责任，一为发展提高受教育者的技术能力；二是塑造受教育者健全的人格[19]。

事实上，在我国推进实施素质教育的过程中，人文素质教育是最重要的一项措施。人文素质教育就是将人类优秀文化成果通过知识传授、环境熏陶及自身实践使其内化为人格、气质、修养，从而成为人相对稳定的内在品质[20]。姚进凤总结目前人文素质教育的典型做法是：开设文化素质教育课程、举办人文讲座及课外活动等。如：一些规格较高的本科院校还利用通选课让校内学生受到广泛的通识教育，目的在于向学生告知知识的门类和探索形式。某些著名高校举办人文讲座次数高达七百多次，课外活动更是形式丰富，数不胜数[21]。然而，人文素质的培养不可能是一蹴而就的，需要通过对人文学科的学习研究来实现——这就是人文教育。我们的历史惯性做法是将哲学、文学、历史等学科教育纳入人文教育当中，然而人文教育的范畴早已随着社会经济、文化、科技的发展扩大，学科交叉的现象也逐渐增多，如典型的科技哲学越来越受到学者热议，又如文物保护技术，涉及了现代技术和人文科学知识。

现实的情况是，为了促进文理渗透，改变专业人才在某一方面的固化现象，国内大学纷纷把加强人文素质教育作为深入推进素质教育的关键。就目前我国高职院校素质教育面临的实际情形而言，人文素质教育也应当是高职学生素质教育内容的重点。高技能人才并不等同于高素质人才，实现为社会培养数以亿计的高素质技术技能人才的宏伟目标，促进社会文明长足进步和可持续发展，必须重视人文教育。

（五）素质教育的教育过程与教育方法的研究及启示

不少学者在研究中发现，一部分学校将素质教育排斥于课堂之外，课堂之上以老师为教学主体，一味地填鸭灌输，学生始终处于被动接受知识的状态；而课堂外以丰富热闹的文体活动充作素质教育。这真是素质教育的严重误区。彭卓认为，素质教育就是指一种教育过程，即教育教学过程，以课堂教学为主渠道，运用多种教学策略实现素质培养。他将学生学习的过程视为个人素质全面发展的过程，而这些最终都是要体现在校长和教师手里，素质教育的实践与教师队伍的素质密切相关[22]。在彭卓那里，素质教育与教育是同质的，是科学教学过程、教育方法的统称。素质教育是面向全体学生的教育，这也意味着素质教育面向着全体教师，教师是素质教育的关键，具体来说是教师的道德观念、教育观念和教学水平。

教师是实现教育功能的主体，在素质教育的教育实施过程中，教师队伍素质是关键，这一点高职院校素质教育也不例外。

二、国外"素质教育"的相关研究及启示

国外的研究中虽然并没有"素质教育"的概念，但很早就有了与"素质教育"相似的哲学流派和具体的教育内容。各个国家的概念名称虽不尽相同，但内涵却有相似之处，内容主要涉及公民素质及学生综合能力素养，尤其在道德和综合能力方面，譬如德国的"关键能力"（Schluessel Qualifikationen），英国的"绅士教育"（Gentleman Education），美国的"通识教育"（General Education）。在经历了种种哲学流派的交锋和推动之后，国外素质教育又逐渐回归到自由教育（Liberal Education）（或称通识教育，即 General Education）的理念，他们还认为实施自由教育的自由学科主要包括文法、修辞、辩证法、算术、几何、音乐、天文共七科。

(一) 德国的"关键能力"

德国"关键能力"概念是 1974 年由 Mertens Dieter 提出的，他认为面对变幻莫测的劳动力市场，每个人都有面临失业的危险，劳动力衰退失效是无法忽视的问题。由此，劳动者生存、企业发展必须要凭借一种可迁移的、对未来职业发展起关键作用的能力，即关键能力。自 Mertens 提出关键能力后，这一概念逐步发展为全世界职业教育培养的目标。德国教育界将关键能力划分为个人能力、社会能力、方法能力和专业能力。

(二) 英国的"绅士教育"

英国"绅士教育"主张教育目标的达成包括强健的身体、合乎高贵身份的习惯以及一定的文化修养，John Lock 在《教育漫话》中曾提出与之相适应的教育内容：健康教育、德育教育、智育教育、礼仪教育。除此之外，关键能力在英国得到了非常详细的划分及发展。Anthony Kelly 总结了英国自 1979 年至 1999 年 20 年间英国关键能力的演变，并在此基础上讨论何为关键，她认为任何具体的技能都只是在某一特定时期的就业能力，这种影响是不可能长期保持的，因此关键技能的进化没有终极。某一种关键技能的存在，或以何种形式存在取决于这种技能是否为终生需要的、连续的以及是否与工作相关[23]。

英国学者 Anthony Kelly 所总结之英国关键能力的演变历史似在证明与劳动者职业发展紧密相连的职业技能与职业能力之间的联系，技能是指劳动者从事某一领域内工作所需技术和知识的掌握情况，它会随着行业内技术革新而出现衰落，而能力是指劳动者能完成某种工作的心理特质，为使工作能顺利完成，往往需要劳动者掌握多种能力。从教育的角度来说，一个人的技能是可以通过后天习得的，而多种技能的掌握能形成某一项能力。一旦拥有了某项能力，即便技能由于技术革新而出现衰落，劳动者也能迅速再次习得新技能。

(三)美国的"通识教育"

美国通识教育又称为自由教育，美国很重视道德品格教育，并偏重对公民文化素养、个性特征及科学素质的培养，旨在培养人格健全、丰富个性，能主动探究、协同学习，对社会有用的公民。William G. Durden 认为，教育不可孤立于现实社会之外，真正的教育视野下的学校课程应该用社会需求来定义自身的参数。在面临日益竞争的国际环境下，通识教育重要作用更为凸显，(美国的)教育应确保(美国的)学生都愿意且准备好了承担全球公民的责任。为了达到这样的教育效果，应尽可能地将教育与生活紧密相连，融合学术与生活之间的人工隔阂[24]。Sally E. Pingree 认为有效的通识教育应是能发挥其实用价值的，教育应不断去探索通识教育的内在价值，因为它能创造学生甚至是社会的各种可能性。而探索的过程就是实践，因此，Sally E. Pingree 十分强调教育过程中实践的作用，不仅是让学生实践，而更应鼓励教师将通识教育以课题、研讨等形式与实践紧密联系起来[25]。同样，Richard M. Freeland 也认为通识教育对于学生综合能力的培养十分重要，而将通识教育与实践结合起来则是非常重要的教育环节，常见的程序是学校为学生提供校外的实习场所，实习的工作内容与学生即将从事的职业相关，以职业直接经验深化理解、以实践过程来提高教育效果。最好的方式就是校企合作办学，学生可以有全日制的学习时间，同时也有全职的工作时间。Richard M. Freeland 还认为，通识教育与实践相结合的趋势还反映在学习课程的探究方面，加强专业研究的实践性，例如模拟或个案研究，又或者跨学科研究，这些都能帮助学生学会思考、处理复杂的现实社会问题。而这样的教学方式比传统的学习方式更能赢得积极的学习过程和效果[26]。美国的通识教育是其高等教育的重要组成部分，是非专业的、非功利性的基本知识、技能和态度的教育，其学习内容明确，学习风气自由，教育模式较为成熟，学者以教育效度为研究内容，在现行的教育模式下寻求更有效的教学方式，他们认为通识教育不仅代表着某一类教育内容，同时也代表着与实践相结合的学习形式，是一种学习过程。

从国外的理论研究中，可以得到多方面启示，譬如高职院校素质教育的价值观选择、内涵要素定位，特别是实践层面的内容和方法选择等都可以给高职院校的素质教育提供比较直接的指导和借鉴。

三、高职院校素质教育的理论思考

(一)树立正确的素质教育观

高职院校应树立全人教育的素质教育观，努力实现完全人格(和谐人格)的高职教育。关于这一点，我们不仅仅要从马克思关于人的全面发展的哲学思想中找到理论依据，还应在实践中广泛借鉴西方各国"素质教育"的具体观点和做法，注重非专业的、非功利性的基础知识、技能和态度教育，重视那些对学生未来及终生需要并连续发挥作用的关键能力的培养，提升大学阶段对学生健康教育、德育教育、智育教育、礼仪教育、艺术教育的地位，切实将职业能力、人格个性、探究学习能力、沟通协作能力等与职业相关、与社会相关、与个人生活相关的教育内容作为高等职业教育的重要内容。现代职业教育是基于全球化及终身教育的职业教育理念，它对高职院校素质培养提出了新的诉求，即在培养劳动者技能的同时，还应帮助劳动者形成能够促使其在将来的职业发展过程中不断自觉提升职业技能的综合职业品质，其关注点不仅仅停留在个体职业训练或培训方面，也应关注个体在情感、认知、品质等素质方面的教育。

(二)明确高职素质教育的概念、层次、内容及特征

素质教育的基础含义是培养、提高公民及学生素质的教育，高职院校素质教育在层次上属于大学教育阶段，其本质内涵就是提高高职学生在身心、品德、文化等方面的素质。按照马克思关于人的全面发展的基本含义，素质教育的内容包括德、智、体、综合技术、美、劳

等六个方面，这个表述在中国古代六艺(礼、乐、射、御、书、数)、西方"素质教育"的"七科"基础上有所拓展。基于现代职业教育体系框架下的高职院校素质教育，即要培养适应现代生产力发展水平的、具有全球化及终身教育理念的、具有可持续提升的人所具备的政治素质、思想道德素质、文化素质、职业素质、审美素质，具体内容可分解为生理素质教育、心理素质教育和社会素质教育三个方面，其中，社会素质教育又分为：政治素质教育、思想道德素质教育、文化素质教育、业务素质教育、审美素质教育、劳动技术素质教育[27]。高职院校素质教育的类型特点需突出职业性，强调全时空性(即全员、全过程、全面贯穿)，那些与未来生存、与企业发展、与未来职业发展密切相关的个人能力、社会能力、方法能力、专业能力须成为高职院校素质教育的重要内容。

(三)高职素质教育的实践策略

1. 自然科学与人文社科教育融合

素质教育应传授人全面发展的全面知识，而不是为了解决某个问题的片面知识。自然科学与人文社科并重是教育长足发展之道，也符合人脑协调思维。高职院校重理轻文、重专(专业)轻通(通识)的现象需要得到改善。建议在现有公共课科目中适当增加人文社科类课程，学校开设的所有人文社科类的教育课程和教育内容，需要整体设计，并列入三年教学计划整体规划，分步实施，努力建立通识教育与专业教育间的沟通、融合机制。

2. 协同一致，消除内外壁垒

高职院校素质教育是一种观念，也是一个系统工程，其实施过程，涉及教师、学生及师生所处的社会环境，包括学校不同领域的各级教育工作者，必须树立全员、全程、全方位的观念和思想，将校内校外紧密结合，课内课外有机整合，以专业知识作为通识实践的载体，让通识教育与专业教育紧密结合起来，协同一致，消除内外壁垒，创新和构建多种形式的全人教育模式。

3. 开辟显性课程，拓展隐性课程

课程是实施高职素质教育的主要途径，这里所指的既包括显性的素质教育课程，也包括校园文化、社会实践、社团活动在内的各种形式的隐性课程，二者缺一不可。高职院校素质教育须以显性课程为主，加强通识性质的素质教育内容在传统课程中的结构和比例，建立显性与隐性课程结构的复合结构方式，同时，在教学计划中，有意识地将传统课程方式与校园文化、人文环境等隐性课程有机结合，加大隐性课程的研究与实践，让学生有更多的机会直接参与，接受情感熏陶。

● 参考文献

[1]国务院.国务院关于大力发展职业教育的决定(国发〔2005〕35号).

[2]国务院.国家中长期教育改革和发展规划纲要(2010—2020年).

[3]柳斌.柳斌谈素质教育[M].北京：北京师范大学出版社，1998.

[4]李岚清.李岚清谈素质教育[J].素质教育大参考，2004(4).4-9.

[5]国家教委.国家教委关于印发《关于当前积极推进中小学实施素质教育的若干意见》的通知(教办〔1997〕29号).

[6]中共中央办公厅.中共中央国务院关于深化教育改革全面推进素质教育的决定(中发〔1999〕9号).

[7]中共中央国务院.关于进一步加强和改进大学生思想政治教育的意见(中发〔2004〕16号文).

[8]苏君阳.素质教育认识论的误区及其超越[J].北京师范大学学报：社会科学版，2008，210(6)：29-35.

[9]魏饴.大学素质教育与教育回归人本[D].长沙：湖南师范大学，2007.

[10]燕国材.教育人本论刍议[J].云梦学刊，1995(2)：36-40，57.

[11]燕国材.素质教育概论[M].广州：广东教育出版社，2002.

[12]赵恺.试论大学生素质教育模式的建构[J].辽宁师专学报：社会科学版，2005，77(5)：48-49.

[13]胡建波.大学生素质教育模式初探[J].陕西师范大学学报：哲学

社会科学版，2002，31（6）：133-136.

[14]燕国材．素质教育的回溯、成就与思考[J]．上海师范大学学报：哲学社会科学版，2009，38（2）：39-40.

[15]袁振国．关于素质教育[J]．教书育人，2005（3）：8-13.

[16]文辅相．素质教育是一种教育观而不是一种教育模式[J]．高等教育研究，2000（3）：19-21.

[17]刘嘉秀，肖月．我国素质教育模式的构建[J]．理论建设，2010，126（2）：61-64.

[18]叶郎．人文精神的坚守与呼唤[N]．人民日报海外版，2001-01-02（7）.

[19]梅醒斌．论高职人文素质教育的价值取向[J]．黑龙江高教研究，2010（3），113-116.

[20]王建军．高职院校应适当加强人文素质教育[J]．职教论坛，2009（12）：67-68.

[21]姚进凤．我国重点大学推进素质教育的途径与方法的研究[D]．武汉：华中科技大学，2003.

[22]彭卓．对我国素质教育推进过程中"两难"问题的分析和思考[D]．长沙：湖南师范大学，2007.

[23]ANTHONY KELLY. The Evolution of Key Skills: towards a Tawney paradigm[J]. Journal of Vocational Education and Training, 2001, 53（1）：21-35.

[24]WILLIAM G DURDEN. Reclaiming the Distinctiveness of American Higher Education[J]. Liberal Education Spring, 2007：40-45.

[25]SALLY E PINGREE. Bringing Theory to practice & Liberal Education [J]. Liberal Education winter, 2007：32-35.

[26]RICHARD M FREELAND. Liberal Education Effective Practice and the Necessary Revolution in Undergraduate Education [J]. Liberal Education winter, 2009：6-13.

[27]袁振国．当代教育学[M]．北京：教育科学出版社，2004.

三螺旋理论框架下高职院校
政产学合作人才培养实践

以"校企合作、工学结合"为办学特色的高职院校，特别注重与企业间的深度融合，不断创新合作培养模式。在理论方面，曾一度掀起了"校企合作"的研究高潮。据 CNKI 数据库及全国硕、博士论文库搜索结果显示，2005 年至 2010 年以"校企合作"或"产学"为关键词搜索的文献就有 4378 篇，以"高职"、"模式"为关键词搜索的文献达 903 篇[1]。通过对与"校企合作"相关文献主题及观点的分析，研究者的视角主要是从经济学或管理学角度切入，研究内容主要涉及校企合作的价值论证、合作模式比较及具体模式的构建。本篇以"高职院校政产学合作培养实践"为主题，引入三螺旋理论与案例分析法，旨在从理论到实践两个层面解析高职院校在政产学合作培养实践中存在的问题，并从公共管理的视角提出相应的对策建议。

一、政产学合作的概念及三螺旋理论

(一) 政产学合作的概念

关于产业界、大学、研究机构及政府间合作，一直是国内外研究者关注的热点论题。美国将产学合作教育称为"合作教育"，德国的"双元制"、英国的"工读交替式"、日本的"产学合作"、韩国的"官产学合作"、我国的"产学研合作"等都是对多方合作的不同命名[2]。随着经济发展态势的变化，政府在合作中的调控作用明显增强，各国政府一方面通过制订合作促进计划、合作激励政策、提供服务等方式，从物质、资金、基础设施环境等方面对产学研合作给予大力支持；另一方面着力从宏观层面通过出台相关政策、法规、制度来保护各方的合法权益，培育良好的合作环境，至此，"政产学"合作的概念自然浮出。可见，政产学合作是一个动态发展的概念，其实际内涵特指以企业、高校和公共研究机构为主体，以政府及中介服务机构为辅助，按照某种市场规则，进行知识、物质资源交换与共享，实现人才培养、技术创新、推动经济发展等目的，它是一种系统性的活动[3]。

(二)三螺旋理论的引鉴

1. 三螺旋理论的三大基本要素及三螺旋模型

三螺旋模型理论由亨利·埃茨科维兹(Henry Etz-kowitz)和劳伊特·雷德斯多夫(Loet Leydesdorff)在1994年探讨关于"进化经济学和混沌理论：技术研究中的新方向"专题时，Leydesdorff提出的建构新型的大学—产业—政府的关系模式演变而来。三螺旋是一种螺旋状的创新模型，它将政府、企业和大学看成是国家创新体系和经济发展的三种基本要素，在三螺旋模型重叠模式中(图2-5)，政府、大学、产业等三类机构在保持各自独立身份的同时，又都表现出另外两个机构的一些能力，也就是说政府、大学和产业三类机构除了完成它们的传统功能外，还表现出另外两类机构的作用。埃茨科维兹和雷德斯多夫认为，支持区域创新系统的制度网络化必须形成一个螺旋状的联系模式，这种缠绕在一起的三螺旋有三股：一是由地方或区域政府和它们的机构组成的行政链；二是生产链，包括沿着垂直和水平联系或多或少的组织化的公司；第三股是由研究和学术制度组成的技术—科学链。在创新过程中，为保证三螺旋机制的有效运作，保持其要素之间高度的同步性，必须在组织和制度上加以保障。由于三螺旋模型超越了以往的大学—产业、大学—政府、产业—政府的双螺旋关系模式，克服了以往的产学/产学研合作模式忽略国家层面考虑的不足，自提出以来一直为学术界所热衷[4]。

图 2-5　政府、产业、大学关系的三螺旋模型

2. 三螺旋理论框架下政府、企业、学校在人才合作培养中的职能定位

在三螺旋理论中，政府是政策、经济环境的缔造者和维护者，其主要职能是引导企业和大学的人才培养活动朝着提高政府的宏观发展目标方向行进。在人才培养过程中，政府的职责内容概括起来主要包括三个方面：一是通过制定政策，来构建国家产业发展框架及与此相适应的人才培养目标，通过法律和制度来规范所有社会组织、个人的行为；二是通过激励手段的运用和对产业、大学等组织行为的必要干预与调整，营造和谐的合作环境；三是通过资源整合、成果扩散、市场培育、网络链接来扩大人才合作培养的社会效率。

企业的主要职能是提供市场需求、提供人才培养相关的教育服务、转化人才培养的新成果。在人才培养活动中，企业的职责内容主要包括三个方面：一是通过捕捉市场变化和市场未来发展信息及时调整需求定位；二是通过参与大学产品（包括人才）研究、教学与培训等吸收来自大学的各种创新资源以提升自身的创新能力和竞争力；三是通过生产经营活动检验、推广和扩散大学人才培养的经济效益和社会效益。

大学的基本职能是教书育人，提供系统的教育服务。其职能为：一是按照政府预先制定的人才规划，基于市场需求，培养社会发展所需要的人才；二是通过系统的教育服务满足学生在知识、技能、人格等方面的发展需求；三是充分发挥学校的科技、文化、人才等优势，为企业开展科研、技术开发、咨询等提供服务。大学的教育服务同时面向政府、企业(社会)、学生三方需求，为了实现与社会、企业、学生的对接，必须不断创新人才培养的模式，在与企业交流合作中推进人才培养的成果转化。

二、三螺旋理论框架下武汉职业技术学院旅游专业的人才合作培养实践

武汉职业技术学院旅游人才培养工作从 2003 年起就注重政产学三方联动，主动与政府职能部门——湖北省旅游局建立联系，主动提供理论研究、人才培养、咨询等多方面社会服务。2006 年，武汉职业技术学院旅游与航空服务学院作为湖北旅游教育的龙头单位，受湖北省旅游局的推荐和委托，由学院负责人承担湖北省旅游协会副会长和湖北省旅游协会教育分会会长职务。同年，武汉职业技术学院旅游与航空服务学院在省旅游局的支持和指导下，筹备并成立了湖北省第一个由政府、职业院校、企业自愿组成的联合型、非营利性政、企、校社会组织——湖北省旅游职业教育集团。进入 21 世纪以来，"校企合作"、"工学结合"成为职业教育的主流环境，市场的强势作用成为高职院校人才培养的重要内驱，政府在人才培养中的主导引领作用相对减弱，取而代之的是校企间多种形式的融合，并逐渐形成了该学院目前以市场驱动为主流的、多种方式的合作格局。

(一)校企两方合作的旅游专业人才培养方式

1. 以酒店管理人才培养为代表的校企联合培养方式(图 2-6)

酒店行业是一个资金密集型、劳动密集型行业，酒店行业对高技能

的一线人才服务及管理人才需求量大，市场需求变化快，学校培养的酒店人才90%以上是为了满足酒店企业需求，这些酒店企业，无论是公办、私营还是合资的，其经营模式和管理方式完全遵循市场经济规则。所以，培养什么规格的人、选择什么样的培养方式基本上只能取决于校企双方。

随着酒店行业对人才的需求越来越职业化、国际化的发展变化，酒店行业对技能人才需求明显升级，中专层次的培养规划已经不能满足市场需求，而由普通高等院校酒店专业培养的毕业生由于实践技能训练不足，市场反映并不理想，而以市场为起点、以职业为导向、以校企合作为培养模式的高职起点的酒店管理高技能人才很快受到了酒店行业、企业的广泛青睐。从2003年开始，学院在基于企业和行业对高职酒店管理专业人才培养目标和规格需求的研究基础上，与上海、北京、广州、武汉等多个五星级酒店企业深入合作，很快形成了独具特色的酒店管理合作培养方式，即：以学校为主导的校企联合培养方式，开发并实施了与之相匹配的"三明治"式的三阶段工学交替教学模式[5]。

2. 以空中乘务人才培养为代表的校企一体的合作培养方式(图2-7)

长期以来，中国民航的空乘人员主要通过社会招聘等多种渠道进入航空公司，由于系统培训不够，空乘人员水平良莠不齐，严重影响了服务质量。随着中国加入WTO，我国航空业迅猛发展，对空中乘务人员的综合素质提出更高要求，而高技能空中乘务人才数量严重不足成为行业发展的瓶颈。相对于酒店和旅游行业，航空业的经营市场相对垄断，在人员选聘和培训管理等方面的市场也相对封闭。

基于此，学院空中乘务专业依托航空培训企业，开展了订单培养，形成了从学生录取到就业的"全订单—全过程"校企一体的合作培养模式。学校建立了以航空培训企业及航空企业相关人员为主体的专业建设委员会，进一步加大了校企合作力度。在"全订单—全过程"校企合作培养模式中，企业不仅全程参与学生的培养活动，还承担了相当一部分专业教师的培训任务。由于空中乘务岗位的特殊性，学生不可能全部在乘务员岗位就业，因此，在培养过程的第二阶段采取的是"主体定位、多向分流"的教学模式，即由校企双方对学生进行评价，在评价的基础上，根据学生的不同特点，实施分流教学，分流方向包括航空地面服务与管理、旅游酒店服务与管理等，以最大限度地满足学生求知、求技、求业的需要。

(二)政产学三方合作的旅游专业人才培养方式

1. 以导游方向人才培养为代表的政企校三方合作培养方式(图2-8)

旅游业的发展极大地促进了对导游人才的培养需求。从导游人才的需求层面看，旅游企业最需要的是智力+体力型的高技能导游人才，无需培训，毕业即可上岗。对此，旅游管理专业率先推行由政企校三方共同参与的"大赛制+假期体验"的人才培养模式。

运行中，学生通过参加由政府主办的导游证资格考试，使所学的导游专业理论与实践知识得到全面考核；通过参加旅游局(政府方)举办的各种导游比赛历练多方面的导游技能，展现才华，开阔视野，积累宝贵的现场应变经验。同时，学生需要参加校企分散合作模式的假期体验。相比酒店专业大容量的实训，导游专业选择采用"小批量"、"分散式"的校企合作方式，即学校与众多旅行社签订协议，合作办专业，合作办班，实行订单培养和顶岗实习。为了推行"大赛制+假期体验"的人才培养模式，学院研究开发了与之相匹配的"工学渗透，单元穿插"培养模式，打破传统的"2.5+0.5"的培养模式，改为"2+0.5(1)+0.5(2)"的培养模式，在教学环节中适当加大实训实习的力度[6]。

2. 以休闲旅游人才培养为代表的政产学三方联动培养方式(图2-9)

随着我国人均经济收入的提高，休闲旅游出现井喷趋势。而优越的政策环境给湖北休闲旅游行业带来了前所未有的发展机遇。2009年6月，湖北省委、省政府召开全省旅游发展大会，并下发了《关于加快培育旅游支柱产业推进旅游经济强省的决定》，将旅游业推到了发展的前台。与此同时，湖北省委、省政府实施"两圈一带"（两圈：武汉城市圈和鄂西生态文化旅游圈，一带：长江经济带）战略为旅游业带来了率先发展的先机。2009年，湖北省政府将温泉休闲度假旅游板块列入"十二五"旅游业发展的总体规划。基于湖北省丰富的温泉旅游资源，2009年，湖北省旅游局委托武汉职业技术学院旅游发展研究所对全省温泉旅游资源进行全面调研。在政府的积极引导下，学院积极筹办休闲旅游专业（温泉方向、运动及养身方向），并为此做了大量的基础性的研究工作。

休闲旅游专业（温泉方向）的人才培养主要围绕着"咸宁国际温泉城"的品牌定位，以国际化、生态化、高端化为发展目标，面向休闲旅游企业一线，重点培养休闲旅游企业所需要的高素质、高技能应用型人才。在教学形式上，继续走"校企合作"、"工学结合"的路径，完善校内实训设施设备和校外实习实训基地，与企业共建创新型的温泉休闲旅游人才培养模式。[7]。

(三) 四种旅游专业人才培养方式的比较分析

1. 四种合作方式的横向比较

在实践中，由于每种模式都是在一定环境、一定条件下生成的，它们在人才培养模式、教学模式、合作主体、动力驱动、主体职能等方面都会存在差异（表2-5）。

表2-5　　　　四种旅游专业人才合作培养方式的横向比较

合作方式	人才培养方向	人才培养模式	教学模式	合作主体	动力驱动	政府、企业、学校的职能
校企联合	酒店管理	三明治	工学交替	学校、企业	酒店行业市场需求	企业提供实习、就业、教师实践培训；学校提供教育服务
校企一体	空中乘务	全订单—全过程	主体定位、多向分流	航空公司、社会中介及学校	航空企业、社会中介的市场需求	企业全程参与人才培养，学校提供大部分教育服务

续表

合作方式	人才培养方向	人才培养模式	教学模式	合作主体	动力驱动	政府、企业、学校的职能
政企校三方合作	导游方向	大赛制+假期体验	工学渗透、单元穿插	政府、企业、学校	政府的发展与企业市场需求及学生发展（政产学合力）	政府提供组织、策划、评价、审批；企业提供实习、就业和教师实践培训；学校提供教育、科研、技术开发、咨询等社会服务
政产学三方联动	休闲服务与管理	研究中	工学交替	政府、学校、企业	政府引领	政府进行宏观规划、政策扶持、发展定位，企业提供实习、就业，学校提供教育、科研、技术开发、咨询等社会服务

2. 四种合作方式主体要素运行情况比较

依据三螺旋理论，政、产、学三要素间的良性运作应该是由政府的政策性主导下的学校、企业三者间双向互动，在三方同步运行中形成建立三边网络和混合组织。比较四种合作方式主体要素相互作用的不同情形，便可获得旅游专业人才合作培养的全面、直观的认识。

（1）从图 2-6 和图 2-7 可见，酒店管理与空中乘务两种人才合作培养方式的主体只有学校和企业，它们间的区别在于学校与企业参与的程度有所不同。

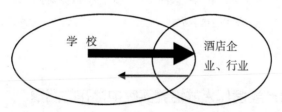

图 2-6　以酒店管理人才培养为代表的以学校为主导的校企联合培养方式

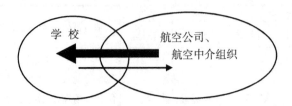

图 2-7 以航空乘务人才培养为代表的企校一体的合作培养方式

（2）从图 2-8 和图 2-9 可见，导游方向与休闲旅游两种人才合作培养方式主体要素是完整的。但在导游人才培养过程中，政、企、校三者间合作的内部动力循环并不通畅；休闲旅游人才合作培养模式是唯一由政府政策引导下的政、企、校三边双向合作，为比较理想的合作方式，需要进一步建立三边网络组织，并接受一定周期的时间验证，可以作为未来旅游人才合作培养的示范参考。

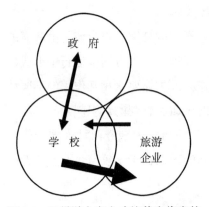

图 2-8 以导游方向人才培养为代表的
政企校三方合作的培养方式

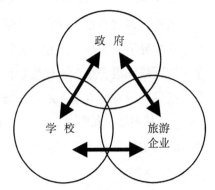

图 2-9 以休闲旅游人才培养为代表的
政产学三方联动的培养方式

三、政产学合作人才培养实践中存在的问题

武汉职业技术学院旅游专业人才合作培养实践证明：人才的合作培

养，可以为社会、企业、学校带来显著的社会效益。但现实中，由于种种因素的影响，高职院校在人才合作培养实践中还存在不少问题。

(一)以市场需求为驱动的合作方式存在一定局限性、功利性、风险性

以市场需求为驱动的合作，它先进的一面就是可以对市场需求做出快速反应，但也有其局限性。其一，人才培养合作需要调动社会多方面的资源，包括政策、法律、区域经济扶持、公共服务设施、市场运行环境等，没有政府宏观调控和统一监管，无法建立统一、稳定、规范的合作机制；其二，市场本身存在不理性，企业必然以盈利为目标，校企合作并不能直接给企业带来明显的经济收益，他们也可以直接从就业市场获得人力资源，出于利益考虑，企业对合作比较消极；其三，学校教育和学生利益存在风险，比如，在没有法定责任的约束下，企业就是"凭良心"合作，不直接承担教育责任，教育过程不可控因素多，教育质量难以考核。

(二)合作主体存在着职能越位或职能缺位的现象

按照三螺旋理论的基本思想，理想中的三主体应该是由政、产、学三方共同组成，并各司其职、各尽其能，合作完成人才培养任务。但实践中，由于政、产、学三个主体的职能不清晰，职能越位或职能缺位的情形比较突出。在导游方向的人才培养中，表现尤其突出。比如，导游大赛、导游考证之类的事情理应属于社会组织的职能，却由政府掌控并具体操作；而建立导游人才市场规则、宣传推广学校导游人才培养成果、对导游人才资源的宏观调配等事宜是政府该管的事，却并没管到位；学校是负责提供完整、科学的教育服务，但在实践教学环节缺乏精细化的设计和过程控制，加之企业的教育指导不足，也存在一定程度的教育职能缺失。

(三) 合作培养机制不健全

由于合作主体职能分割不清晰，政府的调控、组织、协调、监督职能尚未充分发挥，企业在人才培养中的责任和义务也得不到统一管理，政府、学校层面也没有形成有关人才合作培养的激励机制和运行机制，所以，政产学合作基本上处于纯粹自发的状态，政府反应滞后、企业反应冷淡、学校一头热，这与三螺旋理论框架下自主自觉、相互独立的合作状态相去甚远。

四、政产学合作人才培养改革与发展的对策建议

上述问题，归根结底还是主体职能定位和合作运行管理的问题。唯有从此处着手，才能从根本上解决当前三方合作培养中出现的诸多问题。对此，笔者提出以下对策，以供参考。

(一) 立法是解决人才合作培养管理和运行问题之根本

我国目前已出台的有关校企合作中对企业和学校的奖励与优惠政策不下十余项，都是针对具体合作问题而制定的，并不成体系，况且政策的效能不具有强制性。只有立法，才能使校企双方在合作中的权益、责任得到根本保障。在此方面，德国"双元制"的成功经验值得借鉴。德国政府一向坚持依法治教，颁布了许多职教法规，形成了一套内容丰富、互相衔接、便于操作的法律体系，如《联邦职业教育法》《联邦职业教育促进法》《手工业条例》《青年劳动保护法》《企业基本法及实训教师资格条例》等；此外，各部门、行业、地方也相继出台了相关的条例或实施办法；同时还设立了一套包括立法监督、司法监督、行政监督、社会监督在内的职业教育实施监督系统。如此，校企双方的合作完全做到有法可依、违法必究，以法律形式完善了校企合作的管理和运行，保障并促进了校企合作健康有序的发展。

（二）回归政府在合作中的原本职能

政府是典型的公共组织，它所具备的合法性、权威性、资源优势及政府组织的公共性使得它可以并且有责任建立人才合作培养的环境秩序。政府在合作中应发挥主导作用，重点做好规划、咨询、立法、建制、监管、扶持等方面的工作。首先，为了科学决策的需要，政府必须积极组织行业、协会组织和专业人士咨询、调研，研究制定国家及本地区与某类人才培养相关的系统规划。其次，通过公共行政，解决好人才合作培养中的立法、建制、监管工作。最后，开拓人才合作培养的政策扶持路径，如通过财政、金融政策体系获得支持，建立多级政府部门共同参与的资助体系，通过优惠税收、财政补贴等政府宏观管理手段获得支持，通过设立专项基金、专项贷款、政府购买、税收优惠等形式对人才培养合作项目进行经济资助等。

（三）高职院校的校企合作必须由政府主导

由于我国的行业组织目前尚处于成长和发展的初期，在推进校企合作实践中，必须发挥各级政府的主导作用。比如，通过政府直接举办职业教育，推进公办学校与行业企业的密切联系；通过政府的政策引导、资金补助，鼓励多元主体合作举办职业教育；通过政府购买职业教育，鼓励行业企业支持职业教育；建立政府财政为主，行业、企业、学校和社会共同分担职业教育基础能力建设成本的机制。

（四）完善校企合作的体制与机制

校企合作体制与机制是引导和制约学校在校企合作活动中，相应的人、财、物等要素在参与相关合作活动中的基本机构、基本准则和制度体系。为了更好地实现校企合作办学、合作育人、合作就业、合作发展，保证校企合作各项工作目标和任务推进落实，真正实现校企"双主体"办学、"双主体"育人，学校必须建立一套协调、灵活、高效的合作体制和运行机制，以保证人才合作培养的有效进行。首先，建立校企合作机构，明确各自的职权范围，以学校行政组织为依托，建立专门的校企合作与职教管理部门，加强学校与职业教育校企合作学会、行业企业协会、专业指导委员会间的纵横沟通与协调，做好各类校企合作项目的管理工作。其次，建立校企合作运行机制，包括研发机制、管理机制、用人机制等。针对人才培养模式的创新研究应该成为研发的基本内容，一旦外部环境出现变化，校企合作的人才培养模式也要作出相应的调整；校企合作项目的过程管理，也要建立合作项目负责制，按照质量管理 P（计划）、D（实施）、C（检查）、A（提高）的闭环原理，通过相应机制设定合理的工作流程，制订详细合作计划和考评标准，加强过程中的精细化管理。

◉ 参考文献

[1] 刘景光，王波涛．当前国内外高职院校校企合作模式构建研究述评[J]．中国职业技术教育，2010(27)：59-61.

[2] 刘晓欢，向丽．高职"政产学"合作教育的研究与实践[J]．河南职业技术师范学院学报，2008(1)：16.

[3] 刘慧芬．产学研合作模式和机制研究[D]．上海：上海交通大学安泰经济与管理学院，2009.

[4] 边伟军，罗公利．基于三螺旋模型的官产学合作创新机制与模式[J]．科技管理研究，2009(2)：2-4.

[5] 谢苏．酒店管理专业"工学交替"教学模式的理论探索与实践[R]．武汉职业技术学院 2007 年学术年会论文集.

[6] 焦巧．高职导游专业"工学渗透，单元穿插"人才培养模式研究初探[J]．武汉职业技术学院学报，2009，8(6).

[7] 谢苏．高等职业院校开设休闲旅游专业的若干思考[J]．武汉职业技术学院学报，2010(2)：46.

高职院校学生实习管理案例研究

为加快实现职业院校学校治理的现代化，着力提升职业院校的教育教学管理的规范化、科学化、精细化水平，教育部 2015 年颁发的《职业院校管理水平提升行动计划(2015—2018 年)》对职业院校管理层面的各项工作分别在政策法规、管理能力、质量保障机制三方面提出了目标要求，文件中特别将实习管理规范活动列为专项治理的重点任务。武汉职业技术学院一直重视实习管理工作的研究与实践，特别是在《职业院校管理水平提升行动计划(2015—2018 年)》的任务引领下，进一步推进了实习管理工作从理念到模式、从制度到行为的整体性改革，形成了一些有一定借鉴价值的管理成果。

一、案例实施的基础

(一)理论基础

学生实习是学校教育过程的必要环节，是职业院校专业人才培养工作的守关、收官环节。开展实习管理的系统研究与实践，可以有效促进实习管理的改革与创新，在此方面，高职院校现有的理论成果还是比较丰富的，中国知网数据显示近 3 年共有 590 条文献记录，其中武汉职业技术学院共有 6 篇，但有关实习管理案例研究的成果鲜少。上述研究成果，特别是武汉职业技术学院的相关成果，为本案例的研究与实践奠定了必要的理论基础。

(二)理念选择

作为实施层面的管理创新，其基本出发点是努力寻求正确的方法做正确的事。因此，从认知层面选择正确的管理理念是至关重要的。基于实践检验，武汉职业技术学院摸索了一条适合自身发展的实习管理之道，就是将系统论、协同论的管理理念与信息技术结合起来综合运用[1]。学生实习管理是一项比较复杂的管理活动，涉及教学管理、校企合作、学生管理、安全保障、就业服务等多个子系统；每个子系统又分为学校—学院—教师和学生多个层级不同的主体。各子系统、各层级、各要素之间又相互关联、相互影响，需要通过某种机制，协同各部门、各层级，才能使整个管理系统逐渐进入自发协同的工作状态，达到统筹管理的功效。

(三)技术选择

好的技术方法能保证管理效率，解决管理实践中的难题，有时也需要借助技术手段。高职院校学生实习管理中最大的难题是人的管理，比如实习生空间移动范围广、不可控因素多、组织管理难度大、教学过程监控难、安全风险高。管理者要想构建一种可观测、可分析、可统计、可量化、可操作、可评价的管理系统[2]，仅仅依靠行政方法是难以实现的。借助现代化的信息技术可以实现管理现代化，也为学生实习管理提供一个有效的技术方法。

二、案例实施的方法与路径

(一)贯彻各级实习政策与制度，规范实习管理工作

1. 制定学校实习管理文件

继教育部等五部门颁发职业院校学生实习管理规定后，学校迅速组织全校范围的实习工作专项调研，搜集实习管理实践中的问题，听取学

院、企业的意见，经过长达 1 年时间的调研和修订，根据《教育部等五部门关于印发〈职业学校学生实习管理规定〉的通知》（教职成〔2016〕3 号）、《职业学校专业（类）顶岗实习标准》（教职成厅函〔2016〕29 号）、《省教育厅关于印发〈湖北省职业院校学生实习管理办法（试行）〉的通知》（鄂教规函〔2015〕4 号）、《省教育厅关于进一步规范高等学校校企合作办学有关工作的通知》（鄂教职成〔2017〕8 号）等文件精神要求，制定并实施了《武汉职业技术学院学生实习管理办法（试行）》（武职校〔2017〕34 号）、《武汉职业技术学院学生实习平台管理办法》（武职教务〔2017〕23 号），以此统领全校，规范实习管理及运行工作。

2. 对接顶岗实习标准层层落实文件规定

各学院根据学校的实习管理文件，对接 70 个职业学校专业（类）顶岗实习标准中与学校专业密切相关的 30 个标准，制定了系列顶岗实习（就业）管理规定和实施细则，在管理实践中，融会贯通国家、湖北省、学校、学院等各级管理制度的内容要求，自上而下，层层贯注，形成合力。

（二）加强管理信息化建设，优化升级实习管理平台

1. 开发应用"PC+APP"版式实习管理平台

为充分发挥智能终端在实习管理中的强大功能，学校优化升级了 PC 版的学生顶岗实习管理平台，推进应用 PC、APP 两个版式的实习平台管理，新增了实习地理位置定位跟踪、数据分析、系统预警三种管理功能，兼容了认识实习、跟岗实习、顶岗实习三类实习管理。

2. 建立健全实习管理平台的运行机制

继平台及运行机制出台以后，学校分期培训，规范教师、学生在网络环境下交互使用平台的操作流程，全面提升了学校、学院、指导教师三个层面管理人员的信息化应用能力，顺利推进实习管理平台在互联网环境下的正常运行。

(三) 依托管理模块, 凸显顶岗实习的教学过程及质量管理

1. 对接顶岗实习标准, 制定顶岗实习方案

为了保证顶岗实习的教学质量, 各专业主动对接职业院校顶岗实习目录的相关标准, 严格参照标准规定的实习目标、时间安排、实习条件、实习内容、实习成果、考核评价及顶岗实习任务书、实习计划、实习总结报告、实习三方协议书要求, 周密制定顶岗实习方案。

2. 借助管理功能模块, 实现顶岗实习的教学过程及质量监控

借助平台(图 2-10)设置的学生日志管理、学生周志管理、师生互动交流、实习报告、总结评定、信息综合查询等功能模块, 学校、学院、指导教师、实习生按要求在不同的时间分别录入相关信息, 实习指导教师需要全程录入顶岗实习教学计划、教学内容、教学考核、评教评学等教学信息, 实习生也需要全程录入实习申请、考勤、实习日志、实

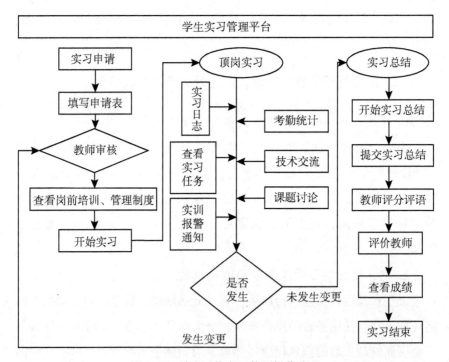

图 2-10 学生网络交互使用操作流程

习周记、变更信息、实习总结等学习信息，每个模块、每个环节都连成整体，从技术到过程保障并实现了顶岗实习教学的过程管理(图2-11)。

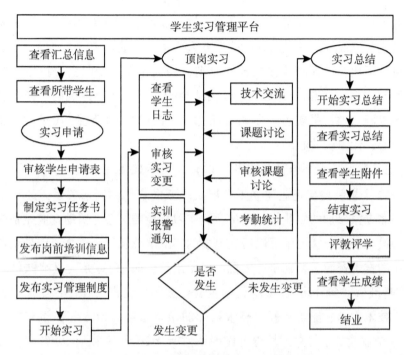

图 2-11　校内指导教师的网络交互使用操作流程

(四) 专兼合作共育，校企深度融合确保人才培养质量

1. 专职教师现场指导，教师教书育人延伸至企业

顶岗实习是学校教育的重要过程，学校秉承三个结合——学校与企业相结合、专业与行业相结合、知识和能力与素质相结合的办学理念，在顶岗实习中，组织校内专职教师(含辅导员)全程承担学生顶岗实习现场指导，一方面，不断熟悉并掌握与专业相关的典型工作任务和工作过程知识，现场进行教、学、做一体化教学，不断调整和完善顶岗实习工作方案；另一方面，从不放松对学生开展职业技能、职业道德、企业文化和安全生产教育，把教书育人的职责延伸至工作岗位第一线。

2. 建立实习指导考评机制，严把顶岗实习质量关

专职实习指导教师(辅导员)职责明确，检查督促学生完成各项实习任务；负责向学校和实习单位报告学生实习情况，及时处理实习中出现的各种问题；督促实习学生遵守学校和实习单位的规章制度；认真做好学生实习成绩的评定。各学院以育人为本，以绩效考核为先导，按照可见、可比、可评和奖优罚劣的原则，分别建立了专职实习指导教师(辅导员)月度考核、年度总考核相结合的实习工作考评机制，督促和引导专职教师加强实习工作的责任意识，把守"企业课堂"质量，让学生安心，让家长放心。

3. 企业兼职导师亲临指导，以订单培养促成优质就业

12 个学院均与企业建立了多层次的双向合作的密切关系，建立了由知名专家参加的专业指导委员会、实习指导委员会。借助企业完备先进的设施条件，实习生可以得到更多的实战演练和展示机会。借助企业优质的技术资源，特别是一大批订单班出炉，如"武商班"、"地铁班"、"雅高班"、"华住班"，等等，学生有更多的机会得到合作企业技术权威、技术大师、能工巧匠、高级技师的亲自指导。2016 年，学校共与 17 家企业建立了订单式培养合作关系，涉及 26 个专业，大型知名企业合作的 3 年全程订单式培养的比例在整个订单式培养中的占比从 2015 年度的 8.7%提高到 17.5%。在订单培养模式中，企业兼职导师全程指导，真正实现了专业与产业、专业课程内容与职业标准、教学过程与生产过程的无缝对接。

(五)多部门多途径协同管理，全方位保障学生的实习安全

1. 保障学生权益

按照学校实习管理办法要求，我们严格筛选实习企业，经调研考察，凡有非法经营嫌疑、管理不规范、实习设备不完备或不符合安全生产法律法规要求的单位一律不安排学生实习；坚决贯彻上级管理规定，逐条明确实习生应当保障的基本权利，逐一落实实习岗位人数及生活补贴的具体要求；依法依规，由学校统一为实习学生购买实习责任保险，

保险范围覆盖实习活动的全过程。

2. 组织保障协同监管

学校成立由校长任组长，教务、学工、招生就业、财务、保卫等职能部门及各学院负责人组成的实习工作领导小组，教务处负责全校学生实习事前、事中、事后事务的统筹管理与质量监督工作。

3. 安全教育

12 个学院分别建立了外出实习安全宣讲常规机制，实习之前，学院必须对实习生进行安全及应急处理的专题培训；学生入岗之前，必须接受实习企业的安全生产培训，签订实习安全协议书。

4. 应急预案

为保障学生实习期间的人身安全，我们专门在实习平台管理中设置学生签到及地理定位跟踪管理；学校建立了学生实习安全事故应急预案，做到及时报告、分级处置、妥善处理。

5. 心理疏导

此外，针对实习过程中学生的人身安全与心理健康问题，学校建立了以实习生为中心，由校内指导老师（辅导员）—企业指导老师—学院领导—学校管理层共同参与的"五主体"贯通的沟通机制，密切关注学生实习动态信息，及时消解学生实习进程中的不适、不畅、不安全因素[3]。

三、案例实施的效果

(一) 保障并提升 7000 名在校学生实践教学的品质与质量

学校学生实习管理的整体方案，使企业的技术技能名师和完善先进的设施资源真正融入到教学之中，极大地夯实了实践教学的基础条件，落实了校与企共育，落实了校内专业学习和校外顶岗实习两个教学环节的无缝衔接。目前，学校与 439 家企业建立了稳定的战略合作关系，与 3551 家企业建立了顶岗实习合作关系，这些宝贵的企业资源助力学生顶岗实习的有效开展。企业教师和专业指导教师"双导师"在课程实施、课程评价、技能训练、职业态度等方面的深度融合，从内容到过程保障了学校年均 7005 人学生顶岗实习的教学品质和质量。

(二) 为 63 个专业的建设和发展提供了理论与实践支撑

学校通过顶岗实习管理这个关口，建立起了常态化的企业人才需求预测分析的机制，让企业的主要负责人和专业骨干教师组成决策班子，结合企业及社会对顶岗实习学生使用的效果，共同论证教学投入的科学性、教学活动的有效性，从而动态调整专业人才的培养规格及目标定位[4]，并以此作为专业课程体系、实习实训项目、"双师"教学团队建设的依据，不断优化专业人才培养方案，为学校 63 个专业的建设和发展提供了强有力的理论与实践支撑。

(三) 从技能到素质全面提升毕业生的就业信心和就业竞争力

基于规范的实践教学设计和真实工作环境的历练打磨，学生的专业技能和综合素质有了明显提升，极大地增强了学生求职就业的信心，全面提升毕业生的就业竞争力[5]。多年来，学校毕业生初次就业率长期稳定在 95%以上，学校就业工作连续 7 次获得省级以上表彰。2017 年人才质量报告统计显示，2016 年全校学生专业对口就业率达 84.50%，较 2015 年毕业生专业对口率提升了 1.32%。

(四) 从专业—实习—就业方面全方位支持湖北地区的经济建设

学校以立足湖北、融入湖北、服务湖北为宗旨，重点设置装备制造、电子信息、光机电一体化、生物技术与新医药等湖北地区支柱或急需产业相关的 63 个专业，从专业结构布局上支持湖北的经济建设。学校与 297 家湖北籍企业和机构建立了长期合作关系，共建湖北籍校外实习基地 276 家，保障学生省内实习的顺利进行。2016 年学生校外顶岗实习企业共 3551 家，其中湖北省内顶岗实习企业 2193 家，占比 62%，从实习到就业优先满足了湖北本地的经济社会发展需求。

四、案例的特色与创新

(一)创新建立了学校层面的实习管理制度体系

大治治于制，小治治于事。学生实习不只是一项简单的事务性管理，也不能简单复制国家、地方的管理政策，必须结合学校校情，从制度层面进行顶层设计而后系统构建。武汉职业技术学院以问题为导向，适应新形势，传承以往实习工作的优良传统，研制了学生实习管理纲领性的文件——《武汉职业技术学院学生实习管理办法（试行）》（武职校〔2017〕34号），搭建了实习管理的综合服务平台，出台了管理运行文件《武汉职业技术学院学生实习平台管理办法》（武职教务〔2017〕23号）。各学院以此为依据，研制实习实施办法和考核细则。这样一个由"宏观—中观—微观"上下贯通的制度体系，目标一致，齐力并下，强有力地保障了实习管理的层层推进。

(二)创建了"PC+APP"的实习工作信息化管理平台

为了实现实习过程中沟通联络畅通、信息传输无障碍、跟踪管理及时到位，借助智能终端技术，武汉职业技术学院开发使用了PC、APP两个版式实习管理平台，顺利实现了学校、学院、校内教师、企业教师、学生五方面的实习信息连接共享，学校管理层、学院管理层通过发布实习管理信息，综合查询，履行教学管理和质量督导的职能；指导教师通过平台跟踪指导完成实习进程中的教学任务，学生通过平台提交资料，完成实习进程中的学习任务；所有的考评有记录可查询。这种实践教育的过程管理模式，在一定范围内可示范可引领。

(三)创新设计了顶岗实习精细化管理的"六环十法"

按照"对得起学生"的工作理念，学校创新设计了顶岗实习精细化管理的"六环十法"，"六环"即开展行前安全教育、解读协议权益、设置安全管理员、制定安全管理预案、购买相关保险、签订顶岗三方协议(图2-12)，"十法"就是十个实施路径，即一个办法(《顶岗实习工作管理办法》)、一份保险(工伤保险或校方责任险)、一项选择(实习实训或就业实训)、一个反馈(学校与实习生、实训企业的沟通渠道)、一个结合(与学生日常管理或学籍或毕业等相结合)、一份协议(顶岗实习三方协议)、一次教育(宣传、动员及安全教育)、一本手册(学生顶岗实习工作手册)、一次研究(一次顶岗实习实训工作研究)、一份总结(学生顶岗实习实训工作总结)，切实保障了学生权益和实习安全[6]。

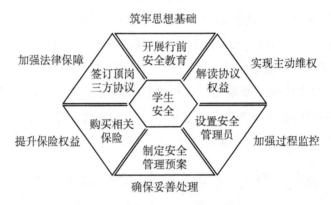

图 2-12　武汉职业技术学院顶岗实习精细化管理"六环"示意图

(四)践行了"在校学业—顶岗实习—毕业就业"一体化管理模式

各学院在实践中，逐步形成了学生在校学业—顶岗实习—毕业就业一体化管理模式。在这种模式中，学生在校的学业情况与顶岗实习时间、推荐就业的机会捆绑在一起，几个因素相互关联，其目的就是：保障教学秩序稳定进行，保障实践教学顺利实施，保障毕业学生充分就业。学校要求所有学生必须在校完成第五学期的所有课程且考试合格后才能参加顶岗实习；根据学生学业成绩(顶岗实习成绩)，按"优生优荐"原则推进顶岗实习单位(就业单位)。统计显示，武汉职业技术学院学生实习企业录用顶岗实习毕业生比例达到80%以上，毕业生就业率始终稳定在95%以上。（注：文内数据来源于2017年及2018年《武汉职业技术学院高等职业教育质量年度报告》）

● 参考文献

[1]周三多，陈传明，鲁明泓．管理学——原理与方法[M]．上海：复旦大学出版社，2005：79，170.

[2]刘振天．系统·刚性·常态：高等教育内部质量保障体系建设三个关键词[J]．中国高教研究，2016(9)：12，13.

[3]陈述．高职院校商务英语专业学生顶岗实习有效管理的路径[J]．科技创业月刊，2015(21)：91.

[4]韩鹏，王英哲．旅游职业教育校企合作机制创新的实践与探索[J]．科技创业月刊，2015(4)：64.

[5]陈陶．高职院校传媒类专业实践教学效果与实习就业的促进关系[J]．武汉职业技术学院学报，2017(4)：26.

[6]李洪渠．大学生安全警示教育[M]．武汉：武汉大学出版社，2011：77.

武汉职业技术学院现代学徒制试点专业的管理实践与创新

2015年8月，武汉职业技术学院开设的服装与服饰设计、酒店管理、环境艺术设计、光电技术应用、电子商务5个专业成功获批教育部首批现代学徒制试点专业。自2015年1月起，学校陆续启动了现代学徒制试点专业的各项工作，三年来，在上级教育行政部门的引领和指导下，学校按计划推进落实并完成了《武汉职业技术学院现代学徒制试点工作实施方案》中六个方面的试点内容，并全面达成了既定工作目标。此项试点，并没有现成的模式照搬，学校在推进实践中，边研究边实践，设法破解了试点工作在管理机制和实施路径等方面遇到的难题，取得了多方面的成效。

一、组织与实施

(一)成立现代学徒制试点项目领导小组

为加强领导，推进试点工作，学校于2015年1月成立了现代学徒制试点项目工作组，项目工作组组长由校长担任，学院院长分别担任相关试点专业专项工作组组长，统一组织，层层落实，为试点工作的开展提供组织保障。

(二)成立现代学徒制研究中心

为积极探索校、企"双主体"育人、双导师教学等方面的管理制度，依托全国高等职业教育"校企一体化"创新联盟,学校于 2015 年 5 月成立了全国首个现代学徒制研究中心,并于 2015 年 12 月承办了全国高等职业教育"校企一体化"创新联盟主办的现代学徒制高层论坛,以研促建,扎实推进现代学徒制试点工作的研究与实践。

(三)研制试点专业的管理办法和工作方案

为推进实施学校现代学徒制试点专业的建设工作,学校制定了《武汉职业技术学院现代学徒制试点专业建设管理办法》(武职教务〔2016〕6号),明确组织管理机构,明确试点工作重点任务及责任分工,明确项目化管理的操作方式及过程管理规范,明确年报年检的工作制度及工作要求。各学院对接学校工作要求,成立专业试点工作的组织机构,研究制定工作方案,层层推进落实。

(四)全面启动校企联合招生方案

为加强对现代学徒制招生工作的管理,学校根据上级行政部门对现代学徒制试点工作的要求及湖北省普通高校招生相关政策规定,结合二级学院与相关企业合作的实际情况,于 2015 年 10 月,制定了《武汉职业技术学院现代学徒制招生工作方案》,采取单独招生、校内选拔两种方式录取现代学徒制试点班学员。三年内,5 个试点专业共招生 797 人(表 2-6)。

表 2-6　武汉职业技术学院 5 个现代学徒制试点专业招生情况(人)

专业名称	2015 年	2016 年	2017 年	合计
服装与服饰设计	67	84	80	231
酒店管理	80	80	28	188
环境艺术设计	25	25	27	77
光电技术应用	29	50	28	107
电子商务	—	60	134	194
合　计	201	299	297	797

（五）遴选合作企业并签订合作协议

根据《湖北省职业院校现代学徒制试点工作方案》（鄂教职成〔2016〕2号）文件精神，参照《武汉职业技术学院校企合作项目管理办法（试行）》（武职院〔2009〕81号）规定的校企合作企业的遴选标准，各试点专业审慎遴选了广东都市丽人实业有限公司、武汉高德红外股份有限公司、东莞市盛雄激光设备有限公司、卡尔蔡司光学（中国）有限公司、武商集团、圣都家居装饰有限公司（武汉分公司）、华住酒店集团管理有限公司等7家企业，分别签订合作协议。

（六）依托项目推进试点专业的机制创新及内涵建设

学校将现代学徒制试点专业建设纳入校内专项资金项目管理范畴，评审入库，并配套专项资金，支持试点专业的机制创新及内涵建设；同时，学校积极推进各试点专业相关教学建设项目的申报立项，为试点专业的标准开发、教学资源建设提供经费保障。

二、建设成效

（一）创建了学徒制"双主体"育人管理运行的制度体系

学校制定了推进实施现代学徒制试点专业建设指导文件，规定了试点工作的主要任务及实施办法。各学院围绕试点专业"双主体"育人工作，校企共同创建各类管理运行制度62个，内容涉及学徒制试点专业的组织机构建设、专业建设指导委员会章程、专业发展规划、招生招工一体化、校企联合育人、学徒管理、课程建设、实践教学、顶岗实习、柔性化教学管理、学徒制教学质量监控、多元双向教学评价、双导师教师队伍管理、校企沟通机制、员工安全管理、企业导师工作职责、第三方评价考核、企业学徒选拔标准、学徒制专项工作考核、混合所有制企业工作条例等20多个方面，形成了从顶层设计到操作实施的上下贯通的制度体系，为实现校、企"双主体"育人提供制度保障。

(二)探索实践五种现代学徒制"双主体"人才培养模式

服装与服饰设计专业针对生源多样性特点，实施分类招生，探索实践了校企"六共同"(共同设置专业(方向)、共同制定人才培养方案、共同开发专业课程、共同培养教学团队、共同组织教学管理、共同开展学业考评)的人才培养模式[1](图2-13)。

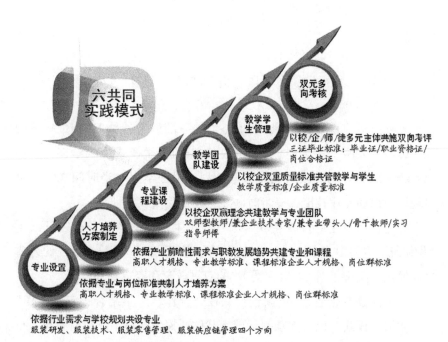

图 2-13　服装与服饰设计专业校企"六共同"人才培养模式

环境艺术设计专业创建了"工学结合的 1+1+1"的人才培养模式，即第一年学校为主的基础素质培养、第二年校企共同进行专业技能训练、第三年校内进行的校企合作的综合项目培养，分别采用学训交替、先学后训、学训一体等不同方式，着力培养"销售型设计师"规格的环境艺术类高素质技能人才[2](图2-14)。

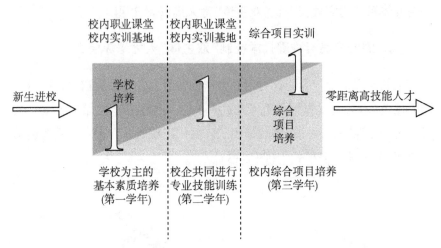

图 2-14　环境艺术设计专业"工学结合的 1+1+1"的人才培养模式

　　光电技术应用专业按照"学生→学徒→准员工→员工"四位一体的总体思路，大胆采用多企业、跨专业试点的招生模式招收学徒，采用"1+0.5+0.5+1"培养模式编排教学计划，保证学生一半时间在学校学习理论知识和专业技能，一半时间在企业接受实践培训。

　　酒店管理专业通过校企联合招考、招生招工一体化的途径开设了"华住班"，按照"集团订制、校企共育、管理起岗、本土就业"的人才培养模式，实现了对"学生—员工"的双重教育和双重管理[3]。

　　电子商务专业通过"创新创业、校企合作、工学结合、定岗工作"的人才培养模式，以真实项目运营为载体，探索实践了以政府引导、行业参与、社会支持、校企"双主体"育人的现代学徒制试点专业路径。

(三) 研究并开发了现代学徒制试点专业的系列标准

　　学校与合作企业共同研制了 5 个学徒制专业人才培养方案，共同制定了试点专业系列标准 46 个，其中专业标准 5 个、课程和教学标准 25 个、企业师傅标准 5 个、导师标准 4 个、学徒标准 1 个、企业岗位标准 5 个、企业准入标准 1 个；另有学徒制教学标准 1 个、学徒班学生年度鉴定标准 1 个、导师教学质量标准 1 个以及其他相关标准 3 个，标准的修订完善工作还在进行中。这些标准为促进 5 个学徒制试点专业的规范化发展、专业人才培养模式创新、教学模式改革、课程体系优化奠定了必要的理论基础，也为全国职业院校的服装与服饰设计、酒店管理、环境艺术设计、光电技术应用、电子商务专业的现代学徒制试点工作提供了理论参考和案例示范。

(四) 专业教学资源环境全面升级，内涵品质整体提升

在项目管理引领下，学校积极推进了试点专业的各类资源建设，建设期内，5 个试点专业共启动建设在线共享精品课程 19 门，华住酒店集团给"华住班"学员订制开发 114 门；创新创业教育课程 12 门，华住酒店集团给"华住班"学员订制开发 73 门；校企联合开发学徒制相关教材 22 本。目前，5 个试点专业共有校企共建校内实训室 44 个（表 2-7），校外企业实训基地 83 个，试点专业教学资源环境全面升级，内涵品质整体改观，为学徒制人才培养活动提供了丰富的资源支持。

表 2-7　现代学徒制试点专业校内实训资源建设情况一览表

专业名称	校内实训室	44(个)
服装与服饰设计	缝纫机房实训室 4 个，服装制版实训室 5 个，立裁实训室 3 个及服装形体训练室、专用计算机房、数字化实训室、摄影实训室、针织实训室、教学录播室各 1 个，都市丽人教学实训店 1 个	19
酒店管理	模拟前厅、Star Coffee 咖啡厅、tar Bakery 西饼屋、Star Tea 大益爱心茶室、沙盘、慧客房、客房实训室、模拟餐厅、pera 机房、酒实训室	10
环境艺术设计	环境艺术设计工作室、软装工作室、灯光实训工作室、学生自主学习中心	4
光电技术应用	激光加工中心、光学工艺中心、光电子技术实训室、光学薄膜实训室、光电创新实训室、工程光学实验室、激光实验室、激光设备控制实训室	8
电子商务	电子商务运营中心、电子商务美工实训室、电子商务项目实战训室	3

(五)打造了一支"双师型"的双导师专业教师团队

现代学徒制作为现代学校职业教育与传统学徒培训方式相结合的人才培养模式，需要学校教师和企业师傅共同参与，如此才能从根本上实现"双主体"的育人目的。为此，各试点专业开发制定了适应本专业特点的双导师管理制度和双导师的选拔、考核标准，校企双方共同制定双向挂职锻炼、横向联合技术研发、专业建设的激励制度和考核奖惩实施办法。学校也将指导教师的企业实践和技术服务纳入教师考核并作为晋升专业技术职务的重要依据。在上述政策机制引领下，试点专业共培育学校导师 51 人，企业导师 113 人，形成了一支懂教育、懂技术、会教学、能研发的"双师型"双导师专业教师团队（表 2-8）。

表 2-8   现代学徒制试点专业"双师型"双导师专业教师团队

专业名称	学校导师（人）	企业导师（人）	总计（人）
服装与服饰设计	17	18	35
酒店管理	8	63	71
环境艺术设计	6	7	13
光电技术应用	10	15	25
电子商务	10	10	20
合　　计	51	113	164

(六)教师取得高水平标志性成果，学生的培养质量高

这些成果有：服装与服饰设计专业校企双方参与申报的"高职院校服装类专业校企'双主体'协同育人机制创新与实践"荣获第八届湖北省教学成果一等奖、中国纺织工业联合会教学成果一等奖、中国高等教育学会 2017 年度高职院校教学改革优秀案例征集评选一等奖、2018 年国家职业教育教学成果二等奖。

环境艺术设计专业教师团队申报的"'法自然、尊传统、博学识'理

念引领的高职艺术设计教育课程体系建设与实践"荣获第八届湖北省教学成果一等奖、湖北省高校校园文化建设优秀成果一等奖、中国高等教育学会职业技术教育分会的案例征集三等奖、2018 年国家职业教育教学成果二等奖。

据初步统计，学徒班学生在国内各级各类技能大赛中所获得的奖项已有 200 余项。试点专业的毕业生在就业和薪酬方面也显示出一定优势。以酒店管理"华住班"为例，该班共培养毕业学生 118 人，其中 99 人就业于华住旗下各品牌酒店，10 人就业同类型其他品牌酒店，中高星级酒店 6 人，就业率 100%，专业对口就业率达 98% 以上。这些学生的中级前台通过率达 92.3%，高级前台通过率达 88.1%，值班经理通过率达 80.5%，毕业一年后店长通过率达 42%。"华住值班经理班"毕业生薪资待遇较之于高职普通酒店管理专业的毕业生具有明显的优势，其平均月薪达到 6080 元，而普通酒店管理专业毕业生平均月薪为 2800 元。

三、管理创新

(一) 机制创新：以混合制办学破解现代学徒制试点工作难题

企业不主动、参与度不高、学徒人员流失是现代学徒制试点工作普遍面临的难题。2015 年，学校与广东都市丽人实业有限公司以混合所有制的形式共同成立了"武汉职业技术学院都市丽人服装学院"，开展"双主体"办学。学校对混合所有制办学单位实施"学院管理制"，成立政企校"三方"理事会，理事长由学校校长和企业董事长共同担任，混合制学院院长由企业总经理担任，常务副院长由学校承办学院院长担任，下设办公室，校企联署办公。通过混合所有制办学，根据企业工作岗位需求，联合招收学员，开展学徒制合作，按照工学结合模式，实现校企"双主体"育人。

(二)模式创新：以导师育人模式推出"英才计划"，培育技术技能精英

2016年，学校启动实施了"英才计划"，其主要目的是以"英才计划"以点带面，挖掘利用校企优质教师资源，促进学生个性潜能充分发展。5个试点专业先后启动实施了10个英才计划培养项目，选拔学徒班的部分"英才"，实施导师制育人模式。通过个性化的人才培养方案和导师的精心培育，以及小组导学和课外活动形式，在学研结合、赛教结合、理实结合的活动中，培养了一批综合素质高、技术技能强、创新创业能力突出的精英技术技能人才。

(三)路径创新：以项目为载体推进学徒制试点工作向纵深发展

项目化管理的最大优点是职责明晰、流程控制、绩效导向。将现代学徒制试点工作的机制建设、标准建设、资源建设作为教学建设专项工作整体推进，既可以整合资源，又能使建设效益最大化。学校依托创新创业教育、创新创业课程建设、英才计划、校内实训基地建设等各类项目，采用滚动叠加模式集中投入，有力支持了现代学徒制试点专业相关的专业标准、课程体系、教学标准、双导师队伍、硬件设施及其内涵建设。

(四)方法创新：以精细化流程统筹规范学徒制试点专业的常规管理

从校内教学管理的过程看，现代学徒制的招生即招工、生源结构多元化、培养订单小批量、"双主体"合作育人的特点要求与订单式培养的特点要求基本一致。因此，学校针对学徒制订单管理特点，设计精细化的流程(图2-15)，统筹5个现代学徒制试点专业订单班的常规管理，并对试点专业在人才培养方案制定、招录与退出、教学管理、学生管理、奖学金和奖教金发放条款、学生退出订单培养程序等管理工作提出具体要求，确保5个学徒制试点专业常规管理规范有序。

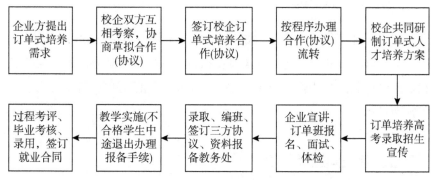

图 2-15　武汉职业技术学院学徒制订单培养管理流程

四、资金的投入与使用

(一)学校投入试点专业建设基础性配套经费 100 万元

学校将 5 个现代学徒制试点专业建设纳入"创新发展行动计划"项目，每个项目配套 20 万元，重点支持试点专业对现代学徒制校企合作育人方面的制度研究、方案开发和管理实践。同时，学校优先启动了与学徒制试点专业相关的教学建设项目，为试点专业的项目建设提供保障。

(二)其他教学建设项目及企业投入 1577.9 万元

建设中，服装与服饰设计专业学校投入 536.4 万元，企业每年出资 50 万三年共 150 万元；电子商务专业学校投入 532.8 万元；光电技术应用专业学校投入 153 万元，盛雄激光赠送价值 4 万元的光纤打标机和紫外雕刻机各一台，另有若干投入用于学徒班学生奖学金、师生往返车票、实习设备及耗材投入。其他两个专业学校也各有投入。三年来，学校与合作企业共计投入 1577.9 万元用以改善和提升学徒制试点专业的实习、实训设施环境及相关资源的优化。

(三)资金管理与执行

项目资金使用严格遵照《武汉职业技术学院教学项目管理办法》(武职〔2016〕76号)和财务管理相关制度执行。在项目管理办法的过程控制和财务管理制度的刚性约束下,项目资金执行规范有序,资金使用达到了预期目标。

五、存在问题及建议

(一)企业在合作中的主体责任及激励政策不明确

由于受到制度层面的刚性制约,实习生培训成本高,而政府却无奖补政策。学生在学习期间无法创造相等的价值,企业是净付出,使得不少企业出于成本因素考虑不愿意接受学生实习。当然还有实习实训中学生的身份认定及劳务、安全保障等问题。

(二)学徒班招生缺少正常的路径保障和政策支持

试点专业对单招进来的学生尚有一定吸引力,倘若取消单招路径,从其他路径进入高职院校的学生对此并不太感兴趣。从实践情形看,有些试点专业招不到学徒。我校每年高考录取分数线几乎与本地二本线持平,这种情况导致学徒班招生问题更为突出。即使招到了学徒,依然存在大量流失的问题。通常学生基于终身职业发展的考量,并不愿意过早"定终身",而是希望接受更宽厚的专业学习和技能训练,谋求更大的发展空间。

(三)缺乏与现代学徒制实施相匹配的导师激励机制

目前的机制下,由于企业导师激励机制的缺失,学校很难请到真正的企业大师当学徒导师,地方政府没有提供相应的政策或项目支持,企业师傅也没有时间和义务来给学生当导师。

（四）小批量的学徒订单培养模式导致教育成本相对偏高

无论是现代学徒制还是传统学徒制，基本定位就是学徒制，而学徒制本质上就是一种小批量小规模的订单培养模式，一位师傅一次带40名甚至上百名徒弟的模式不能称为学徒制。而小批量培养、适应企业需求订制教学方案、聘请企业师傅、双导师实施个性化教育，必然增加教育成本。

有鉴于此，现代学徒制可以作为高职院校高素质技术技能人才培养模式的一种，由学校自主选择适合的专业并适度推广。

● 参考文献

［1］温振华. 校企"双主体"办学的人才培养机制探索与实践——以武汉职业技术学院都市丽人服装学院为例［J］. 职教论坛，2018（03）：130-133.

［2］段林杰. "法自然、尊传统、博学识"理念引领的高职艺术设计教育课程体系建设与实践［J］. 武汉职业技术学院学报，2018，17（01）：28-41.

［3］王英哲. 现代学徒制下渐进式交互实习模式的构建［J］. 科教导刊（中旬刊），2018（06）：52-53.

高职学报发展的困境与路径

许多本科院校和国家示范性高职院校发展的成功经验表明，走内涵强校、特色兴校、科研引领、学术兴校的发展战略才能确保教育质量的稳步提升，把握办学主动权，抢先占据竞争的优势地位。高职学报是高职院校科研与学术的第一阵地，在学院内涵建设中发挥着重要的引领作用，因此，高职院校在实施"科研引领、学术兴校"战略时特别重视挖掘和利用学报这一特殊的学术资源。

一、高职学报的性质与功能

高职学报是高等职业（技术）教育与科研的综合性的学术刊物，是开展职业教育理论研究的中级平台，在整个教育理论尤其是职业教育理论研究体系中是一个承上启下的中间环节，研究群体庞大，研究面广，题材新，创新点多，其作用不可低估；同时，高职学报也是高职教育研究的基础平台，是高职院校科研成果的理论载体，是政、产、学、研多方合作的重要路径，是高职院校对外交流与成果展示的重要窗口，更是及时向社会展示高等职业教育的社会成就、成功获得社会各界广泛认同的高端视角。高职学报不仅是学校标志性的学术名片，它同时也兼顾着文化传承、合作交流、宣传辐射等多项职能。鉴于高职学报上述多方面的特殊影响力，许多高职院校出于学校战略和核心竞争力的考虑，把学报发展纳入科研学术的整体规划之中，从不同角度进行整体策划，积极探寻学报发展的新路径。然而，高职学报的发展正如其母体——高职院校的发展一样，同样面临着来自内外多方的压力与困境。

二、高职学报面临的四个困境

(一) 期刊行业的市场化发展使学报发展面临新的危机

市场化、集约化、数字化、国际化发展已是我国期刊业当前及今后发展的趋势，而期刊市场化发展已经进入到实践操作层面。2010年7月29日新闻出版总署发出通知，对继续坚定不移地推进新闻出版体制改革作出具体部署。在《关于进一步推动新闻出版产业发展的指导意见》中对教育、文化类出版物作出明确指示："鼓励教育、科技、卫生、财经、文化等领域的新闻出版资源先行整合，鼓励实力较强的地方新闻出版企业先行整合资源。"可见，从政府到市场不同层面，期刊市场化发展已成定势。而现实中，高职学报基本上完全采用传统的计划经济的经营模式，从出版到发行各个环节基本上都是非市场化运作，不计成本，不担风险。而市场化的经营方式将完全遵循市场经济的游戏规则，风险和利益同在，以学报现在的内涵品质，与市场化前沿的专业性期刊相比拼，既没有经营优势，又没有质量优势，甚至连最基本的市场营销意识都没有，一旦失去学校的政策保护和经费支持，其生存和发展都会出现新的危机。

(二) 综合性的期刊定位使学报在评价体系中处于劣势

高职学报的期刊性质定位是综合性的学术刊物。由于其内容涵盖面太广，其专业性相对削弱。由于学报内容综合，学科(专业)目录的大而全，论文的内容多而杂，而读者的兴趣是相对专一的，如此定位，不但吸引不了更多读者，反而淹没了优势学科(专业)的研究。相对一些小而精的专业杂志，学报所存在的"全、小、弱、散"的问题使其在期刊评价体系中不占据任何优势[1]，即使是国内一流高校的综合性学术期刊，与同层次的专业学术期刊相比较，无论在期刊的现代评价体系中的地位(如"影响因子")，还是市场的拓展等方面，都不占上风。人们对学报的通俗描述是：学报是个筐，什么学科的论文都可往里装。可见，像学报这类综合性的期刊，人们对其内涵品质、专业性水平、学术价值的认可度是相对较低的，高职学报所处的尴尬与困境更是显而易见了。

(三) 学报行业同质性竞争使学报的内涵发展受到威胁

"同质性"本来是由人力资本"异质性"的概念引申而来的。人力资本"异质性"强调的是人力资本的"差异化"管理，其预设的前提是每个人的天生禀赋、专业、能力具有独特性、不可替代性[2]。相反，"同质性"就是没有独特性、可替代的意思。学报虽然数量巨大，本科院校和高职高专的学报总和直逼 2000 余家，但无论是学报命名、栏目设计、学术水准、美术装帧、经营模式都大同小异。高职高专的学报相互仿效、相互复制的现象更是非常严重。这种"同质性"发展慢慢把高职学报逼到发展的危险境地，越来越多的优秀稿源自然选择了学术水平更高的专业杂志，而在作者群体相对固定的条件下，高职学报也纷纷出现稿件抢滩现象，有些学报经常出现"等米下锅"的情形。诚然，稿源的数量和质量是期刊的生命之源，没有一定数量的稿源作为基础，期刊用稿就没有选择余地，学报的学术水平和内涵质量就会整体下滑。所以，学报行业同质性竞争引发的稿源危机已使学报发展受到极大的威胁。

(四) 低端而封闭的学术研究不利于学报的开拓与创新

学报的发展与高职院校的学术氛围紧密相关，离开高职院校整体研究水平和学术氛围，单纯追求高职院校学报的健康发展是不现实的。对高等职业教育的研究理应成为高职学报的基本内容，而目前高等职业教育的整体研究水平不容乐观。有学者对我国近 20 年高等职业教育的研究质量进行了系统研究，他认为：在内容上，高等职业教育的研究还属于"自恋"阶段，对高等职业教育的研究还处于对自身、内部的身份和属性体认阶段；固定的研究群体以职教研究人员和高职院长居多，但更为广泛的研究群体是"业余作者"；从研究水平来看，基本上处于模仿、借鉴、吸收理论来研究解决某个具体的问题的阶段，对研究方法、理论基础来源等尚不够重视，离系统性、理论性、深入性方面还有较大距离[3]。工学结合、校企合作被视为高职院校的类型特征，所以高职院校的学报除了刊载高职教育研究方面的学术论文外，针对技术方面的新产品、新工艺、新流程的设计与应用，以及政、产、学、研间的合作研究题材都可视为研究的热点，但很少有学报设置针对产业、企业技术人员和政府管理者专门的研究专栏，高职的学术研究自我封闭，不仅不能吸纳那些有特长、有专业、有水平的研究群体，反而把校内的技术研究、专业研究群体推向了群外。

三、高职学报发展的路径创新

（一）实施品牌发展战略

在学报市场化发展的趋势背景下，借鉴企业成功的营销策略，可以事半功倍，而"品牌"就是营销制胜的重要法典。缔造高职学报的品牌主要从学报的知名度和美誉度两个方面着手。

1. 通过整体策划提升学报的知名度

策划是一种基于现代管理思想的系统设计，与传统的经验管理、任务导向有着质的区别。整体策划理念将从动态的角度对学报在未来发展的特色定位、栏目与组稿、编辑与编序、封面与版式、印刷与装帧、文化形象、发行渠道等等进行全面规划和设计[4]。关于栏目的策划，学报可以依托本校的专业资源和本地区的经济、文化资源开辟特色栏目，还可以根据特殊时期、特殊项目、特殊事件等热点及前沿问题策划专门栏目。比如，配合高技能人才的市场需求、国家高职院校示范性建设和国家中长期教育发展规划，针对高技术人才的职业研究、国家示范性建设的理论成果及国家中长期职业教育发展规划政策研究、管理创新策划专门的栏目。

此外，从学报的稿源与发行的两端路径进行重点策划。在稿源策划上，除了突出高等职业教育、应用技术研究两个大的领域外，特别关注各类机构专项研究课题、基金资助项目成果及行业专家、教授、硕博士、高管人员参与的基金项目和课题研究项目；开辟知名教授、学者、专家(特别是行业、企业专家)及高学历作者的绿色通道；培养有技术专长、有创新思想、有学术影响力的作者群体；立足本校优秀科研资源，加强对本校的教学和科研人员的培训指导与沟通服务，稳定校内优质稿源；利用网络、赠阅发行、学报彩封等途径加大学报宣传的力度，积极开辟新的稿源；在发行策划上，要从企业知名人士、行业专家、行政高管、院校高管、名师名导等不同层面加强联系，不断开辟新的发行线路。

2. 通过精品意识及精细化管理扩大学报美誉度

影响学报美誉度最关键的因素是学报质量，一个好的学报品牌背后是一系列优质的管理，而支撑优质管理的基本理念就是"精品意识"。在精品意识的指引下，通过精细化的管理，即可达到优化学报质量的目标。因为精细化管理强调工作的"精"和"准"，出版精品学报应该是精细化管理结果的最好体现。学报的出版与发行是一个复杂的系统工程，容不得马虎与侥幸，这就要求必须从过程上严格控制。第一，制定工作质量标准，规范对主编、副主编、编辑室主任、编务、责任编辑等每个岗位的工作要求和岗位标准。第二，建立工作规范，按照国家期刊出版的规定，在严格遵守《社会科学期刊质量标准(试行)》、《科技期刊质量要求(学术类)》、《期刊管理暂行规定》等期刊管理法规和制度的同时，还结合学报工作需要增订相应的工作规范。第三，细化工作流程，控制学报编辑出版的登记、审、编、定、印、发、存等七个环节的工作质量。第四，在工作实践中，持续改进，不断完善。

(二)走特色发展之路

特色是期刊的生命。鲜明的特色是使高职学报在几千家学报中脱颖而出的有力武器。高职学报的读者以高职院校教育、教学及科研人员为主，辐射本科教育和社会相关技术领域的人员，所以，高职学报必须首先体现高等职业教育的类别和层次，并通过相应的栏目内容充分体现"高等性"和"职业性"；在内容方面，坚持"百花齐放、百家争鸣"的方针，从反映本院校科研和教育教学研究成果做起，注意吸引高质量的外稿，以活跃学术气氛，扩大学报影响力。必须认识到，职业教育是与区域经济和产业发展联系最为紧密的一类教育，近乎于唇齿相依，加之高等职业教育整体的学术研究水平与本科院校、专业杂志无法比拼，所以高职学报还应该定位于生产、建设、管理、服务第一线，兼顾学术性和应用性，重点突出应用性研究、实践性研究[5]，逐步发展学报的"技术性"、"应用性"、"地方性"。

（三）创新学报发展的理念

管理要创新，理念须先行。传统的经验管理以"事"为中心，"学报人"的大部分精力是为"编辑事"所操控，轻重倒置，不能适应学报未来发展的新要求；科学管理思想却是通过规范化、标准化、制度化的管理极大提高学报管理的工作效率，但科学管理思想唯一不能适用的对象是"人"。但学报的"生产"和工业产品的生产过程最显著的不同就是，"人"是学报"生产"的第一要素，学报的内涵和品质主要靠"人"来掌控，学报本身又是典型的知识产品，"智力资本"（即由全体"学报人"所共有的知识、学问、创意、创新并且尤其关注组织的知识共同构成资本总和[6]）才是影响学报发展的核心竞争力。这里所指的"学报人"，其广义包括编审人员、管理人员、固定的学报作者群和读者群体在内的所有人员，狭义的"学报人"主要指专门从事学报编审工作、编辑业务管理工作的专兼职人员。

有鉴于此，新时期的学报管理，在经验管理、科学管理的基础之上，大胆吸纳人本管理的思想理念，强化重视"学报人"在学报出版及发行中的能动性、创造性，在学报"生产"的高端环节，比如组稿、审稿、审读环节，适当建立专家团队，并给予专家成员相应的自主权、决策权；而在编辑出版的每个层面，始终不能放弃的是，通过各种不同的途径培训提升，逐步实现"学报人"创新能力的整体提升。

◉ **参考文献**

[1]李建军，肖开提．高校学报的困境、症结与出路[J]．编辑之友，2005(6)：56-59.

[2]张文贤．人力资本[M]．成都：四川人民出版社，2008：26.

[3]陈衍，范笑仙．呼唤有质量的高等职教研究[J]．职业技术教育，2010(30)：40-42.

[4]胡类明．武汉职业技术学院学报：创新理念　办出特色[N]．武汉职院报，2005-11-1(2).

[5]张磊．对高职学报建设的探索[J]．武汉职业技术学院学报，2010(3)：118.

[6]张文贤．人力资本[M]．成都：四川人民出版社，2008：26.

第三辑

高职院校"双师"教师队伍的结构分析

一、高职院校教师队伍"双师"结构概念的形成

(一)个体"双师型"与群体"双师型"的含义

从职教师资队伍建设的层面上看,"双师型"教师应是一个综合性的概念,它包括两重含义:"一是对教师个体而言,'双师型'教师是指既有较高的教育教学水平,又有较强的专业操作示范技能,精通专业理论知识和操作技能的内在联系和规律,具有教师和工程师的双重要求。"[1]姜大源教授对职教师资的要求有这样的描述:"必须有能力既可从教育者的角度对职业性的专业工作的对象及其内在联系进行开发,又可以对实践者的非学科性知识予以处置,使其结构化并给予其评价。前者涉及基于职业工作过程的与专业科学相关的实践及其知识储备,后者则涉及基于职业教育过程与教育科学相关的实践与知识储备。"[2]可见,对于教师个体而言,"双师型"含义的核心在于"双素质",其实质是对职业院校教师的行业专家和教学专家的双重要求。

尽管个体意义上的"双师型"教师是可能产生的,但单一由"双师型"教师组成的教师群体的产生和发展,都必然受到现实的强烈挑战:首先是在"双师"供给的起点上受到人的能力发展局限性的制约;其次是这样的"双师型"教师需要更多的时间和精力投入,培训成本高而产出总量低,远远不能满足高职教育规模发展的需求。此外,单一的由"双师型"教师组成的教师队伍,没有分工合作,很难形成教师队伍的

结构性合力[3]。

然而，如果从群体的角度提出"双师型"教师队伍的概念，就可以回避上述问题。对于教师群体而言，"双师型"教师是指教师队伍整体上具备"双师"能力，即在专业教师队伍中"理论型"教师与"技能型"教师及"双素质"教师必须保持合理的比例，"双师型"教师是职业院校老师队伍的整体特征，但不是说每一个专业教师都必须是"双师型"教师；这一含义的核心在于整个教师队伍的"双师型"结构[4]。

(二)"双师"结构概念的提出

基于群体"双师型"的含义，高职院校教师队伍就可以放置于一个更开放、更广阔的人力资源视野中，由学校、社会、企业共同构建。在教育部、财政部教高〔2006〕14号文件中提到了"聘请一批精通企业行业工作程序的技术骨干和能工巧匠兼职，促进高水平'双师'素质与'双师'结构教师队伍建设"；教育部在教高〔2006〕16号文件中明确提出"注重教师队伍的'双师'结构，改革人事分配和管理制度，加强专兼结合的专业教学团队建设"。2006年12月，张尧学司长在"国家示范性高等职业院校建设计划"院校建设方案研讨会上明确指出"'双师型'教师就是针对整个教师队伍的结构而言"。至此，"双师"结构教师队伍的概念就明确提出了，这标志着高职院校教师队伍的组成结构将发生根本性的转变。

二、高职院校"双师"教师队伍的结构分析

通常人力资源的结构分析分为五个方面：类别分析、素质分析、数量分析、年龄结构分析、职位结构分析，本文中对高职院校"双师"教师队伍的结构分析将主要涉及对教师队伍组成类别与不同类别的素质要求等方面的内容，为了便于表述，文中分别从两个层级来分析高职院校"双师"教师队伍的结构。

（一）"双师"教师队伍的一级结构分析

1. 国外合作教育视角下的职业教育师资的结构设计

纵观发达国家职业教育模式，如德国的"双元制"、美国的"合作教育"、英国的"工读交替式"、日本的"产学合作"等，都是以不同的形式与企业进行广泛深入的合作，共同培养职业类的人才。譬如德国职业教育的"双元制"中的一元是指职业学校，其主要职能是传授与职业有关的专业知识；另一元是企业或公共事业单位等校外实训场所，其主要职能是让学生在企业里接受职业技能方面的专业培训。在澳大利亚的TAFE职业教育模式中也是采用多途径严标准聘任兼职教师。澳大利亚高职院校专职教师数量明显少于兼职教师，兼职教师主要来源于企业行业的技术人员，他们不仅拥有扎实的专业知识，丰富的实践经验，而且能把企业生产、经营、管理及技术等方面的最新情况与学生所学内容联系，让学生学以致用[5]。可见，国外合作教育视角下的职业教育师资从结构上分为两大类：一是学院的专业教师，另一类就是企业、行业的兼职教师。

2. 工学结合人才培养模式下高职院校教师队伍的一级结构分析

工学结合人才培养模式是职业院校与企业合作培养高技能型人才的典型职业教育模式。当前，我国高职院校人才培养模式改革的重点是逐步实现职业教育教学过程的实践性、开放性和职业性，特别强调学生校内学习与实际工作的一致性，积极推行工学交替、任务驱动、项目导向、顶岗实习等有利于增强学生能力的教学模式，提倡学生的生产实习和社会实践，保证在校生至少有半年时间到企业等用人单位顶岗实习，按照企业需要开展对企业员工的职业培训，与企业合作开展应用研究和技术开发。受这种理念引领的深度融合的校企合作，必须以企业与社会需求为导向来设置专业、以工作任务为导向重构课程体系，"教""学""做"一体化的教学模式和生产性实习、实训客观上要求建立由专任教师、企业教师、学生共同参与的课程组织团队(图 3-1、图 3-2)。专任教师主要负责专业理论知识学习的传授和整个课程的组织,企业教师主要负责专业技能的实践训练与指导。

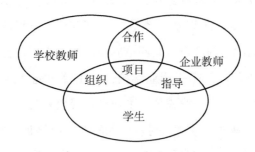

图 3-1　工学结合环境中的高职院校的课程组织团队

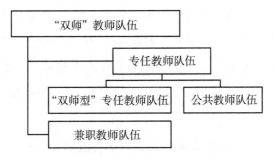

图 3-2　高职院校"双师"教师队伍一级结构图

因此,为了满足因专业设置、课程模式、教学模式的变化对教师"双师"素质的迫切需求,高职院校一方面要增加专业教师中具有企业工作经历的教师比例,安排专业教师到企业顶岗实践,积累实际工作经历,提高实践教学能力。同时要大量聘请行业企业的专业人才和能工巧匠到学校担任兼职教师,逐步加大兼职教师的比例,逐步形成实践技能课程主要由具有相应高技能水平的兼职教师讲授的机制,逐步实现高职院校教师专兼结合比例达到 1∶1。所以,从这个层级看,高职院校"双师"结构基本上就包括两大类:一是专任教师队伍;二是兼职教师队伍。

(二)"双师"教师队伍二级结构分析

1. 专任教师队伍结构

按照工作任务导向的课程设计理念，通常将高职院校课程划分为专业课和公共课两大类，承担专业课的专业教师就是学院"双师型"教师队伍的主要组织部分。根据这类教师群体的"双师"素质能力以及他们在专业教学、专业建设、行业技术开发中所处的地位和影响力，高职院校专任教师主要包括三种，即专业带头人、骨干专业教师和一般专任教师。

专业带头人是高职院校教师队伍中的教学骨干和学术权威。高职院校中的专业带头人与普通高校中的学科带头人有很大区别，学科带头人侧重于学科理论的研究，而专业带头人重点是指导和从事专业建设与专业教学研究以及实践教学研究等。专业带头人是"双师型"教师中的优秀者，不仅教学能力强，而且专业能力过硬，通常在某一专业步入了专业前沿领域，有明确的专业研究方向，并取得了创造性的、具有一定学术水平的教学和科研成果；在职业技术应用方面具有精湛的专业操作技术和开拓性业绩，是同行公认的技术大师、工艺大师或行业专家；是组织和带领青年教师进行专业建设的拔尖人才，负责本专业"双师型"教师的培养。骨干专业教师是高职院校"双师"教师队伍中的教学能手和技术中坚力量，其能力重点体现在教学能力、实践操作能力和技术研发能力等方面。骨干专业教师具有较高学历、专业职称或技术资格，且在教学团队中能够起到骨干带头作用。

专业带头人和骨干专业教师不仅在资质上有着明显的区别，在层次要求和影响力等方面也有明显的差异，这种差异体现在五个方面：在教学方面，骨干专业教师是专业教师队伍中的教学能手，而专业带头人是专业教师队伍中优秀教学能手；在教学研究与课程开发方面，骨干专业教师是本专业教、科、研的中坚力量，专业带头人占据本专业教、科、研前沿领域；在技术研发方面，骨干专业教师是专业技术研发的参与者，有相应的成果，而专业带头人在专业技术研发方面有创造性、突破性的成果或有突出贡献；在专业队伍建设方面，骨干专业教师是专业教师队伍的重要成员，专业带头人是专业教师队伍中的拔尖人物、引领人物，有带领和培养青年教师的责任和义务；在影响力方面，骨干专业教师通常在本行业中有一定知名度，而专业带头人一般在高职教育领域至少是省级领军人物、全国同行中的知名人物。

一般专任教师中的青年专任教师是整个专任教师队伍的资源储备，合理的专任教师梯队不能缺少这块基石。只有对青年教师的"双师"素质培养进行长期的规划和有计划的培养，才能不断给专任教师队伍输送新的接班人。

2. 兼职教师队伍结构

对于来自企业或行业的兼职教师，根据他们在企业行业中技术研发能力、技能水平与实践教学的指导能力的不同，兼职教师队伍主要包括三种：技术权威与技术大师、能工巧匠与技师、技术人员等。

目前，我国高职院校的兼职教师来源主要是通过建立完整的"兼职教师师资库"来实现。兼职教师师资库就是将来自各个行业的兼职教师的个人资料（包括年龄、职称、学位、现场工作年限、业务水平等级、从事兼职活动情况等）利用数据库进行统一管理，它可以方便、快捷地进行检索和查询兼职教师的个人档案，有利于选聘高质量的兼职教师，有利于保持一定数量的备选兼职教师，有利于院校之间、院校与社会之间的资源共享，有利于从兼职教师队伍中招聘人才转为专任教师（图3-3）。

(三)"双师"教师队伍的结构特点

随着高职院校工学结合人才培养模式的广泛推行，各种各样的校企合作模式应运而生，如：半工半读、工学交替、顶岗实习等就是这种模式的具体体现。在实践进程中，由专任教师和企业兼职教师共同构建的高职院校"双师"教师队伍逐渐显现出一些新型的结构特点。

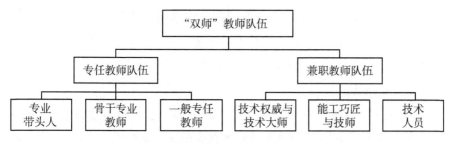

图 3-3　高职院校"双师"教师队伍二级结构图

1. 职业性

高职院校的人才培养目标是培养高技能型人才，不是培养学术型与工程型人才，所以在拟订教师的任职标准和准入制度时，应该强调高职院校的类别特征，体现职业性特点。高职教师具备一定的学历水平和曾在行业的工作经历是职业能力形成的重要基础，专业的资格证书又是对专业能力的一个很好的证明，选择一个合格的高职教师，就要适当改变高校教师以研究生硕士学历为入职起点的做法，把那些有企业经历、有专业技术资质、有技术创新成果而不一定是硕士研究生学历的人才吸纳进来；同时，在选择专业带头人、骨干专业教师、企业的兼职教师时，也要适当拓宽教师队伍的学缘和学历结构，不拘一格降人才。

2. 阶梯性

专任教师队伍和兼职教师队伍整体由低到高呈塔形梯队布局，专业教师队伍梯队分别由一般专任教师、骨干专业教师、专业带头人组成，兼职教师梯队分别由技术人员、能工巧匠与技师、技术权威与大师组成。

3. 复合性

"双师"结构的教师队伍的复合性首先体现在结构主体上教师与行业、企业专家的复合性，这种由专任教师和企业兼职教师共同组成的教师队伍，从根本上改变了高职院校教师队伍结构的成分，为高职院校教师队伍注入了新的活力。其次是"双师"结构的教师队伍发展目标上的复合性。"双师"结构教师队伍的素质的整体提高与教师个体的"双素质"发展并不矛盾，而且，专任教师通过频繁到企业真实工作环境的学习和交流，更能促使自身的实践教学指导能力和实操能力的发展，从而实现专任教师既是"教学专家"又是"行业专家"的双重目标。

4. 互补性

高职教师队伍是一个集教育性、职业性、学术性相整合的专业团体。由于专任教师和企业兼职教师各自来源于不同的职业环境，其职业活动的价值观、内容、方式、能力要求与评价标准都不相同，同作为高职院校的教师主体，他们各有所长：专任教师有着系统专业知识体系，擅长专业理论教学，在职业教育技能等方面有一定优势，但对具体工作的过程、真实的职业情景和职业态度缺乏经验；兼职教师在技能训练与实操指导方面有明显优势，但如果没有职业教育的理论和教学方法作指导，也不能真正实现"教"、"学"、"做"合一。不可否认，教师职业是一个专门化的职业，而高职教育虽源于职业但却高于职业，如果企业兼职教师只是把企业的工作内容照搬到职业院校的课堂，那就与社会培训没有什么两样了。所以，只有"取长补短"互补发展才能促进教师整体队伍素质的根本性提高。

5. 开放性

高职院校"双师"教师队伍结构的开放性体现在两个方面。首先是教师队伍外部结构的开放性。与普通高等教育不同的是，"双师"结构的高职教师队伍是放置于学校、社会、企业这样的一个开放的资源环境中来构建，而不仅仅只局限于学校内部，行业、企业的专家、技术人才可以进入高职院校教师行列，学校专任教师也可以成为企业的兼职工程师，这种良性的流动，最终促使了社会人力资源总量的增加；其次是专任教师队伍和兼职教师队伍内部的开放性发展，由低到高的塔形专业梯队为专兼职教师规划了一个开放性的职业生涯发展空间。

◉ 参考文献

[1]刘勇. 论结构型"双师"教师团队建设[J]. 中国职业技术教育，

2007(29): 23.

[2] 姜大源. 基于职业科学的职业教育学科建设辨析[J]. 中国职业技术教育, 2007(11): 11.

[3] 彭拥军. 关于"双师型"教师与"双师型"教师队伍的思考[J]. 中国职业技术教育, 2007(29): 28.

[4] 刘勇. 论结构型"双师"教师团队建设[J]. 中国职业技术教育, 2007(29): 23.

[5] 高桂林. 高等职业院校教师培训体系研究[M]. 武汉: 湖北人民出版社, 2006.

工学结合环境下高职院校
教师教学力的提升

高等职业教育的本质属性是职业性、社会性、实践性[1]。为了凸显高职教育的特色，必须强调以技能为主线，以职业为导向，通过生产实践、技术开发、与行业企业合作、为社区经济服务来优化学生的职业素质和职业能力。随着高职教育不断向前发展和推进，办学过程中的许多深层次的矛盾和问题日渐暴露出来，如办学经费不足，培养目标单一，专业设置不合理，教学内容脱离实际，师资专业水平和技能低下，毕业生动手能力差，就业状况不理想等。化解这些矛盾，单靠学校本位办学是不够的，必须引入合作机制。而校企合作教育是最能体现高职教育特色，也是提高教学质量的根本途径。要顺应校企合作的办学模式，必须打破学生培养局限在校园内的封闭办学传统模式，扩大人才培养的半径和空间，将高职人才培养的触角延伸到企业、社会等更广阔的领域去，扩展到实验室、工厂、车间、生产线、办公室等各种实践场所[2]。校企合作办学无疑是培养高技能人才的有效组织形态，而工学结合非连续学程的教学模式，才能将工作过程与学习过程有机结合，使学生的职业能力得到有效提高。

一、工学结合环境下高职院校教师教学力概念的提出

校企合作、工学结合已成为高职教育发展的主流环境。在新的教育环境下，高职院校发展的"第一生产力"——教师的作用和地位日益凸显。教师作为一种创造性、能动性的人力资源，其专业能力和综合素质

将对高等职业院校的办学和教育教学质量产生深远的影响。现实中，高职院校教师数量不足、"双师型"教师缺乏、"双师"结构的专业教学团队亟待加强等问题已经严重影响了人才培养质量。而在示范性高职院校建设的系统工程中，从办学理念、制度设计到整个课程体系建设与实施，无一不对教师的教育理念、"双师素质"、课程开发与教学设计能力、职业教育教学方法[3]等核心能力提出了"颠覆性"革新的要求。否则，国家示范性建设难以推进，尤其是进入国家示范性高职院校建设项目的运行与实施阶段，教师的专业能力与整体实力逐渐成为制约示范性高职院校建设的瓶颈。要突破这一瓶颈，仅仅从个体入手提高教师的专业素质是远远不够的，必须从整体上全面提升高职院校教师队伍的专业能力和整体实力。在这种背景下，我们引入了"教师教学力"这一概念。

高职院校教师教学力是指高职院校教师团队的自主学习能力、课程开发能力、专业教学能力、技术实践能力、技术开发与服务能力以及这些能力与教师参与的教育、教学、科研等实践活动有机结合，相互促进，共同形成的综合实力。高职院校教师教学力是学校整体教学力的主要组成部分，是影响学校综合竞争力的核心要素。从表面看，高职院校教师教学力与教师团队的各种专业能力有直接关系，实际上，它与整个教师队伍的整体结构也有着紧密的联系。下面将从队伍整体结构和教师专业能力两个方面对高职院校教师教学力的构成要素进行深入分析。

二、高职院校教师教学力的概念分析

（一）教师教学力的内在驱动力

高职教育从培养目标到培养过程处处都凸显其"职业性"的内涵和"针对性"的特征，以培养高技能型人才为目标，按照相关职业的职业类型划分专业，按照相关职业的职业功能来确定专业培养目标，按照相关职业在劳动过程、工作环境和活动空间来实施专业教学，以相关职业在社会上的地位及其社会价值判断力来确定专业的地位。这样的职业活动特点确定了高职院校教师的特殊的专业能力，而这些专业能力必将在教师参与校企合作、专业建设、课程开发、教学实践等项目建设活动中持续发挥作用，成为教师教学力产生的内在驱动力。

1. 自主学习能力

教师的学习与教育教学活动有着天然的本质联系，而高等职业教育作为一种新的高等教育类型，其发展历史不足 30 年，从专业设置到课程体系都没有可照搬的模式，特别是各地正在进行的国家示范性高职建设项目，都没有现成的模板，因此，从教育管理者到普通教师是边学习、边实践、边创新。高职院校教师学习的内容主要侧重于两方面：一是针对教师自身教学行为的改进，这种学习的需要直接来自教学中的问题、教学的方式方法及对学生学习效果的反思，二是针对专业课程体系的构建，这种学习的需要是基于职业教育课程理念下专业教学标准的开发、课程标准的设计。高职院校教师学习的特征则表现为：教师的学习要基于情境、基于问题、基于经验、基于反思、基于实践的改善。作为示范性高职院校尤其需要建立学习型的教师组织，养成教师对新知识、新技术开放悦纳的职业态度，如此才能从教师个体和团队两个层面不断提高教师的继续学习能力。

2. 课程开发能力

教师的课程开发能力自然与其课程意识有着密切的关联。高职院校教师的专业成长并不在于外在的、技术性知识的获取，很大程度上依赖于教师在履行专业职责、完成专业工作任务的过程中，基于一定的教育理论与职业思想，通过与周围，特别是在与职业工作环境相互作用的过程中，所形成的能够指导自身课程实践的关于课程本质、规律及特征的体认[4]。在示范性建设项目中，课程体系重构一直是示范性建设项目中的重点和难点，它要求教师能从高职院校培养目标、人才培养模式、专业定位、职业岗位能力分析出发，树立以职业为导向、突出工作本位学习、突出学生学习情境的课程意识，并能从课程决策、课程目标、课程门类、课程结构、课程内容、课程内容组织、教学模式、课程实施环境、课程评价、课堂层面的职业教育课程等多个层面进行开发[5]。要完成这样一个庞大而复杂的任务，必须凭借整个专业教学团队的集体力量，方能从根本上突破这一难关，而提升专业教学团队的课程开发的能力，加强教师合作能力的培养就显得尤为紧迫。

3. 专业教学能力

职业课程学习的内容倾向于在工作过程和工作任务的基础上采用"主导型问题方法"形成的学习的"主题单元"序列，其基本过程是：从行动领域到学习领域再具体到学习情境下的教学活动，这种课程（特指门类）开发设计过程客观上要求教师至少具备六个方面的专业教学能力：一是专业教学的设计能力。比如教师能将专业教学与典型的职业行动（工作领域）有机整合，并能在此基础上设计学习领域（学习性工作任务）、学习情境和学习项目（课业和工作页）。二是职业教育方法的运用能力。由于在课程的实施过程中，学生是行动主体，要以职业情境中的行动能力为目标，以强调学习中的学生自我构建的行动过程为学习过程[6]，教师须熟练运用适应职业教育特点的教学方法，如项目教学法、情境教学法、案例教学法、角色扮演法、仿真教学法等。三是教学环境的创设与运用能力。职业院校的教学实施环境较传统"教室、黑板、粉笔"等静态的教学环境有很大的不同，新的教学环境是在课堂、实验室、实训室、企业现场之间流动，教师要有能力将多方面的环境资源有机整合，使之有效地服务于教学，必要的情形下，教师还要有能力创设物质条件（如导具、学具、学习资料等）以满足学习情境、互动学习、小组活动的需要。四是与企业沟通协调组织教学的能力。在工学结合的教学模式下，沟通协调已经成为教学组织中不可或缺的组成部分，教师是实现"工"与"学"结合的直接协调人，具体细节上与学校、学生尤其是与企业沟通全是由教师来承担。五是指导学生专业实践的能力。指导学生实践已日渐成为职业院校专业教师的必修课，教师也只有具备指导学生专业实践的能力，才能实现"教、学、做"一体化。六是教学评价能力。教师需能根据促进学生综合职业能力发展的评价导向重设课程考评标准，根据"教、学、做"一体化的教学模式设计合适的考评方法，根据学习领域的特点和教学实施的过程制定考评的具体细则。

4. 技术实践能力

"双师"素质是高素质的技能型人才培养目标和校企深度融合的人才培养模式对高职教师提出的特殊要求，它包括教师的理论素质和技术实践能力。这里的技术实践能力指的就是教师的实际操作能力、教育教学能力、专业技术应用能力的有机整合。由于高职教育活动从本质上尤其强调理论与实践的结合，强调对学生技能和实践能力的培养，所以"双师"素质中的"一师"——技术实践能力就显得尤为重要，对于数控、模具等制造类的专业来说，这种能力更多表现为教师的工程实践能力。教师在组织仿真教学、生产性实训、开发学习领域课程、设计课页和工作页、进行情境教学、编写实训教材等方面几乎都离不开这种能力。具备这种能力，高职院校的教师才能做到与企业新技术、新工艺、新情境、新管理保持零距离接触，并将企业的新需求及时带回到课堂，更好地指导学生学习。

5. 技术开发与服务能力

"辐射服务面向的区域、行业、企业和农村，增强学生的就业能力"是教育部《关于全面提高高等职业教育教学质量的若干意见》（教高〔2006〕16号）中提出的明确要求，按照文件精神，示范高职院校教师的技术开发与服务能力主要体现在以下七个方面：一是与行业企业、专业教学指导委员会共同制定专业教学标准和专业认证体系、开发技术咨询服务和职业技能培训与鉴定的能力；二是与行业企业专家、技术人员合作进行课程开发、职业资格标准修订、参与突出职业能力培养课程标准制定的能力；三是具有进行适应工学结合教学模式的教学研究能力；四是与行业企业共同开发紧密结合生产实际的实训教材的能力；五是按照企业需要开展企业员工职业培训的能力；六是协助企业进行应用技术研究和新产品、新工艺开发的能力；七是利用学校资源、企业设备、现代信息技术开发虚拟工厂、虚拟车间、虚拟工艺、虚拟实验的能力。

（二）高职院校教师教学力的外在呈现形式

高职院校教师的专业能力与其所从事的职业教育实践、研究、技术开发与社会服务等活动有机结合，就能产生强有力的综合效能，其影响力小则影响一个班级学生的专业学习、职业能力水平与毕业就业的质量，大则影响整个院校的办学实力和人才培养的规模与质量。这种影响力，有隐性的，也有显性的，显性影响力就是教师教学力的外在呈现。示范院校教师教学力外在呈现形式主要有：教师教学研究成果、承接的纵向横向研究课题、所获技术专利、年均技术开发和技术服务经费、参与职业鉴定人数、职业技能培训人数、职教师资培训人数、参与境内外培训交流与合作项目、开展信息服务与辐射的广度等。

三、提升高职院校教师教学力的管理措施

为了适应工学结合的要求，结合上述对高职院校教师教学力内涵的分析，笔者提出了六个提升高职院校教师教学力的管理措施，以求教于方家。

（一）以教师个体、专业团队为主体，建立"学院—合作企业"的二元学习模式

具体做法是：有计划选派教师到国内外高校、企业或研究所等接受培训，学习最先进的技术，并要求教师到生产第一线去指导实践，参与企业座谈会、企业实习项目与考察、有关工作培训项目、实际工作项目开发，在"实训型"锻炼中培养教师的学习能力；以一门课程、一个项目、一个教学设计为任务单元，在具体的课程开发和教学设计的过程中提高教师的学习能力；鼓励教师积极开展教学研究，承担并完成各级教学研究项目；定期组织由职教专家、学院职教研究人员、专业负责人、骨干教师等不同层次人员参加的学术研讨会。

（二）以两级重点专业建设为龙头，挖掘专业教学团队和"双师型"教师资源

具体做法是：建立课程开发激励机制，确保教师进行课程开发所需

要的人力和物质资源；组建由专业带头人、骨干专业教师、行业专家、课程专家共同构成的课程开发团队；开展基于工作过程的专业课程体系研究，进行本专业基于工作过程体系开发，力争专任教师都能按照工作过程导向的课程理念设计教学活动方案，每个专业教师能承担一门专业课程基于工作过程的课程开发任务。

（三）以行动导向的专业教学能力为目标，重点培养教师五种教学能力

具体做法是：由学校和企业共同制定《学生实践、实训教学管理条例》《教师参加实践活动管理办法》等制度，为实现"教、学、做"一体化教学提供制度保障；按照高职院校教师的职业属性，制定包括专业教学的设计能力、职业教育方法的运用能力、教学环境的运用与创设能力、组织教学与企业的沟通协调能力、指导学生专业实践的能力、教学评价能力等五种专业教学能力在内的教师专业能力考评标准；建立适应工学结合的柔性化教学管理机制和与"教学做"一体化教学模式相匹配的教学评价标准，定期组织专任教师开展教学比赛；建立符合工作过程导向、学习领域课程理论要求的课业设计标准，每年组织教师课业设计评比；每年组织优秀学术论文评选和奖励，并召开学术年会展示教师开展教学改革与教学研究成果。

（四）完善校企合作机制，加强教师与企业新技术、新工艺、新管理零距离接触

具体做法是：建立和完善校企合作运行机制，制定《教师参与企业实践管理办法》《兼职教师管理办法》等规章制度；设立青年教师到企业实习锻炼的常规制度；有计划地选派专业带头人、骨干专业教师到知名企业挂职锻炼，进行技术培训，零距离学习企业新工艺、新技术、新的管理理念；定期聘请企业技术权威与技术大师对教师作专业发展前沿的技术讲座，开拓教师的技术视野；和企业能工巧匠与技师、企业技术人员共同承担实习、实训、实践教学任务，零距离交流，提高技术实践

能力。

（五）制定政策，鼓励专业教师拓宽横向项目市场，积极与行业、企业合作

具体做法是：完善鼓励教师开展科技开发与服务的政策和相关制度，组织教师承接各级纵向横向课题；利用学院科研和技术服务平台，与行业企业合作开展应用研究和技术开发；积极开展各类社会服务活动，促进技术开发与服务能力的提高。

（六）健全教师教研科研绩效考核机制，依托研究所和各种学会开展活动

通过各种媒体搭建研究与交流平台，全面展示教师在职业教育实践、教育教学研究、技术开发与社会服务等领域的科研成果，力争做到教师教研科研常规化、管理项目化、结果成果化、评价绩效化。

◉ **参考文献**

[1]舒昌，李光明.高等职业教育的本质属性及其培养模式研究[J].产业与科技论坛，2007(3).

[2]张健.试论高职教育的"四主"发展观[J].中国高教研究.2008(8)：74.

[3]苏志刚，叶鹏.准确把握示范性院校建设对教师的要求[J].中国高等教育，2007(23).

[4]赵炳辉，熊梅.教师课程意识与专业成长[J].教师教育研究，2008(1)：3.

[5]石伟平.职业教育课程开发技术[M].上海：上海教育出版社，2007(10).

[6]姜大源.当代德国职业教育主流教学思想研究[M].北京：清华大学出版社，2007.

高职院校"双师"教师队伍建设的案例研究

　　高等职业教育的类型属性和工学结合的教育环境，对高职院校提出了建设"双师"教师队伍的客观要求，其内涵，既包括针对教师个体的"双师"素质①，也包括对教师整体的"双师"结构②。由于中国高职发展的历史原因及高职院校发展所处阶段的特殊性，高职院校"双师"教师队伍建设既没有系统的管理理论，也没有直接照搬的实践模式，特别是在合作教育背景下，高职院校教育投入总量不足，生源急剧增加，高职院校"双师"教师队伍建设涉及的因变量多，不可控因素多，短期内欲提升队伍的结构和素质，难度大，任务重。因此，必须密切联系实际，走创新发展之路。本篇针对武汉职业技术学院 2007—2011 年"双师"教师队伍建设的理念、方法进行个案研究，试图在总结经验基础上，分析问题，提出构想。

一、研究基础

　　在示范性高职院校建设之初，和国内其他同类高职一样，武汉职业

---

① 参见对《高职高专人才培养工作水平评估方案(试行)》指标内涵的解释。
② 参见教育部《关于全面提高高等职业教育教学质量的若干意见》(教高〔2006〕16号)中"注重教师队伍的'双师'结构，改革人事分配和管理制度，加强专兼结合的专业教学团队建设"的解释。

技术学院教师队伍的基础也比较薄弱，2008 年对校内教师的抽样调查发现①，教师队伍的基本情况是：（1）教师队伍年龄结构老化，教师中高级职称比例偏低，专任教师队伍的中间力量还相对薄弱；（2）教师队伍的学缘结构单一，教师师范性素质不足，高学历人才相当缺乏，尤其是职教师资相当稀缺；（3）教师队伍的"双师"素质、专兼比例偏低，专任教师中"双师"素质教师占比为 38.99%，专任教师与兼职教师之比为 1：0.27，与教高〔2006〕16 号文件提出的提高教师队伍"双师"素质比例的建设目标有相当大的差距。

自国家示范性高职院校建设以来，武汉职业技术学院以国家示范性建设和人才培养工作水平评估等重大事件为契机，在国家、地方及学校三方合力作用下深入推进教师队伍建设，逐步摸索了一条从顶层设计到立体贯注的"双师"教师队伍发展路径，取得了显著成效（表 3-1）。通过比较 2008 年、2011 年学校教师队伍素质与结构的数据不难发现，与"双师"教师队伍相关的几组关键数据均呈显著增长态势，可见，在过去五年中，学校教师队伍的"双师"素质与结构均得到了明显提升②。

二、分析与归纳

教师队伍建设之所以取得如此明显的成效，与学校在队伍建设中的理念创新和路径创新密不可分。在此，我们从理论和实践两个方面对其具体的实现方式进行研究和探讨，以求获得全面而系统的认识。

（一）提出"教师教学力"新概念，并以"教师教学力"理论框架作为"双师"教师队伍建设的顶层设计

为了建立一支适应工学结合的教学模式的"双师"教师队伍，及时满

---

① 此处相关数据均来源于《高职院校教师培训体系研究》（项目编号 2007826D，研究报告已结题）。

② 认定条件参见《武汉职院"双师"素质教师认定与管理办法》。

表 3-1　武汉职业技术学院 2008 年、2011 年教师队伍素质与结构数据比较

教师队伍素质与结构指标	2008 年数据	2011 年数据	增长率
校外兼职教师总数	229	651	增长 184.3%
校内教师性别结构占比(男/女)	44.15/55.85	44.53/55.47	基本持平
专任教师专业技术职务结构占比(高级/中级/初级)	25.12/21.37/34.17	30.94/38.28/21.72	5.82/16.91/−12.45，中高级职称比例增长较为明显
校外兼职教师专业技术职务结构占比(高/中/初)	36.68/24.89/4.8	24.12/24.58/5.38	−12.56/−0.31/0.58，高级职称比例有所下降
校内专任教师"双师"素质结构占比	48.05%	76.25%	增长 28%，"双师"素质比例显著提高
校内专任教师学历学位结构占比(博士研究生/硕士研究生/本科/专科)	0.62/28.55/68.33/2.5	0.63/32.5/62.97/2.34	0.01/3.95/−5.36/−0.16，博士学历人员比例基本持平
专任青年教师(45 岁以下)具有研究生学历或硕士以上学历的比例情况	具有以上学历的占 49.69%	具有以上学历的占 67.88%	增长 18.19%，青年教师比例显著提高
教授"(理论+实践)课"和"纯实践课"课程的专任教师中"双师"素质比例	35.11%	72.46%	增长 37.35%，专任教师中"双师"素质比例显著提高
教授"(理论+实践)课"和"纯实践课"课程的校外兼职教师"双师"素质比例	1.81%	23.93%	增长 22.12%，校外兼职教师"双师"素质比例显著提高

足因专业设置、课程模式及教学模式改革的紧迫要求，学校提出了"教师教学力"新概念，重新建构高职教师专业发展的能力结构体系，调整并完善了工学结合环境下对高职教师的价值标准。在这里，"教师教学力"特指高职院校专业教师队伍的自主学习能力、课程开发能力、专业教学能力、技术实践能力、技术开发与服务能力，以及这些能力在与教师参与的教育、教学、科研等实践活动时有机结合、相互促进、共同形成的综合实力。教师教学力与教师个体的各种专业能力直接相关，也与教师队伍的整体结构紧密相连。

"教师教学力"并不是一个孤立的概念，而是放置于系统之中的核心概念，在实践和研究的基础上提炼并形成了完整的理论架构。基于综合管理力提升的需要，武汉职业技术学院以"五力"（领导力、教学力、学术力、文化力、执行力）建设为系统，建构了包括教师教学力、学生学习力、教学管理力、教学支撑力为主要内容的"教学力"建设体系，教师教学力成为学校"教学力"建设的核心内容（图3-4）。

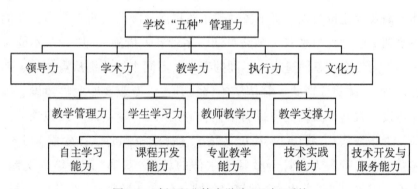

图3-4 武汉职业技术学院"五力"系统

"教师教学力"的核心价值具体凸显了高等职业教育从人才培养目标到培养过程中"职业性"要求和"针对性"特征，概念中提到的五种能力，是高职院校教师在从事职业活动过程中必须具备的核心专业能力，而这些专业能力必将在教师参与校企合作、专业建设、课程开发、教学实践等项目建设活动中发挥关键作用，以此作为"双师"教师队伍建设的顶层目标和基本内容，为学校各层级、各类别教师队伍"双师"建设工作的整体推进提供明确的指南。以"教师教学力"为顶层，按照"素质与结构并举、学术与技能共进"的工作思路，层层宣贯"教师教学力"核心价值，重点推进专任教师队伍"双师"素质提升和"双师"结构优化。

"教师教学力"理念为高职院校教师专业成长及高职"双师"教师队伍建设提供了新的理论参考。"教师教学力"是基于高等职业教育的属性特点和职教师资的专业发展要求建构起来的新概念，其核心理念反映了高职教育教师文化的精神特质和价值追求，为高职院校"双师"教师队伍的管理创新提供了一种新的理论参考。

（二）从点、线、面不同层次立体贯注，培训专兼职教师的"双师"素质

由于高职院校"双师"教师队伍建设基础薄弱，国家在职教师资培养体制上也存在先天缺陷，所以，培训是短期内提升高职教师"双师"素质和改善队伍"双师"结构最快捷的路径。为了提高教师队伍整体层面及专业带头人、骨干教师等个体层面教师的素质与能力，我们在培训实施过程中采取了多路贯通、多管齐下措施，即"针对不同层次、不同角度、不同过程、不同的事件、不同主体分别从点、线、面切入"的立体贯注形式。具体实施路径是：以专业及专业群建设、师德建设、教学团队建设项目为依托，分别从点（专业带头人和骨干教师、青年教师）、线（专业及专业群）、面（学校和各二级学院）切入，建立以专业带头人、骨干教师为主体的教师"双师"素质培训机制，实施"请进来"、"送出去"的培养策略，使专任教师的"双师"素质得到全面提升。

"系统建构—顶层设计—立体贯注"的建设路径为高职"双师"教师队伍建设提供了一种方法借鉴。高职院校"双师"教师队伍建设是一项系统工程，通过"系统建构—顶层设计—立体贯注"，把"双师"教师队伍建设纳入学校的战略规划；以"教师教学力"为核心的顶层设计提供明确的目标和行为指南，通过点、线、面立体贯注使教师个体的素质培

养和队伍整体的结构优化都得到兼顾。

（三）发挥专兼职教师结构效能，打造高素质"双师"教师专业教学梯队

按照系统论的观点，系统的整体效率并不是单个神经元个体效率的简单相加，"整体的功能等于各部分功能之和加上相互联结的功能"[1]，系统的结构功能大于要素的简单相加。为了充分发挥专兼职教师队伍的结构效能，学校按照"优势发展"和"互补共享"的基本原则，整合专业教学团队成员在教育教学水平、专业操作示范技能、专业理论知识等方面的个体资源，充分发挥专兼职教师结构效能，并在合作教育过程中，形成了由专任教师和企业兼职教师共同构建的阶梯性、互补性、开放性的专兼结合的"双师"结构的教师队伍，逐步使高职院校专兼结合的专业教师队伍达到合理的比例，形成了以国家和省级教学名师、楚天技能名师为引领，以专业带头人、骨干教师为中坚力量的专业教师为主体的金字塔形教学梯队（图 3-5）。

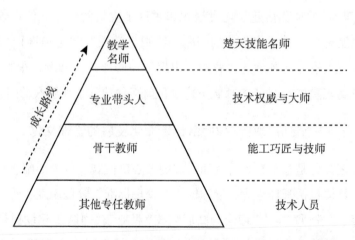

图 3-5　武汉职业技术学院"双师"教师队伍金字塔形结构梯队

（四）主动适应工学结合的职业教育环境，创新"双师"教师队伍管理制度

按照职业教育教学过程实践性、开放性、职业性的要求，学校明确了专业带头人、骨干教师、课程负责人、"双师型"教师的选拔和认定标准，创建了一系列的专兼教师队伍的管理制度，包括《专业带头人、骨干教师的选聘培养和管理办法》《"双师"素质教师认定与管理办法》《教师参加实践活动管理办法》《"楚天技能名师"管理办法》《企业兼职教师管理办法》等，为专兼职教师队伍发展创建了必要的管理制度。同时，学校以新一轮人事分配制度改革为契机，建立以岗位绩效考核为重点的收入分配新机制。

三、案例反思

建立"双师"教师队伍是高等职业教育类型属性和高职院校可持续发展的根本要求。武汉职业技术学院探索的创新发展路径，确实为高职院校"双师"教师队伍建设与发展积累了许多宝贵的经验，但在管理实践中也发现了一些不容忽略的问题，特别是学校在制定和推行"双师"教师队伍人事分配制度的过程中，出现了一些死角性问题，很难突破。这也是高职院校"双师"教师队伍建设目前面临的几个深层次的问题。

（一）缺少支持"双师"教师队伍专业化发展的管理文化

管理文化是基于教育管理而形成的核心价值观、行为准则、精神和理念，具体包括管理理念、管理模式、管理标准、管理制度、管理方法等内容。"教师教学力"理念为高职院校"双师"教师队伍建设提供了一种理论上的构想和设计，但在现实层面，并没有适宜高职院校"双师"教师队伍专业化成长的管理文化。

1. 从职业教育层类视角看，高职院校教师享有的政策环境与所从事的"高等性"、"职业性"教育活动并不匹配

终结于大专层次的职业教育体系极大地削弱了高职教育社会吸引力，社会对高职教育普遍认同度低，这种文化折射出对高职教师的低认同和低期望。复杂的校企合作环境对高职教师提出"五种"关键能力的复杂要求，而针对高职教师的政策与制度设计，都是普通高校教师管理制度的复制或下移，教师的"双师"素质、技术开发与服务能力、企业实践经历等职业教育属性要求并没有相应的制度支持。

2. 从精神层面看，没有树立对高职特色文化的精神信念，就没有高职特色教师文化的自信

教师文化从深层支配着教师的一切教育行为。如果教师群体缺乏对高职教师文化品位及涵养的理性觉醒，队伍建设将缺乏活力，教师主体将缺乏动力。在就业导向和能力本位的目标作用下，工学结合的教育环境使高职教师固有的教学习惯和角色定位都被打乱，而以市场需求为导向的专业开发、以工作过程为导向的课程开发、"教学做"一体化的教学活动、常规化的企业培训和职业教育培训占据了教师大量精力，在应付繁重教学任务、项目开发和企业实践等繁杂的"工作任务"之中，却渐渐迷失了作为一名高校教师、一名"双师"型的研究者对高职特色的人文精神、科学精神、自由独立精神应有的追求。

3. "目标—手段"的管理运行模式比较忽视"双师"教师的职业内涵

从学校内部管理模式看，高职院校普遍推行的是公司、企业中流行的"目标—手段"模式，这种模式重视的是组织的价值，而不是每个成员的价值[2]，"目标—手段"的管理运行模式更加关注教师从事教育活动所具备的理性工具，比如年龄、学历、职称，而比较忽视教师职业内涵中最关键的教师角色转换、"双师"素质的有机结合、教育活动中的改革与创新、教师人格魅力对学生的影响。特别是在管理运行中，行政化的倾向还会进一步强化高职教师工作性质的工具性，弱化教师的生涯发展和专业成长。

4. 制度的设计与实施缺乏有利环境的支持

虽然按照多级递阶控制原理[3]，我们建立了专兼职教师的梯队结构，突出了专兼职各层级教师资源的异质性与结构性，但由于在宏观制度环境上缺乏有力的支持，致使在许多制度的设计与实施上，比如在教师引进、人才选拔、教师考评与晋升等触及激励与分配等根本性的问题时，就很难深入落实。

(二) 渐进决策方法本身存在局限

高职院校"双师"教师队伍建设的起点低、基础差，队伍建设受主体、政策、经费、场地、时间等不定因素制约明显，导致学校管理者只能选择渐进决策方法，即"管理者可以在既有合法政策的基础上对现行政策加以修改，通过一连串小小的改变，在社会稳定的前提下，逐渐实现决策目标"[4]，如此才能在短期内有效避免贻误时机及时间与经济成本的高付出，但渐进决策方法本身也有其局限。

1. 渐进决策方法主张的微观层面的修复解决不了教师队伍建设的根本问题

渐进决策一般是基于宏观体制、政策、制度相对稳定状态下的理想决策方法，而目前国家对高职教师培养体制、政策、制度有许多的缺失、不确定或严重滞后现实发展需求的情形，必然会在学校操作层面埋下许多障碍，而对政策本身的不确定或突变，渐进决策方法主张的微观层面的修修补补解决不了根本，比如在高职院校教师人事分配制度的政策制定方面就存在太多的难题和无法把控的盲区。

2. 渐进决策受到决策者认识能力与职业教育发展进程的制约

渐进决策受"决策者本人富有想象的创见"的影响明显，受决策者自身个体认识能力和高职教育发展阶段与水平的制约，这种"摸着石头过河"的实践路径，避免不了决策理性有限或科学依据不足。武汉职业技术学院的"双师"教师队伍建设案例，只是提供了一种有用的思想和方式，可行，可借鉴，但不一定可以完全复制。

(三)"双师"教师队伍建设管理实务中存在一些疑难问题

1. 缺少一支与国家示范性高职、区域引领发展相匹配的高水平的"双师"教师队伍

通过多年的建设,教师队伍的素质与结构虽有明显改善,但与学校发展的规模和已有的声望很不匹配,"双师"教师队伍在结构上还存在许多问题,比如:高学历(博士研究生)仅占教师队伍的 0.6%,正高职称比例低于同类高职院校,校外兼职教师专业技术职务结构还有所下降,等等。如何吸引和留住高层次教师资源和兼职教师中的高端人才,构建引领高职学术发展高水平的科研创新团队,提升"双师"结构层次依然是队伍建设的第一要务。

2. 与工学结合、一体化教学相匹配的教学管理专业化、精细化水平尚需提高

这里所指的专业化管理,是基于教育科学的要求,必须遵循高等教育的基本原则和教育规律,按照教育学、心理学、教学法的基本理论指导教育及管理实务;精细化是基于管理科学的要求,在教师管理的具体环节上,必须加强规范化、流程化、标准化管理,特别是对专业教师下企业指导学生顶岗实习的教学管理更应该如此。

四、研究展望

作为国家示范性建设高职和中部高职院校的代表,武汉职业技术学院"双师"教师队伍建设个案中存在的问题,在一定程度也具有普遍性。针对上述问题,笔者对高职院校"双师"教师队伍建设提出三点建议。

(一)培育适应高职院校"双师"教师专业成长的教师文化

文化人类学认为,教师的特质在于他首先是一种"文化"的存在,教师文化是体现教师特质的一个重要本体性指标,是教师表现自我、建构自我、发展自我的必经之途[5]。"双师"教师专业成长的主流文化,其本质是根植于合作教育的环境之中。应当尽快除掉职业教育在层次结构上的短板，通过社会舆论、政策引导、学校培育、企业支持等多方合力共同培育高职特色的大学精神和适宜"双师"教师专业化发展的教师文化，建立具有高职特色的专业领域和学术阵地，倡导"以人为本、以能为动"的精神信仰和"能本乐业、经世致用、重技崇学、严谨务实、开放融合、竞争图新"的核心价值，在工学结合的教育实践和应用技术的开发、研究与服务中重塑高职教师形象，树立"双师"教师信念，确立高校教师的角色自信。

(二)创建适宜"双师"教师队伍专业化发展的制度体系

高职教师专业化发展是凸显高职教育高等性、职业性的重要战略，"双师"教师队伍则是高职教师专业化发展的本质要求。现有管理制度的上层目录，几乎没有针对高职"双师"教师管理制度的系统设计，致使院校层面的制度创新，只能是移花接木，不能满足高职教师专业化发展的要求。我们必须根植于职业教育的体系结构中，创建适宜"双师"教师队伍专业化发展的制度体系。

(三)引鉴现代人力资本管理理论于"双师"教师队伍管理之中

传统的人事管理，侧重于从学校的教育教学工作出发，以"管"为主，以"事"为主，在规范化运行和提高教师管理执行力方面一直发挥着重要作用，特别是在示范性高职建设、人才培养水平评估等重大项目的推行中，传统的方式简便易行好操作。为了突出高职教师在职业教育活动中的能动性，充分挖掘高职教师的教育潜能，合理配置教师队伍的结构与素能资源，在"双师"教师队伍的招、录、训、升、酬、考、评等具体实务中，也必须大量应用人力资源管理的理念和模式。然而，随着知识性要素在社会发展与经济增长中"引擎"作用日益凸显，人力资源资本化管理成为必然。高职院校教师队伍的管理实践只有在人事管理和人力资源管理的基础上，大胆引入人力资本的概念，树立以投资理念、投资效率和产权概念为基础的教师队伍管理理念，才能充分调动教师的主动性，从而从根本上提升"双师"教师队伍的结构层次，吸引和留住专兼职队伍中的高端人才。

◉ 参考文献

[1][美]L. 贝塔朗菲. 一般系统论：基础·发展·应用[M]. 秋同，袁嘉新，译. 北京：社会科学文献出版社，1987.

[2]徐国庆. 高职教育高等性的内涵及其文化分析[J]. 中国高教研究，2011(1)：68-70.

[3]郑英隆. 论大企业人力资源多递级管理模式的确立[J]. 求索，2001(1)：33.

[4]丁煌. 林德布洛姆的渐进决策理论[J]. 国际技术经济研究，1999(3)：33-34.

[5]张东，李森. 论教师专业发展的实然困境与应然向度[J]. 教师教育研究，2011(5)：41.

高职院校教师人力资本激励研究

一直以来，激励成为高职院校教师队伍管理中的难题，一是因为激励与动机有关，而动机是看不见摸不着，教师取舍动机的方式以及追求这些动机的驱动力存在很大差异；二是因为我国高校教育体制目前也处于从计划管理向市场管理过渡的转轨时期，与教师激励相关的机制建设尚不完善；三是因我国社会对高校教师职业本身的特殊要求，不可能对公立高职院校教师实施完全意义的产权激励，而人力资本的基本属性就是产权属性，解决这类矛盾也是个难点。

基于管理实践的要求，进行高职院校教师人力资本激励研究确有必要。但从 CNKI 数据库文献搜索显示，截至 2001 年，以"高校教师"、"人力资本"为主题搜索的文献共 64 篇，其中，硕士论文 5 篇，期刊论文 57 篇，会议论文 2 篇，其中 70% 的研究都与教师激励机制相关，而针对高职院校教师人力资本激励方面的理论研究至今并无文献记录，这说明有关高职院校教师人力资本的激励研究尚处于萌芽时期。所以，我们有必要进行高职院校教师人力资本激励方面的基础研究，希望本文能为高职院校教师队伍的管理实践特别是激励机制建设提供理论参考。

一、高职院校教师及教师人力资本的概念界定

(一) 高职院校教师的概念

关于教师的界定，有广义与狭义之分。圣贤文化时代，"师者，所以传道授业解惑也"（韩愈语）；现代专业文化时代，"教师包括教

育教学、学生指导、参与管理与进修培训等权利及相应义务的独立个体……教师的角色是创新者、引领者、协商者、反思者、研究者"[1]。基于两种对教师角色的诠释可以得出广义概念的教师：教师即为教育者，无论是学校的专门教师还是教育管理人员都是教育者，他们都是以教书育人、管理育人、服务育人为本职。而狭义意义里的教师是专指"以系统的专业知识服务社会、完善自我、拥有教育教学的专业自主，是教育教学的专门人员"[2]。我国教育法对高等教育教师的合法资格明确规定为取得高等学校教师资格证并具备研究生或者大学本科学历，所以，狭义的高职院校教师特指具备专门教育能力或取得高等学校教师资格证、专门在教师岗位上从事专门教育教学的教师集体。

(二) 高职院校教师人力资本的概念

舒尔茨(Theodore W. Schultz)最早明确提出了人力资本的概念：人们通过诸如教育、培训等有目的的投资而获得的凝结在劳动者身上的经验、知识、能力和健康等形式的资本。舒尔茨认为：估算人力投资，"原则上可以选择另一种方法，就是用它的产量而不是用它的成本……通过人们所挣的工资和薪水产生影响的方式与市场保持着联系，由此产生的收入便是这类投资的收益[3]。

高职院校教师人力资本概念实际上是由高职院校教师和人力资本两个概念相加所形成的一个复合概念，即通过诸如教育、培训等有目的的投资而获得的凝结在高职院校教师身上的经验、知识、能力和健康等形式的资本。

二、高职院校教师人力资本激励的价值分析

人力资本是一种"活"的资本，是一种难以监督或监督成本很高的资本，其价值的发挥不能依靠"压榨"，只能依靠"激励"，人力资本的创新活动产生的边际收益递增程度取决于对其激励的适当性[4]；另外，

"活"的人力资本是可以到处流动的，而流动本身也会给学校带来风险，而适宜的激励，不仅能提高效率，还能留住人才。在高职院校这个典型的知识密集型组织里，只有教师人力资本得到了充分激励，学校的竞争力才能从根本上得到提升。

激励也是人力资本个体正常的心理需求。无论管理人员，还是专业教师，都是高职院校的教师人力资本，其形成的过程也都是高投入的结果。专业教师的专业性更强，除了对教师本身在知识结构、身体素质、人格结构、师德水平方面的要求之外，还对其技术实践能力、专业教学能力、技术开发与服务能力都有特别要求。按照理性人的假设，拥有这些不寻常的资质群体，追求相应的物质回报和精神享受是教师个人正常的心理需求。

因此，无论是对教师个人还是学校，激励都是至关重要的。考虑到激励是一种对应性很强很复杂的活动，不同的人需要、动机不同，激励的方式方法大相径庭，故而，高职院校教师人力资本激励研究，须从教师人力资本的特征切入。

三、高职院校教师人力资本的激励分析

(一) 高职院校教师人力资本的总体结构

经济学家舒尔茨按照人力资本异质性标准把人力资本分成一般型人力资本、专业型人力资本和创新型人力资本三种类型，国内学者按照人力资本的层次及对组织的影响力和贡献度将其分为一般性人力资本、专业性人力资本和管理性人力资本(也称企业家人力资本)。依照国内学者的分类方法，高职院校教师人力资本的一般性人力资本对应的角色是基层操作人员，在教育与管理的基础性工作中发挥作用；专业性人力资本对应的角色是中基层的管理者和专业人员，以不同程度的智力和创造性劳动参与教育教学改革及管理创新；管理性人力资本对应的角色则是学校的高层管理者和决策咨询者、重大项目的组织设计者，他们可以直

接参与学校的组织设计、战略决策、品牌提升和资本运作(图3-6)。需要说明的是,结构分类只是一个相对划分,不排除同一主体具有"双重"人力资本的类型特征,比如中层管理者及二级学院院领导既是管理性人力资本同时也是专业性人力资本,考虑到其工作重心,而把它归为管理性人力资本一类。

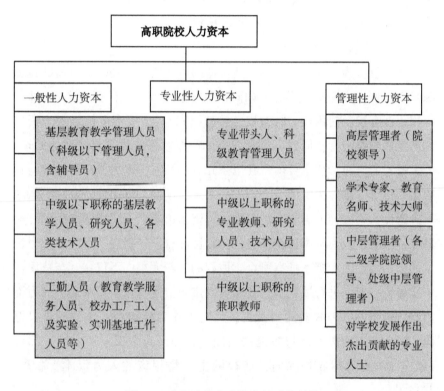

图 3-6　高职院校人力资本的总体结构

(二) 高职院校教师人力资本的基本特征

1. 高职院校教师人力资本的结构特征

按照上述分类,高职院校教师人力资本主体集中在专业性人力资本和管理性人力资本两个层次。专业性人力资本和管理性人力资本具有某项特殊专业知识和专门能力，他们一般都接受过特殊专业知识的正规教育或在职培训；在专业性人力资本和管理性人力资本中的少数创新人力资本，更具有多方面的异质性，比如专家型的高层管理者、专业性学术型名师、在学校和行业均具决策影响力的高层管理者等，其价值优越性、不易仿制性和不易替代性，可以使学校在创造价值和降低成本方面比竞争对手更优秀，一旦流失，将会给整个学校带来巨大损失。

2. 高职院校教师人力资本的产权特征

(1)人力资本的产权特征

马克思认为，人力资本是创造价值的可变资本，是剩余价值的真正源泉[5]，所以人力资本所有者如同物质资本所有者一样拥有产权(即所有权、占有权、使用权、收益权、处分权)。人力资本个体是人力资本的最主要的投资者，所以，享有应有的产权才符合公平与效率的原理。人力资本的产权特征主要体现在以下几点：第一，人力资本所有权与其载体的不可分割性决定了人力资本的主观能动性、排他性、实际贡献的不确定性；第二，人力资本产权在人力资本市场上不同主体之间的可交易性；第三，人力资本价值信息的隐蔽性和难以计量性；第四，人力资本的市场性，人力资本拥有剩余索取权的份额大小，不仅靠其与物质资本所有者一对一进行谈判，还要靠其在市场上进行竞争；第五，人力资本在市场中的未来收益的可抵押性，它可作为分担企业风险的重要筹码；第六，人力资本产权权能的关闭性，即当人力资本产权的一部分(或全部)被限制或删除时，产权的主人将相应的人力资本"关闭"起来[6]。

(2)高职院校教师人力资本的产权特征

我国高校的管理体制正处于由计划经济体制向市场体系转轨阶段，公立高职院校教师人力资本同其他公立高校教师人力资本一样其产权归属也都处在由计划经济体制向市场经济体制转变之中，表现出明显的"计划与市场"并存的特征。一方面，公立高职院校教师资源主要由政府统一配置，教师人力资本产权属于国家所有，政府对教师的"流动"拥有一定控制权；另一方面，由于市场经济在资源配置上所产生的作用越来越大，高职院校教师与政府、学校之间基本上是在自愿基础上的市场契约，教师人力资本产权主体地位有明显提升，比如政府对教师权力一定程度上下放、推行教师聘用合同制、教师有权选择进入或退出、教师对自己的研究项目及科研成果也有相对支配权等。

但整个高校教师人力资本产权市场化进程还非常缓慢，目前所采用的薪酬制度是以津贴制替代行政级别工资制。随着高等教育市场化改革的进一步实施，教师人力资本产权出现了许多"制度真空地带"[7]，高职院校教师是否能够获得或者在多大域限内可以获得剩余索取权或控制权的问题，成为高职院校教师产权设计争议和关注的焦点。总之，现行的津贴制并没有体现对高职院校教师产权自主性的明确激励。

(三)高职院校教师人力资本的激励分析

1. 人力资本的素能及层类结构不同，其需要的层次、期望概率也就不同，激励的方式方法自然就不同

高职院校教师人力资本基本上是以专业性人力资本和管理性人力资本为主，而这两类人力资本都可以归类为知识型的人力资本。研究者认为，知识型的人力资本，专业技能强，个人素质高，学习能力强，创新能力旺盛，执着于对知识的探索和真理的追求而比较蔑视其他权威。这类人力资本的需要层次已经上升至尊重和自我实现的高度[8]。当然，在现实环境中，金钱虽然不是第一位的激励因素，但仍是很重要的激励因素之一。

2. 高职院校教师人力资本的产权激励

从理论上讲，人力资本如果能参与收益分配则其实际上是人力资本产权的回归，就能使所有的外部的激励内部化，成为最有效的激励方式和手段，但由于经济转型期的市场制约及我国公立高职院校所承担的特殊社会职能要求，完全意义的产权激励并不现实。随着高等教育市场机制、高等职业教育合作机制、教师管理评价机制日趋完善以及高职院校对教师的管理自主权的逐步扩大，学校可以并且有能力在适当范围内考虑对教师人力资本产权的部分回归，特别是对教师的科研项目支配权、学术权、技术专利权及科研成果转换中的利益分配权，从而使广大教师由内而外得到激励。

四、高职院校教师的激励调查与分析

此前，江苏大学许爱丽在 2008 年对来自全国各省市的高职高专教师培训班成员进行了关于高职教师激励的问卷调查，在满意度方面，教师满意度较高的因素依次为：与领导、同事的关系，学生对您的认可和尊重，科研方面采取的措施，校园环境；教师满意度较低的因素依次为：个人进修，深造的机会，收入水平，学校的师资队伍建设工作。高职院校教师需要与激励因素调查结果显示，教师最重要的需要与激励因素依次为：健康的身体，良好的教学和科研条件，学校的制度与管理，能施展才能的工作，公平的竞争环境等。问卷和访谈调查说明物质激励、环境激励是非常重要的激励手段，政策激励、精神激励对教师工作积极性的调动也有不可或缺的作用。

对不同职称教师需要差异的调查显示，生存需要中职称越高，对工资待遇的需求越强烈；关系需要中，高职称教师更希望受人尊重，获得社会地位，中级职称教师更关注通过工作获得奖励与荣誉、领导的认可与赏识，初级职称教师更看重融洽的人际关系和工作氛围；发展需要中高职称教师更希望具备良好的教学和科研条件，能够运用知识、经验参与学校的决策管理，中级职称教师更重视职称与职务晋升和从工作中获得成就感，初级职称教师更希望获得能施展才能的工作与进修、深造的机会，从而实现个人发展[9]。

五、高职院校教师人力资本激励机制创建

(一)建立高职院校教师人力资本的激励模型

基于上述对高职院校教师人力资本的结构、激励特征分析及现状调查，可以将高职院校教师人力资本的众多激励因素归纳为四种类型：长

期激励因素、短期激励因素、物质激励因素、非物质激励因素。根据这四种类型，可以建立教师人力资本激励的"全方位"模型(图 3-7)。

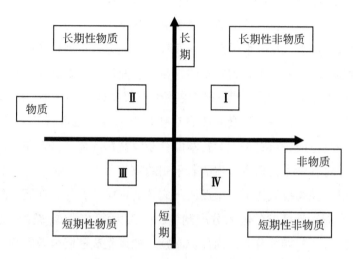

图 3-7 人力资本激励的"全方位"模型[10]

(二)设计高职院校教师人力资本的激励指标体系(图 3-8)

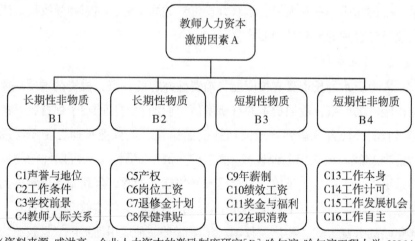

(资料来源:戚洪亮. 企业人力资本的激励制度研究[D].哈尔滨:哈尔滨工程大学,2006.)

图 3-8 高职院校教师人力资本的激励指标体系

(三)创建高职院校教师人力资本激励机制

1. 建立以人力资本为基础的收入分配制度

人力资本的产权本质应该归属于资本载体,但人力资本产权主体所拥有的人力资本产权一般呈现出非完整性,人力资本承载者虽然是人力资本的必然所有者,但人力资本的收益权、使用权、处置权必然要受到相关产权主体的制约[11]。高职院校教师产权主体是多元的,教师个人只是必然所有者之一,社会和政府对教师人力资本也进行了大量投入,虽然这些主体所看重的是人力资本的社会效益和整体经济效益,但并不等于放弃对教师人力资本产权的若干制约权。

所以,在高校人力资本市场尚不成熟的现阶段,建议在高职院校建立以人力资本为基础的收入分配制度,使人力资本载体(教师)凭借人力资本投入参与剩余分配从而形成激励。如果把高职院校教师的工作简化分为教学和科研两大部分,考虑到教学工作中教育服务提供者和消费之间高度的信息不对称性,教学工作部分的分配权由学校所有;而科研工作,是由国家、学校投入的科研经费与教师人力资本共同结合,为充分体现人力资本在科研工作中的高质量、高创造的劳动价值,其科研成果所得由物质资本和人力资本双方投资者共同享有,国家和学校可以逐渐放开对教师的产权激励形式。

2. 实施年薪制

人力资本的投资具有投资性与消费性并存的特点,投资的本质是要取得经济的回报,收回成本并有所增值,而消费的目的在于保持良好的健康状况,使自身得到物质或精神上的愉悦。如果把长期性物质激励(如产权激励)效果形象地说成是"望梅止渴"的话,那么短期性的物质激励更能使人产生满足感、安全感和幸福感。通常,年薪制是以年度为单位,依据学校的办学规模和办学业绩,确定并支付给教师人力资本个体年薪的分配方式,相比产权制,年薪制是一种适用面更广、见效更快的短期性物质激励。在年薪制中,教师人力资本报酬=教师工资+风险收益,教师人力资本具有参与分配特权,所以,年薪制将是短期性物质激励中效果最明显的一种。

3. 声誉及地位激励机制

针对高职院校教师人力资本需要层次上移的特点，学校在设计物质激励的同时，必须同时考虑长期性非物质激励。声誉即声望名誉，它是一种外部的荣誉，是人贡献社会并获得社会承认的标志，地位即一个人在社会中的职务、职位以及由此显示的重要程度。声誉及地位都属于人的社会需要，如果用马斯洛的需要理论来定位，人们对声誉与地位的向往与追求可以满足多种层次的需要：社交的需要、尊重的需要、自我实现的需要。

相比薪酬激励和产权，声誉与地位激励只是一种隐性的激励，但却能收到比物质激励更持久的激励效果，比如：对教师职业美誉激励（如国家名师、省级名师、师德楷模、师德标兵等称号）、对学校决策的参政议政激励，教师的系列荣誉激励都属于此类。此类激励，最能体现教师人力资本的公共价值、诚信度和被认同感，同时也能给予个体莫大的被信任感、尊重感和快乐感；对于高职院校来说，教师的良好声誉与地位激励机制不仅能使教师人力资本在职业生涯内不断增值，还能使教师人力资本获得稳定的远期收益，在许多长期性非物质激励手段中，首推声誉与地位激励。

建立声誉及地位激励机制，首先得保证教师人力资本有长远的预期，以避免教师人力资本靠短期的"机会主义"而获取短期利益最大化。其次是建立教师广泛参与社会评价的网络机制，确保教师人力资本声誉信息的准确性和开放性，通过整体策划和规范运作帮助教师人力资本实现自身价值和获得长期的收益从而产生激励作用。最后是分层次分类别建立高职院校教师荣誉体系，改变传统以单一性的综合评价为主的荣誉评价体系，建立多维的立体的荣誉评价体系。

4. 培训与晋升机制

教师培训收益包括个人知识和能力的增长，也为其工资的增加和职位的晋升创造了必要条件；同时，培训还可以提高教师对职业教育的适应性、竞争性，以获得较强的职业安全感。对于那些不畏竞争、敢于创新的教师而言，培训也提供了最好的训练和发展资源，提供了个人专业成长的机会。对于学校而言，其意义更加深远。因为教师人力资本本身就是以知识与技能为要素参与教育活动，知识更新特别快，一旦知识老化或被替代，技能过时或被更新，那也就意味着原有的教师人力资本的价值受到威胁，因此必须持久地培训学习才能保证教师队伍具备永不衰退的创新能力。此外，培训的结果不仅让学校收获了教师人力资本所创造的新价值，同时也很容易获得来自教师内部的心理契约。所以说，培训是最好的激励。

晋升可以使原本单调枯燥的工作变成一个可以攀登的阶梯。针对高职院校教师设定不同的职系、职位，并形成层级系列，比如对专任教师可分为专业带头人、骨干教师、一般"双师型"教师三个层级，兼职教师分为技术权威与大师、能工巧匠与技师、技术人员三个层级，即可为教师提供向上发展的机会和空间，教师可以在不同的层次、不同的领域充分发挥自主性和创造才能，获得自我实现。

5. 教师文化激励机制

文化的最高价值在于教化，文化的最大影响力在于不教之教。教师文化是教师赖以生存和发展的土壤，在创建激励机制时，不可忽视文化的渗透性作用和持久性功能。高职院校教师文化有别于普通意义上的大学教师文化，它从属于高职文化，归属于技术文化体系，是由学校文化、企业文化、社会文化共同组织的复合文化，是在长期实践过程中，逐渐形成的高职院校的精神特质、价值观念和行为方式，如重技崇学、能力本位、严谨务实、服务为本、职业情怀、开放竞合、实践创新等，并以此为核心价值通过专业建设、教育教学、科研学术、文化活动等关键事件逐渐渗透从而形成了高职院校的教师文化。

高职院校可以从优化校园环境、改善教师工作环境、文化多元化、管理文化人性化、工作内容丰富化等不同方面努力，精心设计，倾力打造，充分利用文化这种"黏合剂"作用，使各种教师人力资本凝聚起来形成"命运共同体"，从而使高职院校教师队伍保持强有力的竞争性和长久不衰的创造动力。

◉ 参考文献

[1] 李伟，李润洲. 论教师文化的重塑 [J]. 教师教育研究，2010
(6)：28.

[2] 李伟，李润洲. 论教师文化的重塑 [J]. 教师教育研究，2010
(6)：28.

[3] 西奥多·W. 舒尔茨. 论人力资本投资 [M]. 吴珠华，等，译. 北
京：中国经济出版社，1990：9.

[4] 安钟利，唐冬. 新兴技术企业人力资本挑战及其应对措施研究 [J].
决策咨询通讯，2008(3)：80.

[5] 张文贤. 人力资本 [M]. 成都：四川人民出版社，2008：312-313.

[6] 张文贤. 人力资本 [M]. 成都：四川人民出版社，2008：319.

[7] 李文群. 论中国高校教师人力资本产权制度的构建 [J]. 清华大学教
育研究，2007(5)：109.

[8] 武晓楠. 知识型员工流动原因的理论分析 [J]. 中国海洋大学学报
(社科版)，2005(2)：90.

[9] 许爱丽. 高职教师激励机制研究 [D]. 镇江：江苏大学，2009.

[10] 戚洪亮. 企业人力资本的激励制度研究 [D]. 哈尔滨：哈尔滨工程
大学，2006.

[11] 李文群. 论中国高校教师人力资本产权制度的构建 [J]. 清华大学
教育研究，2007(5)：108.

基于职业属性的高职院校教师培训

一、教师培训在高职教师专业发展中的意义

(一) 教师专业发展的含义

按照国际通用的标准，专业从业人员必须具备以下要求：一是经过一定时期的专业培训；二是具有专门的知识与技能；三是具有服务重于报酬的意识；四是具有相当的专业自主权；五是有自己的专业团体和明确的思想信条；六是拥有不断进修的机会。从教师的角度看，教师的专业是指教师职业具有自己独特的职业要求和职业条件[1]。教师专业发展则是指教师在教育教学专业上不断更新专业结构、提升专业水准、得到持续发展的过程，强调教师从非专业人员主动成长为专业人员的内在过程[2]，这个过程包括教师职前的培养、入职辅导和在职进修三个阶段。在教师的专业发展过程中，教师的专业素质又成为影响教师自身专业发展的重要因素。通常，教师的专业素质一般归结为专业精神、教育理念、专业知识、专业能力、专业智慧[3]五个方面。由于教师的素质结构与内涵是由教师的任务和活动的目标决定的[4]，所以，不同的教育类型、不同的教育目标的教师其素质结构与内涵也不尽相同。

(二) 高职院校教师的专业发展

高职教育从培养目标到培养过程处处都凸显其职业性的内涵：以培养高技能型人才为目标；按照相关职业的职业资格划分专业；按照相关

职业的职业功能来确定专业培养目标；按照相关职业在劳动过程、工作环境和活动空间的不同来实施专业教学，以相关职业在社会上的地位及其社会价值判断力来确定专业的地位。这就对高职教师提出了特殊的要求，高职院校教师的专业发展不能照搬普通院校教师专业发展的模式。

而现实中，我国高职院校教师培养一直沿用普通高等教育的"专业"目录，没有属于职业教育教师培养的教学门类，承担着职业教育师资培养的高等院校如高等师范院校、高等工程院校等，对未来教师的培养依然建立在学科性专业的基础之上。高职院校教师只能从普通师范院校、普通高校毕业生中引进。目前，我国高职院校 66.6% 的教师是从学校毕业后直接走上讲台的，有的学校甚至达到 96%[5]。也就是说，我国高职院校教师从职前的培养——入职辅导——在职进修三个阶段都是采用普通院校教师专业发展模式，这样的专业发展当然不能体现高职院校教师专业发展的特殊需求。

（三）基于职业属性的高职院校教师培训

提高高职院校教师素质最根本的途径当然是建立职业教育教师培养的体制，但是，体制的建立与更新是一个缓慢渐进的过程，不能急于求成。要在短期内改善高职教师队伍结构、提升教师素质，最可行的捷径是积极倡导基于职业属性的高职教师培训，建立岗位培训与终身教育相协调的高职教师培训体系，此举不仅可以弥补我国高职教师培养体制的先天不足，还是学院内涵建设的重要内容，可视为高职院校可持续发展条件之一。

二、高职院校教师职业属性的具体内涵

一方面，高职教师具有与一般教师普遍相似的职业特点，另一方面，由于教师活动目标、活动内容、活动对象和活动环境各不相同，高职教师素质结构与内涵的许多方面都表现出特殊的职业属性。

从教育类型来看：高职教师从事的是职业教育，从属工作体系；

而普通院校教师从事的是学术教育，从属学术体系。从人才培养目标看：高职教育以培养高素质的技能型人才特别是高技能型人才为目标，普通高等教育则以培养具有创新精神和实践能力的高级专门人才为目标。从二者的教育活动目标看：高职教师教育活动目标对应的是一个职业的"点"、"线"、"面"，以就业为目标，针对不同的工作岗位或岗位群，培养学生在一线工作的专门技能；而普通院校教师教育活动目标对应某类职业的"形"、"体"，给学生大体的就业方向，尽量扩大毕业生的就业岗位幅度，培养学生的设计能力、理论思维能力、研究能力和创新能力。高职教师教育活动内容受行业和市场影响明显，职业多变，内容多变；而普通院校教师由于专业体系稳定，故其教育活动内容也相对稳定。两类教师教育活动对象也有显著的不同：高职教师面对的学生个体智力类型以形象思维为主，个体学习以互动学习、行动学习、听觉学习、视觉学习[6]为主；而普通院校教师面对的学生的个体智力类型以抽象逻辑思维为主，个体学习风格以理解学习、分析学习、推理学习为主。两类教师教育活动的环境也有很大的不同：高职教师教育活动环境包括课堂、实验室、实习实训基地（车间或公司企业）；而普通院校教师的教育活动则主要在课堂、实验室完成。从教师的角色定位看：高职教师的教学活动为行动导向，学生是学习过程的中心，教师是学习过程的组织者、引导者和咨询者；而普通院校教师的教学活动为学术导向，教师的主导性与学生的主动性相结合，教师是学生的指导者和引路人。

由于职业教育和普通教育分别从属于两种不同的体系，作为从事两种教育事业的教师虽然都承担着向受教育者传授知识的任务，但各自的目的并不完全相同：高职教师传授知识的目的在于对课程知识的应用，注重知识的"有效性"价值；而普通院校教师则在于对课程知识的储备，注重知识的"存储"价值。也正是如此，二者遵循着不同的教学原则：高职教师强调"手脑并用"、"教做学合一"、"知识与技能并重是教师从教的基本原则[7]"，在教育方法选择上以工作任务为基础，以项目教学法、案例教学法、仿真教学法、角色扮演法、情景教学法为主；而普通院校教师强调理论教学，把理论知识教透，强调教学与科研相结合，教学方法选择以学科内容为基础，以讲授法、讨论法、实验法、实习法、调查法为主[8]。

基于上面多方面的比较，对高职教师知识与能力结构方面的特殊要求也就显而易见，通过表3-2，可以得到详细的诠释。

表 3-2　　　　高职院校教师与普通院校教师知识、能力结构比较

		高职院校教师知识与能力结构	普通院校教师知识与能力结构
知识结构		本体知识(专业理论知识)，文化知识，条件知识(职业教育基本原理、职业指导知识、心理学知识)，实践性知识(课堂情景知识与相应的工作经验或专业技能)[9]	本体知识(专业学科前沿知识)，文化知识，条件知识(普通教育学、普通心理学知识)，实践性知识(课堂情景知识与经验)
能力结构	师范能力	①基本的教育技能，具有教学设计、调控能力；②具有专业教学任务转移能力；③一定的教育研究能力	①教育教学研究能力②熟练的教育技能，具有较强的教学设计、调控能力③教材编写能力④管理能力，主要体现在课堂管理和班级管理两方面⑤组织协调能力，能加强与同事、学生及家长联系与合作，具有一定的沟通协作能力
	专业能力	①专业理论知识运用能力；②职业教育方法运用能力；③管理能力，体现在课堂管理、班级管理、校外实习实训管理等方面；④组织协调能力，能加强与企业的联系与合作，具有专业实践服务能力；⑤职业课程开发能力；⑥就业指导能力	
绩效考评指标		师德、教学能力、专业素质、就业指导能力、校企合作能力、课程开发能力、教学及科研成果	师德、教学及科研成果、专业素质、教学能力、合作与沟通能力

三、基于职业属性的高职教师培训的内容设计与策略

(一)高职教师培训的内容设计

鉴于高职院校教师工作性质及其专业化发展的要求，针对我国高职院校教师专业素质的发展现状，建议从以下三方面设计高职院校教师培训内容：一是有关企业职业实践的训练。通过组织教师下厂实习、职业考察等多种方式，熟悉并掌握相关的典型的职业工作任务和职业工作过程和知识。二是有关职业教育理论的学习。通过职业教育学和职业教学论等理论学习，促进高职院校教师教育理论水平的提高，强化对高职教育特征和规律的认识，尤其是对高职教育的对象、专业、课程与教学过程的特点的认识，并掌握职业教育专业教学法。三是有关高职教学实践的训练。通过在具体的高职教育领域的教学活动中，在熟练掌握职业工作任务和职业工作过程实践的基础上，运用职业教育学和职业教学论的理论，开展高职教育课程，并根据自己的教学实践开展教学研究，以促进职教教师行动能力的提高[10]。

(二)高职教师培训的策略

高职院校教育培训虽然只是教师培训的一个分支，考虑到高职院校教师职业的特殊属性，在其培训体系设计与实施过程中应当充分体现高职教师的职业要求。笔者拟写几点策略，仅供参考。

第一，重视培训需求分析，设计个性化培训方案。教师培训必须有助于提高教育质量和服务效率，有助于教师自身专业良性发展，有利于降低培训成本。以往的高职教师培训只是把高职教师视为普通教师群体，目标有泛化倾向。为了保障每位教师都能"因人而异"地得到专业发展，必须从教师培训需求入手，遵循个性化、人本化原则，针对高职教师的不同专业发展阶段和不同专业种类设计个性化培训方案。只有这样，才能真正做到充分挖掘每个教师的潜能、满足其专业发展的需求。

第二，建立健全培训机制，开辟程序化、层次化培训途径。在现有的体制下，高职院校教师从职前培养到在职进修，每个阶段几乎都缺乏企业学习的经历。基于职业属性的培训虽然可以补上这一课，但必须解决培训机制上一系列问题，譬如：以教育规章制度的形式规定教师企业培训与评聘、增薪、晋级等教师待遇、地位的变化相联系；充分挖掘企业实训基地资源，打破管理制度壁垒，共同构筑校企合作的平台；设立专门的培训机构，有目的、有计划地实施程序化、层次化的培训计划等。在此方面，有些高职院校已经进行了纵深研究，譬如，通过校本培训、企业生产培训、国外培训、聘请兼职教师、选聘实习师傅等多种途径，将教师分成合格层、"双师"层、名师层等不同层次，分别提出培训要求和具体措施进行程序化、层次化培训等，为高职教师培训研究与实践积累了宝贵资料。

第三，借鉴"双元制"教育理念，创建"二元"学习型培训模式。要想使高职院校教师始终保持与企业最新职业情景的紧密接触，始终保持对职教理论最新发展的跟踪学习，始终保持对教学实践最新改革的不断反思，始终保持自身专业素养的不断提高，就必须开展"校企"合作，创建从企业实践——教育理论——教学实践一体化的"二元"学习型培训模式。这里所指的"学习型培训模式"特指在长期学习中逐渐形成的系统和稳定的学习过程、学习机构和学习活动程序。在高职教师专业培训中一定要是体现教师的主体参与性、本位激励性、长期发展性、协调合作性、内驱创造性、满足需求性的学习型培训模式。

◉ 参考文献

[1]陈永明. 教师教育研究[M]. 上海：华东师范大学出版社，2003.

[2]叶澜. 教师角色与教师发展新探[M]. 北京：教育科学出版社，2001：199.

[3]范国睿. 学校管理的理论与实务[M]. 上海：华东师范大学出版社，2003：505.

[4]谢安邦，朱宇波. 教师素质的范畴和结构探析[J]. 教师教育研究，

2007(2)：1.

[5]黄立志，刘庆华. 我国高职院校师资队伍现状分析与思考[J]. 职教
通讯，2002(4)：56.

[6]姜大源. 职业教育学研究新论[M]. 北京：教育科学出版社，
2007：238.

[7]黄炎培. 黄炎培教育文选[M]. 上海：上海教育出版社，1985.

[8]潘懋元. 高等教育学[M]. 福州：福建教育出版社，2002：193.

[9]林崇德，申继亮. 从教师的知识结构看师范教育的改革[J]. 高等师
范教育研究，1999(6)：43.

[10]吴全全. 关于职教教师专业化问题的思考[J]. 中国职业技术教育，
2007(11)：30.

高职教师的教育技能

在众多影响高职教师质量的要素中教师教育技能是最基础的要素，因为教师教育技能的优劣将直接通过教师的教学活动来影响其教育服务的质量，从而影响学校的教育质量。多年的教学实践告诉我们，教师的知识水平并不一定与教师的教学水平成正比，而教师的教学能力却与教学效果有较高的相关度。提高高职教师的教育技能，不仅是教师个人专业化发展的大事，也是关系整个高职教育可持续发展的大事。

一、高职教师教育技能的内涵

教育技能是指教师运用专业知识经验及教育教学理论，促使学生积极活动的一系列教育、教学活动方式，是将教师的专业知识和教育理论转化为教育实践的中介。教育技能是一种专门的职业技能，也是作为教师最重要的角色技能。这里的技能不仅指教学技能，还包括其他教育活动如实习实训、实验辅导、作品指导等过程中的指导技能。人们常说："教育既是一门科学，又是一门艺术"，而教育技能正是教育属于科学的那部分内容，它是可描述、可训练的活动方式。

随着时代发展，学校和社会对教师职业的专业化要求，很大程度体现在对教师教育技能的要求上，既要求教师的学历水平，又要求教师要有一定的专业修养。在新时期，教师职业的专业化要求可以归结为专业精神、教育理念、专业知识、专业能力和专业智慧等五个方面，这五方面的要求都与教育技能密切相关。

同时，教育技能是一个多层次、多要素的复杂的结构体系，按照系统论的观点，教育技能主要包括三大类：教育活动设计的技能、教育活动实施的技能、教育活动评价的技能。按照这个标准，笔者对高职教师教育技能作了更细致的划分(表3-3)。

表 3-3 　　　　　　　　　高职教师教育技能三级分类

	一级划分	二级划分	三级划分	所需知识与能力
高职教师教育技能	教育活动设计的技能	目标设计技能	专业知识目标设计、专业技能目标设计、培育学生职业情感态度目标设计	①本体性知识与技能(学科专业知识与技能) ②条件性知识(主要包括教育心理学、教育学、教学法的理论与实践)
		内容设计技能	专业知识内容的组织、知识与技能深度的处理、知识与技能宽度的处理	
		方法设计技能	教师如何"教"的方法、学生如何"学"的方法	
	教育活动实施的技能	语言技能	口头语言、体态语言、提问技能、讲解技能、沟通技能	①本体性知识 ②条件性知识与能力(教育心理学、教育学、教学法的理论与实践，语文知识，普通话水平，电化教学能力，动手操作能力，管理与组织能力)
		导入技能	设疑导入、复习导入、活动导入	
		演示技能	展示技能、实验演示、示范技能、电化教学技能	
		强化技能	语言强化、动作强化、活动强化	
		组织技能	管理性组织、指导性组织、诱导性组织	
		结束技能	归纳式结束、答疑式结束、活动式结束、悬念式结束	
		板书技能	提纲式、表格式、图示式、演绎式	
	教育活动评价的技能	制定评价标准	课堂教学效果评价标准，学生作品、实习实训效果评价标准	①本体性知识 ②条件性知识(教育心理学、教育学、教学法的理论与实践，职业道德，个人素养) ③相关文化知识(哲学、文学、社科理论及自然科学理论)
		控制评价过程	对学生能力的分析与预测、教育活动现场指导、课外活动的指导与检查	
		反思与总结	教学效果自我评价、对学生作品或作业检查与评估、对内外部评价的分析与提炼	

二、高职教师教育技能的现状分析

自己懂得一个理论，让别人懂得一个理论，自己掌握一种技能，帮助别人掌握一种技能，这完全不是一回事。对照高职教师教育技能内容条目不难发现，高职教师教育技能师范性缺失问题显得非常突出，主要表现在几个方面：一是教学内容、目标设计笼统无层次，不透彻；二是课堂组织管理不足，现场控制责任心差；三是教师"教"法单一，学生"学习"的引导不够；四是重理论轻实践，照本宣科、满堂灌；五是教师自我评价自觉性差，没有总结提炼的要求和习惯；六是重科研轻教研，教书育人注重纸上谈兵。造成高职教师教育技能不足的原因是多方面的。

(一)现行教师教育体制导致高职教师教育技能先天不足

目前，高职师资的来源主要有四种途径：①录用本科院校毕业的本科生、研究生，这是一条主要途径。他们的专业理论基础扎实，但是他们没有经过专门的教育学理论和心理学理论的学习，专业实践经验和教学基本功相对薄弱。②从相关企事业单位调入。这是弥补高职学校师资队伍不足的另一条重要渠道。但是他们也缺乏有关教育理论的学习，缺乏教学实践，教学基本功需进一步强化。③从同类高校借调。④聘请社会兼职教师。他们了解工作一线对人才的知识和技能的要求，但对教学业务并不很熟悉，且工作流动性强。可见，绝大多数高职教师是从普通高校到高职学院，有的虽然进行过短期教学、心理学理论的培训，但基本上没有时间涉及教育技能训练。这种情形与我国现行的教师教育体制有关。现行的教师教育主要由部(省)级师范院校承担，重点是培养中小学及中等学校的师资，高等师范院校并无培养高职教师的职能。目前，我国仅有天津职业技术师范大学一所高等教育机构是以培养职业教育师资为主要任务的，绝大部分高职教师资源只能按普通高校的培养模式来培养，这种体制从源头上导致了高职教师教育技能的先天不足。

(二)教育政策和法规对高职教师教育技能并无明确要求

教育政策与法规从宏观上调控高职教师队伍素质建设的发展方向。与教师管理相关的法律、政策确定了高职教师素质要求的最低标准，而从可操作性的角度看，目前，我国对高职教师的任职资格唯一能明确规定的只是有关学历的标准，即作为一名高职教师至少应具有大学本科学历。《中华人民共和国教师法》中虽然对教师的资格提出了教育教学能力等方面的要求，但很抽象，需各地方教育行政部门在具体的教师管理政策中进一步落实。

(三)高职教师资源不足，教师任务多，往往顾此失彼

一是教师队伍数量相对不足。从对全国 67 所示范性高职院校建设现状及分析统计资料来看，专任教师与在校生平均比值为 5%（1：20），而最低比值达 0.23%，比例明显偏低。

二是教师队伍学历偏低。我国的高职院校大部分是"三改一补"转型而成，这些转型类学校教师学历水平与《教师法》要求全部达到本科学历的任职资格相比，也存在着较大差距。

三是教师工作任务相对繁重。大学教师的每周课时，一般都在 6~8 节课之间，而高职院校教师的工作量普遍要高出普通大学 1/3 以上，有的达到 18~20 节。为了能在高校立足，他们必须补修研究生课程，参加各种培训课程和资格考试，还要根据高职院校专业教师的特殊要求，争取成为"双师型"的教师。另外，由于高职院校专业设置受市场影响明显，课程开设灵活多变，教师一年内可能要承担多门学科授课任务。有些不成熟的专业，教师还要承担教材编写任务。教师极少有时间对自己的教学工作进行总结和提炼。

(四)学校和教师对教育技能价值认识有误区

有相当一部分高职教师，对教育学、心理学、教学法理论对教育活动的指导价值认识不够，有的甚至是持轻视、否定的态度，有的把教学

理论简化为"普通话"、"板书"等基本技能的学习；或者认为提高教师的师范性，仅仅通过听几次讲座，接受几个星期的短期培训即可，没有把教师的师范性和他所从事的专业教学有机结合在一起，教师主观上不太重视教育技能的价值。

三、提高高职教师教育技能的对策思考

(一)建立中国式的高职教师教育体制

高等职业教育旨在培养懂理论有技能、懂专业有知识、会管理善协调的新型的技术应用型人才，高职教育师资应该是集专业理论、专业技能、师范于一体的复合型人才。发达国家高职教师主要由高等职业师范学院培养。比如，德国职教师资培养就有两种模式：一种是普遍采用的专业与师范教育叠加的模式，称之为"物理型"培养模式，一种是在不来梅地区实行的专业与师范教育混合模式，称之为"化学型"培养模式。根据我国的国情，大胆借鉴国外的先进经验，逐步建立高等职业师范教育是非常有必要的。在一些综合性大学中采用专业与师范教育混合或叠加的形式，对那些致力于成为高职教师的学生开设师范类课程，进行专门的教育技能的训练，实行学分管理，只要修满大纲要求的学分，就可以颁发从事教师职业的准入证。各高职院校在招聘教师时对持有"双证"(专业学位证、教师准入证)的毕业生将优先录用。这样，就可以逐步从源头上确保高职教师的教育技能的基本素质。

(二)健全高职教师资源管理的政策法规

发达国家都普遍重视职业教育立法工作，用法律促进职业教育的健康稳定发展。美国针对教育和职业教育先后颁布了《莫雷尔法案》《职业教育法》《2000年目标：美国教育法》《学校——工作多途径法案》等四个法案，以推动美国职业技术教育改革。德国职教任职资格的管理也是非常严格的，高职师范学院毕业生不能直接任教，必须参加由国家组织

的第一次职业教师资格考试，合格者获得实习教师的身份，进入政府开办的教师实习学院进行两年的实习。两年中，三分之一的时间在实习学院接受更高层次的师范教育，完成两年实习教学和师范理论学习的实习教师，可以参加国家组织的第二次职业教师资格考试，合格者才可以获得正式岗位资格证书。在我国地方教育政策法规中，各地可根据高职教育发展的实际，制定具体的高职教师准入制度、见习实习制度、培训考核办法等管理条例和操作细则，以法治教，以法促教，进一步规范对高职教师的从业资格的管理。

(三) 完善"校本式"高职教师教育技能培训机制

现代人力资源理论认为，培训本身可以创造价值，完善的培训机制是提高高职教师教育技能的有效途径。

1. 建立高职教师培训机构

完善高职教师培训机制首先是在学院的教师人力资源管理部门中成立专门的培训机构。由专门的职能部门制定教师教育技能培训的相关政策和制度，组织专门人力，建立教师教育技能评估体系和奖惩制度，逐步完善教师培训的激励机制。

2. 把教师教育技能纳入教师职业生涯规划

任何一个终身从事教育的教师都要经历几个相互区别而又相互联系的发展阶段，即实习教师→新教师→专业化教师→专家型教师→杰出教师→退休教师。每个时期解决每个时期的主要问题，对实习教师、新教师来说主要解决教育技能达标问题，从备、教、改、辅、导基础环节严格训练；而对进入专业化成长阶段的教师，主要追求教育的技巧与艺术。从教师资源规划的角度看，启动高职"双师"、"名师"工程首先还是要立足于"普师"工程，如果连做普通老师应有的技能都不达标，"名师"不"名"，"双师"不"双"，岂不是教育资源的浪费？

3. 开展多层次、多形式的教育技能培训活动

实践证明，"校本"式培训模式是我国现阶段提升高职教师教育技能最便捷、最经济的途径。每个学院可根据自己的校情、系情，灵活掌

握培训的方式、内容、时间，采取缺什么补什么的办法。对实习教师、新教师主要进行备课、上课环节的指导，侧重于教师语言技能、课堂组织技能的培训；对专业化成长阶段的教师主要是对每项技能的方式、方法进行个性化探讨。专家型的"双师"、"名师"，则是学院内部宝贵的培训资源，要充分发挥他们的示范带动作用，组织开展多种形式的教育技能学习与交流活动。

◉ 参考文献

［1］范国睿．学校管理的理论与实务［M］．上海：华东师范大学出版社，2003．

［2］赵曼．人力资源开发与管理［M］．北京：中国劳动社会保障出版社，2002．

［3］赵惠玲．幼儿教师教育技能［M］．北京：团结出版社，2001．

［4］董大奎，陆瑞峰，朱伟萍．示范性高职建设现状及分析［J］．职业技术教育，2006(1)．

［5］陈幼德．德国职业教育教师资格及其培养模式的启迪［J］．教育发展研究，2000(1)．

［6］曹广辉，赵晓峰．高职师资培养途径的探讨［J］．中国职业技术教育，2002(12)．

中美高校教师聘任合同比较研究

随着市场经济的建立和国家事业单位人事制度改革的全面推开，高校教师管理制度也逐步实现了由国家用人向单位用人、由固定用工向合同管理用工的转变。2009 年新修订的《中华人民共和国教师法》正式颁行以后，教师聘任合同制在我国各类高校普遍推行。推行教师聘用合同制的根本目的是为了破除教师的干部身份终身制和行政任命制，引入竞争机制，实现用人的公开、公平、公正，然而，在推行的过程中，教师与学校的法律关系及教师权益保护的问题日益成为公众关注的焦点。本文以高校教师聘任合同实施的现状为起点，借鉴美国高校教师聘任合同制，提出进一步完善高校教师个人聘用合同制的对策建议。

一、我国高校教师聘任合同实施的现状及原因解析

(一) 聘任合同实施的现状

我国现行高校教师聘任实践中普遍实行的是教师个人聘任合同的方式，也可称之为一种教师职务岗位聘任协议。教师作为教育劳动的提供者，以个体的身份与学校或教育行政部门签订教师聘任合同，这种聘任合同从理论上讲是一种劳动合同①，合同关系表现为一种平等的民事法

---

① 从聘用合同本身的规定来看，它是在遵循双方平等原则的基础上订立的法律关系的主体、客体和内容都取决于法律双方主体的约定，这完全符合一般劳动合同的要求。

律关系。原本国家推行教师聘用合同的初衷是让学校和教师之间的法律关系可以通过教师聘任合同得到很好的调解，从而进一步推动聘任制的顺利实施，但实际中的情况却并非如此。这种岗位聘任协议书每年或几年签订一次，教师聘期较短，造成教师职业不稳定，内容过于简单、含糊，对双方的权利与义务规定得不够明确，并且表现出明显的不对等格局。目前已经出现两种极端：一种极端是聘任合同到期后自动续签。解聘教师或教师辞聘的现象非常少见，只要是学校的正式在编教师，学校就不敢轻易辞聘不合格的教师①。另一种极端是聘任合同成为学校约束教师的单方法宝，对教职工的聘任或解聘基本上是由学校一方说了算，明显违背了当事双方平等互利的原则。

而仅就这种教师职务岗位聘任合同而言，各高校也只是按照自己的状况制定聘任合同文本，对双方发生问题时的法律程序甚至是双方权利、义务和职责都没有明确规定，合同的效力没有得到严格强化，也就导致无法产生强硬的法律效力。一旦发生纠纷，无法按照合同规定来执行，只能借助于司法机关。加之我国聘任合同的制约机制松散、软弱以及法治机制不健全，尚未采用通知和听证制度，导致部分解聘教师甚至未经过提前通知和申辩就被无辜解聘。尽管国家为保护教师权利采取了教师申诉制度和人事仲裁制度，但显然这些都是行政机关的行政处理方式，带有很强的行政性，已远远落后于我国目前在聘任制下的教师的任用制度。

(二) 原因解析

教师聘任制的推行并不意味着公立高等学校与教师之间将转变为纯粹的民事关系，现实的学校和教师之间尚未形成平等和自由的契约合同关系。从聘用合同的主体构成性质来看，合同的一方高校作为国家机关

---

① 出现这种极端的主要原因是学校并没有实行完全意义上的聘用制，还处在由旧的事业单位的用人制度向聘用制转变的过程中。

授权的法人组织，有国家权力的支持①，其势力较强。学校的公法人特性决定了其不同于一般的雇主，学校和教师所签的聘用合同仍然要受国家的监督和制约。而教师是学校法人使用和管理的对象，其势力较弱，再加上当前严峻的就业形势的逼迫，即使权益受到侵害教师也不敢声张。所以，教师聘任制度下的学校和教师之间法律关系的实际情况具有一定的特殊性，"学校和教师之间不是典型的行政隶属法律关系，也并非完全自由平等的民事法律关系，而是一种介于行政法律关系和民事法律关系之间的特殊法律关系"[1]。学校和教师的关系仍然是事实上的管理与被管理、领导与服从的关系。所以，教师聘用合同也不是一般的劳动合同，不能完全体现教师与学校之间平等的人事关系。由此，高校和教师的关系呈现二元化的趋势[2]，加之在实施聘任制中存在一些不完善的地方，要真正落实教师与学校及教育行政部门的平等地位，还有一定的难度。

二、美国高校教师聘任合同制的特点

美国高校教师聘任制度设计中，学校与教师之间的关系是一种完全意义上的雇用合同关系，所以二者的法律关系是建立在平等基础上的教育法律关系，这种关系在其教师聘任合同的设计与实施中得到了具体体现。

（一）在合同的文本形式和内容上，美国聘任合同文本形式多样，具有较强的针对性

在美国，学校和个人的关系是以合同形式约定并受法律保护的聘用关系。通常，教师的聘任合同包括集体合同和个人合同两份。所谓集体

---

① 《中华人民共和国高等教育法》授权公立学校对聘任制教师及其他职工实施奖励或处分。显然这些是行政性的职能，高校在执行这些职能时其身份依然是行政主体。

合同，是指由教师组织（教师工会）与地方学校董事会签订的合同，这个合同主要用来建构教师聘任的一般性条件。对于大多数的美国教师而言，一般是通过一个代表一个学区或一所大学的所有教师的工会与教育委员会或学校董事会谈判并签订集体合同，从而奠定了教师工作条件的最低标准[3]。集体合同一般包括序言、承认条款、维持条款、抱怨程序、教师权利条款、教师组织的权利条款、代表条款、管理机构权利条款、协议条件等内容，这些条款通常包括关于薪水或工资（但不包括退休金或固定退休制度中的退休项目、争端解决程序、保险、工作条件、正常假期、病假、产假及其他缺勤假期、调任政策和程序）、教学日数和天数、学生惩戒程序、支付新税总额的扣除额、罢工等必要条款[4]。

所谓个人合同，则是用来确定教师个人与学校间契约关系的合同。美国的签约教师主要分两大类，一类是终身职教师，另一类是非终身职教师。非终身职教师有定期聘任教师和临时教师等，所以，美国教师的聘任合同就包括终身聘任合同和定期聘任合同两种。在教师的聘任合同中，一般都要包括相关州法律中关于教师任期和辞退程序的规定，以及合同签署时校董事会已采用的所有规章和规定。聘任合同的具体内容，一般包括教师的职务、工作量、任教学科和任教年级、工资报酬、聘任期、有关问题的法律程序及责任以及就职日期等内容。在聘任合同中，必须明确双方的职责和权利，对教师的工作要求、生活待遇、工作年限等都有明确规定，到期如果不能续签即表示自行解约。合同中的每一条都必须征得被聘用者的同意，有些条款诸如工作条件、生活待遇等双方可以进一步谈判协商，而一旦合同签署，就具备了法律效力，违约就要负相应的法律责任[5]。教师与地方学区签订聘任合同时还要得到地方教育委员会的认可。

（二）在合同的执行过程中，程序合理合法，执行严格

在美国教师聘任合同中，对教师的职务、工作量、任教学科、任教年级、工资报酬、聘任期、就职日期、有关问题的法律程序及责任等内容都有明确的规定，因此，每一个教师对自己的责、权、利都非常明

了。美国高校则严格按照合同管理教师，真正做到了"能进能出、能聘能辞"。

在美国，对不合格教师的处理有一整套程序合理的措施，并且明确写在合同的约定里。它包括学校必须事先公布采用教师评价的合理标准，对不合格的教师提供补救措施，并给他们以改进工作的适当期限，如果还是不合格，则正式下达辞退通知，在这之前，学校还会给他们提供必要的培训机会以及必要的听证程序保护。教师有自我辩护的机会，而学校则需公正听取不合格教师本人的意见，这样就使得辞退更具说服力和合法性。

对教师纠纷的处理，一般都以教师集体合同的具体规定进行，大体包括非正式程序和正式程序。所谓正式程序，即是由受侵害人或教师工会与学校行政管理的代表（系主任、院长、教务长）进行协商解决，一般不超过 20 天。正式程序一般包括大学系统总校长裁定、大学校长裁定、仲裁三阶段。如果对大学系主任和校长的裁定结果不服，教师可以通过教师工会组织申请仲裁。仲裁是由当事双方在所规定的仲裁人选名单中选定双方均满意的仲裁人，并且向他们提交有关的资料、文件等，仲裁人按美国仲裁协会条例和规章举行听证会，并在规定的期限内做出仲裁决定。这种仲裁形式十分公正、透明，仲裁决定具有终裁性，且对双方有较强的约束力[6]。

三、美国高校教师聘任合同制对我国的借鉴和启示

（一）教师个人聘用合同与教师集体合同相结合

集体合同又称团体协约、劳动协约、集体协议，它是劳动关系双方当事人代表根据法律、法规的规定就劳动报酬、工作时间、休息休假、劳动安全卫生、福利保险等事项在平等协商一致的基础上签订的书面协议[7]。集体合同是由教师工会或教师推举的代表与学校教育行政部门在遵循合法、平等、合作原则下签订的，需提交教代会或全体教师集体

通过，并且由双方首席代表签字，而不像教师聘任合同那样仅由教师与学校及教育行政机关双方签字即可。它规定了最低限度的劳动条件，旨在协调、稳定劳动关系。它适用于全体教师，而不像教师聘任合同那样仅适用于单个教师和学校及教育行政机关双方。教师与学校或教育行政部门签订集体合同，也就将自己的劳动权益作为一种制度纳入到法律的保护中来，是建立稳定和谐的劳动关系，维护自己合法权益的必要手段。由此，我们可以借鉴美国教师聘用制中将教师个人聘用合同与集体合同相结合的做法，以更好地实现教师与学校双方权利义务的对等性。

（二）充分发挥工会在聘任合同中的监督职能

美国以及其他许多国家早已建立有教师工会组织。这种工会（雇员工会或教师工会）组织是一个可以作为与聘任方（如学校）相抗衡的集体组织，在许多情况下可以利用工会组织积极主动地为被聘方争取利益。如果没有教师工会组织合法介入教师聘用的相关事宜，一旦教师权利与学校特权相抗衡时，缺乏组织的教师个体很容易成为弱势一方。所以，在推行教师聘用合同中，有必要让教师工会组织合法介入，形成以集体面对集体、以权力遏制权力、以权力抗衡权力的局面，依法维护受聘教师的合法权益，履行对学校遵守教育法律、法规和合同法的情况的监督职能，维护教师权益。

《中华人民共和国工会法》第六条明确规定"维护职工合法权益是工会的基本职责"，以及《中华人民共和国劳动法》明确规定"集体合同由工会代表职工与企业签订"，这些都为工会实施维护职能提供了法律依据。教育工会代表教师与学校或教育行政部门签订集体合同，对聘任的基本条件做出最低标准的基本要求，把教师的利益用合同的形式确定下来，并在被聘者与聘任者发生纠纷的时候，以合同一方主体的身份而不是辅助机构参与到学校教师管理中来，维护教师的合法权益免受不法损害，从而对学校、教育行政部门和教师形成约束力，制衡三方的权力[8]，这也是保证聘任合同更加公平公正实现的重要途径。

(三) 建立健全相关法律政策

学校与教师签订的聘任合同是兼带有行政合同特征和民事合同特征的特殊合同，不同于一般的劳动用工合同。然而现行教育领域里仅仅只是借助企业管理中的劳动法和合同法的规定来指导教师聘任合同的实践，教育领域自身的法律法规也只有教师法和教育法可供间接的参照，而这两个法律中的诸多条款更多地强调了教师对学校、对社会的义务，相反对教师的权利规定得并不具体，过于原则，没有可操作性，于是就产生了这样一种状况：对学校行政管理人员的行为监管严重缺失，而教师的合法权益却难以得到有效的保障。一旦教师因人事聘任上的问题与学校产生纠纷，基本上处于无章可循的境地。近年来，教师与校方人事争议诉讼案件不断增多，且案件本身处理难度增大就是例证。因而教师的相关权利必须从立法上给予明确[9]，通过法律、政策等刚性手段，维护教师的地位和合法权益。

同时，建议从国家层面制定并实施教师聘任制操作的法律法规来指导学校和教师的行为。国家相关部门应该尽快从形式、内容和程序上提供合理合法的、可参考的聘任合同文本，进一步明确教师和学校之间的权力、权利、义务与责任，以此作为各级各类学校和教师之间聘任合同签订的依据和准则。同时，针对教师聘任制及教师聘任合同出现的相关问题，制定包括教师聘任条件、具体聘任程序、聘期、解决纠纷以及解聘程序等在内的具体化、细致化的规定和操作细则。对于高等学校来讲，在实施聘用制的过程中，在一些具体法规还不完善的情况下，学校应该采取各种有效的途径来制定和规范学校内部管理制度，做到相互配合、权责统一[10]，进一步规范办事程序，增强工作人员的法律意识，并对管理行为实施同步监督与制约。

● 参考文献

[1] 劳凯声. 中国教育法制评论 [M]. 北京：教育科学出版社，2003：85.

［2］赵恒平，廖红梅．论聘任制下高校教师的权益保障［J］．武汉理工大学学报（社会科学版），2005（2）：100．

［3］丁文珍．美国教师聘任制状况研究［J］．外国教育研究，2002（9）：63-64．

［4］朱永国．美国中小学教师聘任制及其特点［J］．教学与管理，2005（2）：78．

［5］朱永国．美国中小学教师聘任制及其特点［J］．教学与管理，2005（2）：78．

［6］吴殿朝，崔英楠，王子幕．国外高等教育法制［M］．北京：中国人民公安大学出版社，2005：75．

［7］赵恒平，廖红梅．论聘任制下高校教师的权益保障［J］．武汉理工大学学报（社会科学版），2005（2）：102．

［8］赵恒平，廖红梅．论聘任制下高校教师的权益保障［J］．武汉理工大学学报（社会科学版），2005（2）：103．

［9］董春阳，许颖．高等学校劳动争议问题的探讨［J］．中国冶金教育，2005（1）：41．

［10］何斌．高校教师管理纠纷的法理分析［J］．黑龙江高教研究，2005（4）：88．

高职院校中层管理者胜任力
模型适切性分析

胜任力(胜任特征)概念最早是由哈佛大学教授戴维·麦克利兰教授(David McClelland)于1973年在《美国心理学家》杂志上发表的题为《测量胜任特征而非智力》一文中正式提出的。胜任特征是指能将某一工作中有卓越成就者与普通者区分开来的个人的深层次特征,它可以是动机、特质、自我形象、态度或价值观、某领域知识、认知或行为技能等任何可以被可靠测量或计数的并且能显著区分优秀与一般绩效的个体特征[1]。胜任力模型则是为了完成某项工作,达成某一绩效目标所要求的一系列不同胜任力要素的组合。从20世纪70年代至今,关于胜任力理论及模型研究一直是国内外学者研究的热点,目前,胜任力理论及模型已从培训需求的辅助工具逐渐发展成为人力资源管理中的一个目标明确的开发性工具,广泛应用于各种企事业单位人力资源的考评、培训、提升等各个环节。作为人力资源管理的新工具,胜任力理论及模型研究成果也逐渐在高职院校中层管理者能力开发中得到推广应用。

一、高职院校中层管理者能力开发的理论选择

中层管理者是高职院校管理不可或缺的中坚力量,在维持组织运行、参与组织战略制定、协助组织战略的执行以及保持组织的稳定方面发挥着重要作用[2],因此,高职院校中层管理者的整体素质将直接影响高职院校管理的整体水平。关于对高职院校干部的管理,传统人力资源管理所构建的人力资源管理职能模块,对高职院校干部的选、育、

用、留等提供了比较系统的理论基础，然而，传统人力资源管理理论更多只是一种静态的管理模式，对干部的主观能动性关注不够，很难关照到对中层干部潜能的动态的开发。

随着高职院校管理活动的日益复杂化，对中层管理者的素能要求更加强调其与学校组织的长期利益相匹配，而不是与岗位的长期匹配；更加着眼于干部的优秀绩效和整体绩效，而不是干部的资格要求；对干部开发迫切要求尽量体现其表面效度，即通过关键行为确认岗位要求，使干部能清楚地看到自己和其他干部的情形和差距，进而能接受有针对性的培训，能对自己的未来进行合理的规划。基于胜任力的人力资源管理理论，关注的是才能和人力资源给组织带来的价值，在寻找组织绩效卓越者方面有明显的优势。通过胜任力模型可以有目的地选拔和培养出更多的优秀干部；通过分析过往优秀干部的来源和成长规律可以找到招募干部的新渠道；按照胜任力模型的要求可以重点培养干部的关键能力，从而帮助他们有效弥补自身短板；逐渐改变工作评价重结果轻过程的倾向，把对干部的工作行为和胜任力水平纳入整体评价之内，从而由内而外地激发干部的工作潜能和创造力。

可见，基于胜任力的人力资源管理理论从价值体系到方法论选择均能适应高职院校中层管理者能力开发的新要求。

二、胜任力理论及模型在企业、教育领域中层管理者资源开发中的应用及述评

国内学者时堪、王继承关于胜任力理论及模型的系统研究，在我国首次验证了胜任特征评价更能全面区分出优秀管理干部与普通管理干部；陆游、屠荣生建立了世界 500 强企业人力资源部门中层管理人员的胜任力模型；内蒙古大学李菲菲在建构企业中层管理者胜任力模型的基础上进一步建立了胜任能力评价指标体系[3]。这些胜任力理论及模型在企业中层管理者资源开发中的应用研究，为其在教育领域人力资源管理提供了一种新的理念和方法，随后，研究者的重点专注于那些与教育

领域需求相对应的特殊胜任力研究。本世纪以来，胜任力理论及模型在教育领域人力资源开发中的研究与应用开始兴起。胡建平、吴浩东首先基于对高校院（系）管理者的胜任力的实证研究建构了高校院（系）管理者的胜任力模型；济南大学李新蕊基于实证研究录制了高校处级干部访谈文本，形成胜任力辞典编码，并构建了一套高校处级干部胜任力模型体系[4]。

企业中层管理者、高校处级干部胜任力模型研究，其研究对象都是针对中层管理者，其研究方法和胜任力指标体系对高职院校中层管理者胜任力模型研究具有重要借鉴价值。尤其是高校处级干部的胜任力，从本质上与高职院校中层管理者胜任力有很大程度的相似性，二者均归属于高等教育机构组织，其管理活动的性质、目标、对象、内容基本相同，只是存在教育层类的差别，因此，高校处级干部的胜任力及模型研究成果可作为高职院校中层管理者胜任力模型构建的直接参考。

三、高职院校中层管理者能力开发的工具模型选择

然而，企业中层管理者和高校处级干部胜任力模型构建的胜任力指标体系与高职院校中层管理者胜任力模型要求客观上存在差距，因而，这类模型不能直接引用并作为高职院校中层管理者能力开发的工具模型。目前，高职院校中层管理者的胜任力模型研究成果主要有两个：山东大学王坤的"高职院校中层管理者胜任力模型研究"，该研究采用了文献研究、行为事件访谈、问卷调查、数据分析、实证研究等方法，构建了包含 9 项胜任特征和 29 个胜任特征指标的高职院校中层管理者胜任力模型，这 9 项胜任特征分别是：人际洞察力、创新能力、主动学习能力、敬业精神及个性品质、沟通协调能力、信息与时间管理能力、适应性与灵活性、个人影响力、领导管理能力[5]。以此模型为工具，研究者从选拔、评估、培训三个方面对其所构建的高职院校中层管理者胜任力模型进行了应用性的实证分析。西安理工大学赵利娟在"高职院校中层管理者胜任力模型建立及在人才选拔中的应用"为选题的研究中则

提出了 8 个胜任特征的高职院校中层管理者胜任力模型，这 8 个胜任特征分别是：个人成熟度、协调沟通能力、分析思维能力、个人驱力、团队建设与管理能力、影响力、开拓创新能力、学习领悟力[6]，研究者对高职院校中层管理者胜任力构成要素进行定义和验证，运用模糊主客观评价法对职务候选人进行了胜任力评价，建立评价体系，并将模型在陕西工业职业技术学院科研处处长选拔中进行推广应用。

通过对表 3-4 中四篇硕士论文的研究主题、研究对象、专业领域、研究方法的比较研究发现，"高职院校中层管理者胜任力模型研究"和"高职院校中层管理者胜任力模型建立及在人才选拔中的应用"两项研究与"基于胜任特征的高职院校中层管理者能力开发研究"要求完全一致，并且至少有三个关键词完全重合。鉴于目前高职院校中层管理者胜任力模型的相关理论成果已经产生，为了避免重复研究，我们重点选择王坤和赵利娟研究构建的胜任力模型作为高职院校中层管理者能力开发的工具模型。为了选择一个相对贴近本项目实际要求的工具模型，有必要按照科学性、针对性、时效性的标准要求对两个模型作进一步比较分析，最终选定一个更加适合的理论模型。

四、高职院校中层管理者胜任力模型的适切性分析

具体采用哪种胜任模型关键取决于所遴选列举的胜任特征与高职院校中层领导胜任特征的相关性和适合度。此前，李博根据大量的文献研究总结相关研究人员认可度较一致的领导者通用的 11 个维度、64 项胜任力特征指标，这 11 个维度分别是：政治思想维度、组织协调维度、创新能力维度、洞察力维度、团队管理维度、战略导向维度、权威导向维度、关心下属维度、敬业精神维度、个性品质维度、心理素质维度。这些维度几乎涵盖了企业、学校所有中层领导的胜任指标，但指标太多，缺少适用高职院校中层管理者的特有指标。基于此，王坤利用行为事件访谈法对山东省六所高职院校的 6 位中层管理者进行访谈，并根据访谈内容分析，从上述领导者通用的 11 个维度 64 项胜任力特征指标中

表3-4 相关中层管理者胜任模型研究成果与"基于胜任特征的高职院校中层管理者能力开发研究"所需模型的比较

课题名称	关键词	成果形式	发表时间(年)及作者	作者单位及专业领域	研究对象及样本数	信度与效度分析	研究方法及对本项目研究的参考与借鉴点	与本项目的差异点和共融点
企业中层管理者胜任特征模型建立及应用研究	中层管理者,胜任特征,应用研究	硕士论文	2008,李菲菲	内蒙古大学;企业管理	企业中层管理者;国内50家上市公司	Cronbach's α系数>0.7,方差解释率≥65.513%,效度较好	①通过实证研究,得出了企业中层管理者胜任特征模型的8类31项特征 ②设计了虚拟算例 ③基于模糊数学工具的企业中层管理者胜任能力评价指标体系及应用	不同行业 同研究主题 同研究对象 同研究方法
高校处级干部胜任力模型研究	胜任力,高校处级干部,校处级干部,行为事件法	硕士论文	2009,李新德	济南大学;发展与教育心理学	高校处级干部;山东省内30名高校处级干部	胜任特征编码系数=0.698,可靠	①基于HayGroup胜任干部胜任力辞典编制"高校处级干部胜任力辞典" ②分别从高绩效、普通绩效、低绩效抽样,严格编码,采用经典实证建模方法和行为事件技术建立了高校处级干部6类23项特征的应用模型 ③对高校机关处级和学院级室干部胜任特征进行差异验证	不同组织类别 同行业 同研究主题 同研究对象 同研究方法

续表

课题名称	关键词	成果形式	发表时间(年)及作者	作者单位及专业领域	研究对象及样本数	信度与效度分析	研究方法及对本项目研究的参考与借鉴点	与本项目的差异点和共融点
高职院校中层管理者胜任力模型研究	胜任力；胜任力模型；高职院校中层管理者；问卷编制	硕士论文	2009，王坤	山东大学；发展与教育心理学	高职院校中层管理者：山东6所高职院校6位中层管理者及180名高职领导与师生	胜任因子的方差解释率≥62.479%，效度较好，提供应用分析与应用检验，信度良好	①胜任力理念下人力资源与传统人力资源管理比较研究 ②严格遵从行为事件法的要求建模，建立包括9个胜任特征29个胜任特征指标体系的应用模型。同时采用了因子分析法，主成分分析法确定胜任特征应用于模型中的应用分析，标尺权重 ③提供胜任力模型工具在高职中层管理者选拔、评估、评价、培训中的应用分析	同行业 同研究主题 同研究对象 同研究方法 同组织类别 模型应用于选拔、评价、培训、开发
高职院校中层管理者胜任力模型建立及在人才选拔中的应用	胜任力模型；高职中层管理者；高职院校；建立；人才选拔	硕士论文	2010，赵利娟	西安理工大学；企业管理	高职院校中层管理者：8所高职院校30名中层管理者及8名高层管理者		①运用行为事件访谈法和问卷调查法构建了包含8个胜任特征的高职院校中层管理者胜任力模型 ②采用层次分析法确定高职中层管理者胜任特征的权重 ③运用模糊主客观评价法对职务候选人进行胜任力评价，建立优秀、良好、一般、较差、很差五个等级的评价体系 ④将已建成的胜任力模型在陕西工业职业技术学院科研处长选拔中应用实践	同行业 同研究主题 同研究对象 同组织类别 模型主要应用于部选拔

进行筛选、提炼，最终形成了 9 项胜任特征 29 个胜任指标，使领导者的通用胜任特征与高职院校的特殊胜任特征进行了有机融合。

比较两个高职院校中层管理者胜任力模型发现，两个理论模型均遵循胜任力模型构建的基本程序和基本方法，即行为事件法，所不同的是，王坤在设计高职院校中层管理者胜任特征调查问卷时吸纳了以往研究论文涵盖的所有胜任特征，并结合行为事件访谈，对以往所有胜任特征进行了修正，经过统计、归类、合并，初步获得高职院校中层管理者胜任力模型所需的 29 个胜任特征指标，借助因子分析法、主成分分析法归类提取 9 个公共因子及包含的原始变量，最终建成的胜任力模型，可以清晰地识别 9 个公共因子及所代表的高职院校中层管理者胜任特征指标的对应关系和各自权重(表 3-5)。与赵利娟提出的 8 个胜任特征相比较，王坤提出的 9 个胜任特征内涵明晰，更加接近高职院校中层管理者能力结构的要素特征。

表 3-5 高职院校中层管理者胜任力模型

胜任特征	权重	胜任特征指标
人际洞察力	11.12%	洞察力、决策判断能力、团队协作能力
创新能力	10.01%	全局思维、战略制定、开拓创新
主动学习能力	9.39%	专业知识、筹备管理、学习能力
敬业精神及个性品质	10.56%	人生阅历丰富、诚信正直、具有人文关怀、性格开朗、人际关系
沟通协调能力	12.41%	亲和力、社会活动能力、育人能力
信息与时间管理能力	10.03%	信息获取分析能力、时间管理
适应性与灵活性	12.49%	压力承受、情绪控制能力、冲突管理、危机管理能力
个人影响力	11.76%	执行力、知人善用能力、人文素养
领导管理能力	11.23%	组织协调能力、责任意识、领导力

在研究成果信度与效度方面，"高职院校中层管理者胜任力模型研

究"所得出的胜任因子的方差解释率≥62.479%，效度较好，而"高职院校中层管理者胜任力模型建立及在人才选拔中的应用"在其研究报告目录中并未显示信度及效度分析的内容，因此无法确定该模型的实际信度。

从应用与实践层面看，王坤的研究除应用于中层管理者选拔之外，也适用于对高职院校中层管理者的评估、培训和开发，这与我们所重点关注的"高职院校中层管理者能力开发研究"高度相似；在研究过程中，该理论模型已经接受山东省四个地区（济南、德州、济宁、滨州）六所高职院校6位管理者的应用检验，并在其成果中同时提供了五位专家对W主任进行胜任力评估的应用案例，应用流程简单，便于推广借鉴。赵利娟的研究主要侧重于胜任模型在高职院校中层管理者选拔中的应用，其模型成果中也提供了陕西工业职业技术学院科研处处长选拔的应用案例，但从科研处处长胜任力的相关行为表现和选拔评分细则看，描述性评价居多，条款名目较细，操作层面并不容易把控。

"高职院校中层管理者胜任力模型研究"和"高职院校中层管理者胜任力模型建立及在人才选拔中的应用"两项成果分别发表于2009年、2010年，综合比较两个模型的构建过程、方法、胜任特征和胜任特征指标体系、信度与效度、实践层面的可操作性，笔者认为：山东大学王坤研究开发的高职院校中层管理者胜任力模型更加贴近"基于胜任特征的高职院校中层管理者能力开发研究"所需应用模型的要求。鉴于该模型与本项目研究的高适切性，建议选择该模型作为高职院校中层管理者能力开发的工具模型，并在高职院校中层管理者能力开发及管理实践中推广应用。

● 参考文献

[1]吴能全，许峰. 胜任能力模型设计与应用[M]. 广州：广东经济出版社，2006.

[2]景亭. 高校中层领导干部能力素质模型构建初探[J]. 扬州大学学报，2008(3).

[3]李菲菲. 企业中层管理者胜任特征模型建立及应用研究[D]. 呼和浩特：内蒙古大学，2008.

[4]李新蕊. 高校处级干部胜任力模型研究[D]. 济南：济南大学，2009.

[5]王坤. 高职院校中层管理者胜任力模型研究[D]. 济南：山东大学，2009.

[6]赵利娟. 高职院校中层管理者胜任力模型建立及在人才选拔中的应用[D]. 西安：西安理工大学，2010.

基于高职院校中层管理者胜任力模型的实证研究

　　基于胜任力的人力资源管理理论在寻找组织绩效卓越者方面有明显优势，高职院校在中层管理者能力开发实践中推进应用胜任力模型工具，可以有目的地选拔和培养出更多优秀干部，并按照胜任力模型要求重点培养中层管理者的关键能力，帮助他们有效弥补自身短板，由内而外地激发中层管理者的工作潜能和创造力[1]。基于《高职院校中层管理者胜任力模型适切性分析》研究结论，我们认为：高职院校中层管理者胜任力模型在科学性、针对性、时效性等方面更加符合高职院校中层管理者胜任力模型要求。在此，我们以高职院校中层管理者胜任力模型为工具，开展实证研究。

　　高职院校中层管理者胜任力模型的研究提出：高职院校中层管理者胜任力模型包含 9 个胜任特征和 29 个胜任特征指标，这 9 项胜任特征分别是：人际洞察力、创新能力、主动学习能力、敬业精神及个性品质、沟通协调能力、信息与时间管理能力、适应性与灵活性、个人影响力、领导管理能力[2]。以这个模型提供的指标体系和权重为工具，以武汉职业技术学院中层管理者为研究对象，2012 年 5 月，我们对该院中层管理者胜任特征及胜任特征指标发展水平组织了调研；依据调研数据分析 9 个胜任特征与中层管理者的性别、工作面向间的相关性，为设计中层管理者能力开发的目标、对策、路径提供科学依据。此次调研共发放纸质问卷 81 份，回收有效问卷 66 份，回收率为 81.48%，问卷回收后我们运用 SPSS200.0 统计软件对原始数据进行统计处理并形成结论。

一、样本基本情况分析

(一)基本情况的单变量描述统计

本次调研的 66 名有效样本中女性中层管理者有 13 人，占总调查数的 19.7%，男性中层管理者有 45 人，占总调查数的 68.2%；中层管理者的年龄分布情况是：30~39 岁占 24.2%，40~49 岁占 50.0%，50 岁及以上占 22.7%；学历分布情况是：本科占 68.2%，硕士学历占 21.2%；工作岗位面向情况是：行政管理岗占 44.3%，综合管理岗占 34.4%，教学管理岗占 19.7%，科研管理岗占 1.6%(表 3-6)。

(二)基本情况的双变量描述统计

通过对各年龄层的工作岗位面向与年龄的交互条件分析发现，30~39 岁、40~49 岁这两个年龄层的中层管理者从事行政管理工作的人数较多，50 岁及以上的年龄从事综合管理工作的人数较多。通过对性别与工作岗位面向的交互条件研究发现，无论是男性还是女性，从事行政管理的人最多，整个中层管理者队伍中，男性管理者明显比女性管理者人数偏多(表 3-7)。通过对工作岗位面向与学历层次的交互条件研究发现，专科学历者从事综合管理岗位最多，本科学历者从事行政管理岗位最多，硕士学历者也是从事行政管理岗位最多，而博士学历者只在综合管理岗位和行政管理上工作。

表 3-6 　　　　　　　　　　　样本基本情况统计表

项　目	特　征	人　数	百分比(%)
性别	女	13	19.7
	男	45	68.2
	无答案	8	12.1

续表

项　目	特　征	人　数	百分比(%)
年龄	30～39	16	24.2
	40～49	33	50.0
	50 岁及以上	15	22.7
	无答案	2	3.0
学历	无答案	1	1.5
	专科	4	6.1
	本科	45	68.2
	硕士	14	21.2
	博士	2	3.0
工作岗位面向	教学管理	12	19.7
	科研管理	1	1.6
	综合管理	21	34.4
	行政管理	27	44.3

表 3-7　　　　工作岗位面向和性别交互条件百分表

		性　别		
		无答案(%)	女(%)	男(%)
工作岗位面向	无答案	12.5	23.1	2.2%
	教学管理	37.5	15.4	15.6%
	科研管理	0.0	7.7	0.0
	综合管理	37.5	15.4	35.6%
	行政管理	12.5	38.5	46.7%
合计		100.0%	100.0	100.0

二、中层管理者9个胜任特征及29个胜任特征指标发展水平的统计分析

(一)调查问卷结果信度分析

本次调研运用高职院校中层管理者胜任力模型研究中提出的9个胜任特征29个胜任特征指标对武汉职业技术学院中层管理者进行100分制自评测查,为确保统计结果的真实性,特别对调查问卷结果的信度进行分析。调查共有有效个案66个,占样本的比例为100%。通过对9个胜任特征29个胜任特征指标进行Cronbach's Alpha内部一致性信度分析以及scale if item deleted分析,得到本次调查数据信度系数为0.969,可以认为本问卷的内部信度良好。基于此,进一步对问卷测量指标进行scale if item deleted命令分析,统计数据仍显示29个胜任特征指标得出的问卷结果可信度很高。

(二)9个胜任特征及29个胜任特征指标模型得分及权重分析

表3-8的数据显示,9个胜任特征的29个胜任特征指标的均值得分都高于85分,说明66个样本胜任力测量子指标得分都比较高,没有明显的偏态和极值出现。尽管自评过程不能完全排除被测试者由于主观因素导致的过度自信,但这并不影响整体数据变化所反映的9个胜任特征及29个胜任特征指标各项发展水平的优劣。根据数据分析可知:该校中层管理者9个胜任特征中,敬业精神及个性品质、领导管理能力、个人影响力发展水平较好,这3个胜任特征中的诚信正直、责任意识、执行力得分最高,可见,这3个指标是该校中层管理者胜任特征的优胜项。得分较低3个胜任特征分别是适应性与灵活性、创新能力、主动学习能力,这说明与之具体对应的压力承受、情绪控制能力、冲突管理、危机管理能力、全局思维、战略制定、开拓创新、专业知识、筹备管理、学习能力等10个指标水平有待进一步开发提升。

表 3-8　武汉职业技术学院中层管理者胜任特征指标模型得分统计表

胜任特征	测量指标	测量指标均值得分	胜任特征均值得分	权重（%）
人际洞察力	洞察力	87.98	90.02	11.09
	决策判断能力	88.74		
	团队协作能力	93.31		
创新能力	全局思维	91.04	88.88	10.95
	战略制定	87.66		
	开拓创新	87.93		
主动学习能力	专业知识	89.12	89.43	11.02
	筹备管理	88.93		
	学习能力	90.24		
敬业精神及个性品质	人生阅历丰富	86.95	91.71	11.30
	诚信正直	95.77		
	具有人文关怀	93.69		
	性格开朗	91.57		
	人际关系	90.54		
沟通协调能力	亲和力	90.96	89.93	11.08
	社会活动能力	87.87		
	育人能力	90.95		
信息与时间管理能力	信息获取分析能力	90.25	89.87	11.07
	时间管理	89.48		
适应性与灵活性	压力承受	89.25	88.30	10.88
	情绪控制能力	87.77		
	冲突管理	88.04		
	危机管理能力	88.12		
个人影响力	执行力	93.24	91.69	11.30
	知人善用能力	91.51		
	人文素养	90.30		

续表

胜任特征	测量指标	测量指标均值得分	胜任特征均值得分	权重（%）
领导管理能力	组织协调能力	90.93	91.71	11.31
	责任意识	95.19		
	领导力	89.00		
总　计	29	2616.33	811.54	100.00

三、9 个胜任特征变量的性别均值差异分析与方差分析

(一) 人际洞察力的性别均值差异分析与方差分析

通过对人际洞察力的性别值差异分析，女性中层管理者人际洞察力的均值为 87.8974，而男性中层管理者在人际洞察力上的均值为 90.1037，二者相比，男性管理者在此项的自评分数比女性略高，然而女性管理者的标准差比男性管理者的标准差要小，说明男性管理者人际洞察力得分分散性比女性要大。通过相关分析，相关系数为 0.166，两者之间有微弱的相关性。

(二) 创新能力的性别均值差异分析与方差分析

通过运用新合并生成的创新能力变量和性别变量进行均值差异分析和单变量方差分析，得出的数据显示：女性中层管理者创新能力的均值为 87.0000，而男性中层管理者在此项的均值为 88.7037，可见，在创新能力均值得分上女性是低于男性的，但男性管理者创新能力自评得分均值的标准差要大于女性管理者。用创新能力和性别进行相关分析，发现相关系数为 0.110，相关分析呈现的是非常弱的相关性。运用性别和创新能力进行方差分析，发现 F 检验值 = 0.692，sig = 0.409，说明该校中层管理者在创新能力上没有性别上的差异。

（三）主动学习能力的性别均值差异分析与方差分析

通过对主动学习能力变量和性别变量进行均值差异分析和单变量方差分析，得出的数据显示：女性中层管理者主动学习能力的均值为89.0000，而男性中层管理者在此项的均值为88.8222，可见，在主动学习能力均值得分上女性是高于男性的，而且男性管理者在此项的自评得分均值的标准差要大于女性管理者。对主动学习能力和性别进行相关分析，发现相关系数为0.013，相关分析呈现的是极其微弱的相关性，对性别和主动学习能力进行方差分析，发现F检验值=0.010，sig=0.920，错误度达到了92%，说明该校中层管理者在主动学习能力上没有性别上的差异。

（四）敬业精神及个性品质的性别均值差异分析与方差分析

通过对敬业精神及个性品质变量和性别变量进行均值差异分析和单变量方差分析，得出的数据显示：女性中层管理者在敬业精神及个性品质上的均值为90.4308，而男性中层管理者此项的均值为91.7467，可见，从均值差异分析发现女性的敬业精神及个性品质自评得分均值比男性中层管理者要低。而男性管理者敬业精神及个性品质自评得分均值的标准差要大于女性管理者。用敬业精神及个性品质和性别进行相关分析，发现相关系数为0.115，相关分析呈现较弱的相关性。进一步对性别和敬业精神及个性品质进行方差分析，发现F检验值=0.744，sig=0.392，错误度达到了39.2%，说明该校中层管理者在敬业精神及个性品质上没有性别上的差异。

（五）沟通协调能力的性别均值差异分析与方差分析

通过对沟通协调能力变量和性别变量进行均值差异分析和单变量方差分析，得出的数据显示：女性中层管理者在沟通协调能力上的均值得分为88.5897，男性中层管理者的此项均值得分为89.7704，从均值差异分析发现女性的沟通协调能力自评得分均值比男性中层管理者要低。

值得注意的是男性管理者沟通协调能力自评得分均值的标准差要小于女性管理者,说明男性在沟通协调能力上普遍比女性要自信。用沟通协调能力和性别进行相关分析,发现相关系数为 0.091,相关分析呈现非常弱的相关性。通过对性别和沟通协调能力进行方差分析,发现 F 检验值=0.465,sig=0.498,错误度达到了 49.8%,说明该校中层管理者在沟通协调能力上没有性别上的差异。

(六)信息与时间管理能力的性别均值差异分析与方差分析

通过对信息与时间管理能力变量和性别变量进行均值差异分析和单变量方差分析,得出的数据显示:女性中层管理者在信息与时间管理能力上的均值得分为 88.6538,男性中层管理者的此项均值得分为 89.9444,略低,但中值得分均为 90.0000,而且得分都非常高,说明高职院校的中层管理者无论男女的信息与时间管理能力都非常强。用信息与时间管理能力和性别进行相关分析,发现相关系数为 0.101,相关分析呈现非常弱的相关性。通过对性别和信息与时间管理能力进行方差分析,发现 F 检验值=0.581,sig=0.449,错误度达到了 44.9%,说明该校中层管理者在信息与时间管理能力上没有性别上的差异。

(七)适应性与灵活性的性别均值差异分析与方差分析

通过对适应性与灵活性变量和性别变量进行均值差异分析和单变量方差分析,得出的数据显示:女性中层管理者在适应性与灵活性上的均值得分为 86.6538,男性中层管理者的此项均值得分为 88.3944,因此,从均值差异分析发现女性的适应性与灵活性自评得分均值比男性中层管理者低较多,而且女性中层管理者的适应性与灵活性的自评均值得分标准差也比男性大,说明数据的分散性也大一些。用适应性与灵活性和性别进行相关分析,发现相关系数为 0.101,相关分析呈现非常弱的相关性。通过方差分析,发现 F 检验值=0.747,sig=0.391,错误度达到了 39.1%,说明该校中层管理者在适应性与灵活性上没有性别上的差异。

(八)个人影响力的性别均值差异分析与方差分析

通过对个人影响力变量和性别变量进行均值差异分析和单变量方差分析，得出的数据显示：女性中层管理者在个人影响力上的均值得分为90.8462，男性中层管理者的此项均值得分为91.3926，可见，从均值差异分析发现女性的个人影响力自评得分均值比男性中层管理者略低。然而女性中层管理者的个人影响力的自评均值得分标准差却比男性小很多，说明女性管理者的自评得分分散性要小一些。用个人影响力和性别进行相关分析，发现相关系数为0.050，相关分析呈现非常弱的相关性。通过方差分析，发现F检验值=0.142，sig=0.708，错误度达到了70.8%，说明该校中层管理者在个人影响力上没有性别上的差异。

(九)领导管理能力的性别均值差异分析与方差分析

通过对领导管理能力变量和性别变量进行均值差异分析和单变量方差分析，得出的数据显示：女性中层管理者在领导管理能力上的均值得分为90.6667，男性中层管理者的此项均值得分为91.6074，可见，从均值差异分析发现女性的领导管理能力自评得分均值比男性中层管理者略低。然而女性中层管理者的领导管理能力的自评均值得分标准差却比男性小很多，说明女性管理者的自评得分分散性要小一些。用领导管理能力和性别进行相关分析，发现相关系数为0.081，相关分析呈现非常弱的相关性。用性别和领导管理能力进行方差分析，发现F检验值=0.373，sig=0.544，错误度达到了54.4%，说明该校中层管理者在领导管理能力上没有性别上的差异。

根据上述分析可以得出：9个胜任特征在性别上并没有明显的区别，但男性管理者在人际洞察力、创新能力、敬业精神及个性品质、沟通协调能力、适应性与灵活性、个人影响力、领导管理能力等7个因子的得分均高于女性管理者，尤其是适应性与灵活性，男性得分明显高于女性管理者；在主动学习能力方面女性均值得分高于男性。研究发现，男性管理者和女性管理者的信息与时间管理能力中值完全相同，而且得分都非常高，说明该校中层管理者此项因子平均发展水平较高。

四、9个胜任特征变量的工作岗位均值差异分析与方差分析

为了了解66个样本资料中不同的子项在工作岗位上的平均值之间差异情况，我们运用SPSS20.0中的means命令和one-way anova命令进行均值差异分析和方差分析。通过这一分析试图研究教学管理岗位、科研管理岗位、行政管理岗位、综合管理岗位4个岗位在9个胜任力指标上有无差别、有没有相关性、这种相关性是不是真实存在的。在进行分析前，首先对66个个案进行了缺失值处理(表3-9)。

表 3-9 　　　　　　　　66个样本有效性的处理摘要

	案　　例					
	已包含		已排除		总计	
	N	百分比	N	百分比	N	百分比
工作岗位	61	92.4	5	7.6	66	100.0

通过运用SPSS20.0软件排除掉5个缺失值后，留下的61个有效个案进行均值差异分析、相关分析、方差分析等，得出了以下分析结果。

(一)人际洞察力和工作岗位均值差异分析及方差分析

表 3-10 显示，教学管理岗位的人在人际洞察力上的均值为92.6111，在四个岗位中的自评均值得分是最高的，其次是综合管理岗位的人，在人际洞察力上的均值为90.3651。因科研管理岗位上的样本只有1个，所以无法比较标准差。而教学管理岗位自评得分均值的标准差最小，说明教学管理岗位上的人得分分散性最小。通过分析人际洞察力和工作岗位之间的相关性，发现相关系数为0.237，两者之间为较弱的相关性。进一步通过单因素方差分析，得出的数据显示，F检验值= 1.126，sig=0.346，相关性的错误度达到了34.6%，说明该校中层管理

者在人际洞察力上没有工作岗位的差异。

表 3-10 人际洞察力的均值差异分析

工作岗位	N	均值	中值	标准差
教学管理	12	92.6111	93.8333	5.25479
科研管理	1	85.0000	85.0000	0.00000
综合管理	21	90.3651	90.0000	5.62919
行政管理	27	89.4568	90.0000	6.02356
总计	61	90.3169	90.0000	5.76240

η(相关系数)= 0.237

(二)创新能力和工作岗位均值差异分析及方差分析

表 3-11 显示,教学管理岗位的人在创新能力上的均值为 91.2500,在四个岗位中的自评均值得分是最高的,其次是综合管理岗位的人,在创新能力上的均值为 89.3492,因科研管理岗位上的样本只有 1 个,所以无法比较标准差。而综合管理岗位自评得分均值的标准差最小,说明综合管理岗位上的人得分分散性最小。通过分析创新能力和工作岗位之间的相关性,发现相关系数为 0.193,两者之间呈较弱的相关性。进一步通过单因素方差分析,得出的数据显示,F 检验值 = 0.735,sig = 0.535,相关性的错误度达到了 53.5%,说明该校中层管理者在创新能力上没有工作岗位的差异。

表 3-11 创新能力的均值差异分析

工作岗位	N	均值	中值	标准差
教学管理	12	91.2500	90.8333	6.11526
科研管理	1	85.0000	85.0000	0.00000
综合管理	21	89.3492	90.0000	5.87601

续表

工作岗位	N	均值	中值	标准差
行政管理	27	88.1111	90.0000	7.55097
总计	61	89.1038	90.0000	6.68872

η(相关系数)= 0.193

(三)主动学习能力和工作岗位均值差异分析及方差分析

表 3-12 显示,教学管理岗位的人在主动学习能力上的均值为 93.8611,在四个岗位中的自评均值得分是最高的,其次是综合管理岗位的人,在主动学习能力上的均值为 88.7460。从表上我们发现教学管理岗位自评得分均值的标准差最小,说明教学管理岗位上的人得分分散性最小。通过分析主动学习能力和工作岗位之间的相关性,发现相关系数为 0.377,两者之间呈现一定的相关性。进一步通过单因素方差分析,得出的数据显示,F 检验值=3.139,sig=0.032,相关性的错误度只有 3.2%,这个统计结果值得我们重视,说明工作岗位对主动学习能力是有一定的影响的,不同的岗位在主动学习能力上存在一定的差异,相比而言,教学管理岗位的中层管理者主动学习能力最强,行政管理岗位中层管理者则较差。

表 3-12   **主动学习能力的均值差异分析**

工作岗位	N	均值	中值	标准差
教学管理	12	93.8611	95.0000	4.08856
科研管理	1	88.3333	88.3333	0.00000
综合管理	21	88.7460	88.3333	5.64004
行政管理	27	88.2469	90.0000	5.87737
总计	61	89.5246	90.0000	5.77654

η(相关系数)= 0.377

(四)敬业精神及个性品质和工作岗位均值差异分析及方差分析

表 3-13 显示，教学管理岗位的人在敬业精神及个性品质上的均值为 94.9333，在四个岗位中的自评均值得分是最高的，其次是综合管理岗位的人，在敬业精神及个性品质上的均值为 92.0952。综合管理岗位自评得分均值的标准差最小，说明综合管理岗位上的人得分分散性最小。通过分析敬业精神及个性品质和工作岗位之间的相关性，发现相关系数为 0.325，两者之间呈现一定的相关性。进一步通过单因素方差分析，得出的数据显示，F 检验值 = 3.139，sig = 0.094，相关性的错误度只有 9.4%，如果能够容忍的误差达到 10% 的话，说明工作岗位对敬业精神及个性品质是有一定的影响的。不同的岗位在敬业精神及个性品质上存在一定的差异，教学管理岗位的中层管理者敬业精神及个性品质最强。

表 3-13　　　　　敬业精神及个性品质的均值差异分析

工作岗位	N	均值	中值	标准差
教学管理	12	94.9333	95.1000	4.09730
科研管理	1	90.0000	90.0000	0.00000
综合管理	21	92.0952	92.0000	3.19163
行政管理	27	90.6519	91.0000	6.01219
总计	61	91.9803	92.0000	4.97443

η(相关系数) = 0.325

(五)沟通协调能力和工作岗位的均值差异分析及方差分析

表 3-14 显示，教学管理岗位的人在协调沟通能力上的均值为 94.1389，在四个岗位中的自评均值得分是最高的，其次是综合管理岗位的人，在沟通协调能力上的均值为 89.3333。教学管理岗位自评得分均值的标准差最小，说明教学管理岗位上的人得分分散性最小。通过分

析沟通协调能力和工作岗位之间的相关性，发现相关系数为0.354，两者之间呈现一定的相关性。进一步通过单因素方差分析，得出的数据显示，F检验值=2.729，sig=0.052，相关性的错误度只有5.2%，如果可容忍的误差达到10%的话，说明工作岗位对沟通协调能力是有较大的影响。不同的岗位在沟通协调能力上存在差异，教学管理岗位的中层管理者沟通协调能力最强。

表 3-14　　　　　　　协调沟通能力的均值差异分析

工作岗位	N	均值	中值	标准差
教学管理	12	94.1389	94.6667	4.84811
科研管理	1	86.6667	86.6667	0.00000
综合管理	21	89.3333	90.0000	4.97773
行政管理	27	89.1358	90.0000	6.04701
总计	61	90.1475	90.0000	5.70040

η(相关系数)= 0.354

(六) 信息与时间管理能力和工作岗位的均值差异分析及方差分析

表 3-15 显示，教学管理岗位的人在信息与时间管理能力上的均值为 93.1667，在四个岗位中的自评均值得分是最高的，其次是综合管理岗位和科研管理岗位的人，在信息与时间管理能力上的均值为 90.0000。行政管理岗位自评得分均值的标准差最小，说明行政管理岗位上的人得分分散性最小。通过分析信息与时间管理能力和工作岗位之间的相关性，发现相关系数为 0.309，两者之间呈现一定的相关性。进一步通过单因素方差分析，得出的数据显示，F检验值=2.010，sig=0.123，相关性的错误度达到 12.3%，说明工作岗位对信息与时间管理能力是没有影响的，不同的岗位在信息与时间管理能力上不存在差异。

表 3-15 信息与时间管理能力的均值差异分析

工作岗位	N	均值	中值	标准差
教学管理	12	93.1667	95.0000	5.40763
科研管理	1	90.0000	90.0000	0.00000
综合管理	21	90.0000	90.0000	5.18411
行政管理	27	88.8333	90.0000	4.88128
总计	61	90.1066	90.0000	5.22024

$\eta($相关系数$) = 0.309$

(七)适应性与灵活性和工作岗位的均值差异分析及方差分析

表 3-16 显示，教学管理岗位的人在适应性与灵活性上的均值为 92.3958，在四个岗位中的自评均值得分是最高的，其次是综合管理岗位的人，在适应性与灵活性上的均值为 88.5119。教学管理岗位自评得分均值的标准差最小，说明教学管理岗位上的人得分分散性最小。通过分析适应性与灵活性和工作岗位之间的相关性，发现相关系数为 0.332，两者之间呈现一定的相关性。进一步通过单因素方差分析，得出的数据显示，F 检验值 = 2.349，sig = 0.082，相关性的错误度达到 8.2%，如果可忍受 10% 以下的错误，说明工作岗位对适应性与灵活性是有一定的影响。不同的岗位在适应性与灵活性上存在差异，教学管理岗位的中层管理者适应性与灵活性最强。

表 3-16 适应性与灵活性的均值差异分析

工作岗位	N	均值	中值	标准差
教学管理	12	92.3958	95.0000	5.82652
科研管理	1	85.0000	85.0000	0.00000
综合管理	21	88.5119	87.5000	6.40580
行政管理	27	86.8796	88.7500	6.05002
总计	61	88.4959	88.7500	6.33911

$\eta($相关系数$) = 0.332$

(八)个人影响力和工作岗位的均值差异分析及方差分析

表 3-17 显示,教学管理岗位的人在个人影响力上的均值为 94.1944,在四个岗位中的自评均值得分是最高的,其次是综合管理岗位的人,在个人影响力上的均值为 91.7143。教学管理岗位自评得分均值的标准差最小,说明教学管理岗位上的人得分分散性最小。通过分析个人影响力和工作岗位之间的相关性,发现相关系数为 0.263,两者之间呈现一定的相关性。进一步通过单因素方差分析,得出的数据显示,F 检验值 = 2.349,sig = 0.249,相关性的错误度达到 24.9%,说明工作岗位对个人影响力是没有很明显的影响。不同的岗位在个人影响力上不存在差异。

表 3-17　　　　　　　　**个人影响力的均值差异分析**

工作岗位	N	均值	中值	标准差
教学管理	12	94.1944	95.0000	4.61980
科研管理	1	91.6667	91.6667	0.00000
综合管理	21	91.7143	91.6667	3.97811
行政管理	27	90.8025	90.0000	5.33274
总计	61	91.7978	91.6667	4.80712

η(相关系数) = 0.263

(九)领导管理能力和工作岗位的均值差异分析及方差分析

表 3-18 显示,教学管理岗位的人在领导管理能力上的均值为 94.3889,在四个岗位中的自评均值得分是最高的,其次是综合管理岗位的人,在领导管理能力上的均值为 91.5714。教学管理岗位自评得分均值的标准差最小,说明教学管理岗位上的人得分分散性最小。通过分析领导管理能力和工作岗位之间的相关性,发现相关系数为 0.260,两者之间呈现一定的相关性。进一步通过单因素方差分析,得出的数据显示,F 检验值 = 1.372,sig = 0.261,相关性的错误度达到 26.1%,说明

工作岗位对领导管理能力是没有很明显的影响。不同的岗位在领导管理能力上不存在差异。

表 3-18　　　　　　　　　领导管理能力的均值差异分析

工作岗位	N	均值	中值	标准差
教学管理	12	94. 3889	95. 8333	4. 77120
科研管理	1	88. 3333	88. 3333	0. 00000
综合管理	21	91. 5714	91. 6667	4. 86500
行政管理	27	91. 1358	91. 6667	5. 30301
总计	61	91. 8798	91. 6667	5. 09903

η(相关系数)= 0. 260

根据上述分析得出：武汉职业技术学院的中层管理者 9 个胜任特征中主动学习能力、敬业精神及个性品质、沟通协调能力、适应性与灵活性 4 个胜任特征存在工作岗位上的明显差异，这 4 个胜任特征中以教学管理岗位上的管理者得分均值最高，其次是综合管理岗位。其他的 5 项基本没有工作岗位上的差异，即无论是哪一种工作岗位上的管理者得分都比较接近，四种岗位之间没有明显的区别。

◉ 参考文献

[1] 吴能全，许峰. 胜任能力模型设计与应用 [M]. 广州：广东经济出版社，2006.

[2] 王坤. 高职院校中层管理者胜任力模型研究 [D]. 济南：山东大学，2009.

基于胜任特征的高职院校
中层管理者能力开发

　　高职院校管理活动日益复杂化，学校对中层管理者的素能要求更加着眼于干部的优秀绩效和整体绩效，而非资格要求。学校在能力开发层面迫切要求能够通过关键行为确认岗位要求，使管理者能清楚地觉察到自己的情形与其他干部的差距，从而采取有针对性的培训与开发措施。传统的人力资源管理一直比较重视知识、技能等显性胜任力的培训与开发，而对影响工作绩效的深层潜能与素质开发重视不够。以胜任力理论为指导的人力资源管理在寻找组织绩效卓越者方面有明显优势。这个理论形成的依据之一是弗洛伊德的"冰山"理论。在弗洛伊德提出的"冰山模型"基础上建构的胜任特征（胜任力）模型中，把各种胜任特征描述为在水中漂浮的一座冰山，知识、技能只是呈现于水上部分的"显性胜任力"，在个人工作过程中容易被看到，也容易被改变和衡量；而水下深层部分的潜能与素质，如个人的态度、社会角色、价值观、自我形象、个性、品质、社会动机等，才是决定人们行为及其表现的关键因素，这些关键因素称为"潜在胜任力"，它既难以测量，也不容易改变。

　　引鉴该理论及模型工具于高职院校中层管理者能力开发实践，不仅可以有目的地选拔和培养更多优秀干部，还能够按照胜任力模型要求重点培养中层管理者的关键能力，帮助管理者弥补自身的短板；逐渐把干部的工作行为和胜任力水平纳入整体评价之内。本篇以高职院校中层管理者实证研究的结论为依据，试图从开发理念和实施策略两个方面，为高职院校中层管理者的能力开发提供参考。

一、基于胜任特征的高职院校中层管理者能力开发基础

(一) 理论模型基础

基于胜任力模型的高职院校中层管理者能力开发必须首先建构或选定一个可适用的模型。通过比较研究认为："高职院校中层管理者胜任力模型"比较符合"基于胜任特征的高职院校中层管理者能力开发"所需的应用模型要求，因此，确定选择该模型作为高职院校中层管理者能力开发的工具模型。

(二) 实践基础

我们以"高职院校中层管理者胜任力模型"为工具，以武汉职业技术学院中层管理者为研究对象，于 2012 年 5 月对该校中层管理者胜任特征及胜任特征指标发展水平进行了实证研究，为该校中层管理者能力开发提供科学依据。

二、基于胜任特征的高职院校中层管理者能力开发的理念选择

(一) 胜任特征与高职院校中层管理者整体绩效的关联性分析

高职院校中层管理者的工作绩效有三个特殊性：其一是隐含性，中层管理者的工作产出不能像教师和基层管理者那样可以量化；其二是多因性，管理者的工作绩效是技能、激励、环境、机会四个变量的函数[1]，技能、激励归类为主观性影响因素，环境和机会归类为客观性影响因素，在客观因素相对一致的状态下，管理者主观性影响因素就成为工作绩效差异化的主要原因；其三是多维性，绩效是管理者个人知识、能力、态度、动机、行为、结果及人际交往等多维因素共同参与的结果，其既反映管理者潜在的形态劳动，亦反映了管理者流动形态和凝

固形态的劳动。由于传统德、能、劳、绩考核标准比较笼统，侧重于对显性、量化结果的评价，比较容易区分合格与不合格业绩，但不能甄选合格与优秀业绩。而按照穷尽、独立、平行、适度等原则建立的胜任模型遴选产生的胜任特征能够关照到高职院校中层管理者工作绩效评价的三个特殊性[2]，胜任特征及胜任特征指标几乎涵盖了中层管理者工作绩效多层次、多维度、隐含性的影响因素，因此，以此为基础的能力开发，才能实质性地促进学校中层管理者整体绩效的提升。

(二) 以能力开发为导向的整体设计有别于传统的教育培训方案

能力开发有别于教育培训。在传统的人力资源管理中，培训是管理者能力培养的主要路径。诚然，培训是有组织、有目的地传递知识、技能、标准、信息、信念的活动，但其内容主要针对管理者现有组织和工作岗位所需要的知识与技能，其目的主要是为了使管理者具备与组织目标和现有岗位相匹配的知识素质和业务能力。开发则有别于培训。"开发"意即"开拓新的领域"、"发现并利用新的资源"，在胜任特征的人力资源管理体系中，能力开发囊括了教育培训的全部内容，而且更加强调对管理者潜在素能的挖掘，这些潜在素能重点指向那些隐藏在"冰山"底下的个人态度与价值体系。

(三) 高职院校中层管理者胜任特征的层级分类

在高职院校中层管理者胜任力模型中，王坤采用因子分析法和主成分分析法归纳出了高职院校中层管理者 9 个方面的胜任特征及 29 项胜任特征指标，这 29 项指标均是高职院校中层管理者的关键评价要素，这种分类虽然全面而准确，但目录过于琐碎。为了便于实践操作，这里综合借鉴罗伯特·卡茨(Robert L. Katz)的管理能力分类[3]、综合管理能力的人格特质研究法(Trait Approach)、功能研究法(Funct ional Approach)等研究成果[4]，把高职院校中层管理者 9 个方面的胜任特征整理归纳为人格特质和管理特质两大类(图 3-9)。

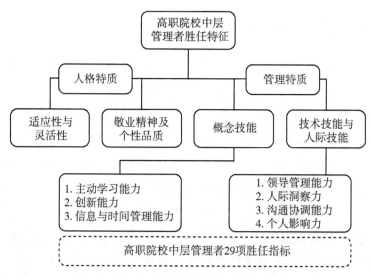

图 3-9　基于胜任特征的高职院校中层管理者管理能力的层级分类

三、基于胜任特征的高职院校中层管理者能力开发策略

管理活动是复杂多变的，管理者需要有特定的技能才能胜任和履行其职责。之所以对高职院校中层管理者提出技术技能、人际技能、概念技能及人格特质方面的诸多要求，也是顺应高职院校管理工作复杂化、专业化发展的必然要求。对于高职院校的中层管理者而言，技术技能是必要的，熟悉和精通与管理直接相关的专业领域知识、职业教育知识是其履行高职教育管理职责的基本前提；人际技能最为关键，因为中层管理者的大量工作贯穿于部门与层级间的协调、贯彻与执行，人际关系绩效占据工作绩效的很大部分；从管理者专业成长的视角看，概念技能更是高层管理者不可或缺的稀缺才能。根据图 3-9 呈现的高职院校中层管理者胜任特征层级分类，建议按照"系统论"的整、分、合原理，分别从学习型组织建立（整）、有针对性地确定能力开发项目（分）、组织管理课程培训（合）三个方面组织开展高职院校中层管理者的能力开发

工作。

（一）整：建立管理者学习型组织

高职院校中层管理者 9 个胜任特征及 29 个胜任特征指标，有显性的，有隐性的，有人格特质方面的，也有管理技能方面的。无论哪个层级管理能力的提升，学习是基本路径，也是管理者适应岗位变换、自我调适行为的重要手段。但个人所具备的"主动学习能力"对整体管理绩效的正面影响力是有限的，为了使组织从整体上具有学习和自我更新的行为能力，有必要建立管理者学习型组织，从而以组织的形式实现有目的、有层次、有规章的学习。在此，可以借鉴彼得·圣吉在《第五项修炼》中提出的管理观念[5]，特别是关于学习型组织所倡导的"终身学习"、"全员学习"、"全过程学习"、"自我管理"的观点及方法，努力提高组织成员学习的速度、能力、才能，改进组织的思维模式及行为能力。该理论关于心智模式的改善和系统思考的训练，对于提升管理者"潜在胜任力"也有效用，如决策判断、全局思维、人文关怀、压力承受、情绪控制、冲突管理、危机管理等，实质上都需要通过改变管理者的心理素质、思维方式和心态，最终实现管理者观念和行为的修正。此外，学习型组织中提倡的"深度汇谈"更是团队学习的关键所在，借助"深度汇谈"，让每个管理者都有接受询问、主动汇报、专心聆听的机会，通过对大家共同关注的问题的交流、研讨、磋商与达成共识，彼此结为工作伙伴。总之，以学习活动贯穿的"五项修炼"，能够深层激发管理者的内在创造力，从而提高组织的整体造血功能。

（二）分：根据中层管理者胜任模型实证结论有针对性地确定能力开发项目

首先，选定武汉职业技术学院中层管理者胜任特征的劣势项目作为中层管理者能力开发的重点项目。武汉职业技术学院中层管理者胜任力模型实证调研数据显示，该校中层管理者 9 个胜任特征中，领导管理能力、个人影响力、敬业精神及个性品质整体得分较高，这 3 个胜任特征下属的胜任特征指标——诚信正直、责任意识、执行力得分最高，因此可以确定，诚信正直、责任意识、执行力 3 个指标是该校中层管理者胜任特征的优胜项。适应性与灵活性、创新能力、主动学习能力 3 个胜任特征得分较低，因此，可以将与这 3 个胜任特征对应的压力承受、情绪控制能力、冲突管理、危机管理能力、全局思维、战略制定、开拓创新、专业知识、筹备管理、学习能力等 10 个指标确定为该校中层管理者能力开发的重点选项。

其次，根据武汉职业技术学院中层管理者胜任特征性别差异项确定男、女中层管理者能力开发的侧重项。实证调研数据显示：女性管理者与男性管理者的信息与时间管理能力中值完全相同，得分都比较高，说明该校中层管理者此项因子平均发展水平较高；而女性管理者在主动学习能力方面均值得分明显高于男性；男性管理者在沟通协调能力、适应性与灵活性、人际洞察力、创新能力、敬业精神及个性品质、领导管理能力、个人影响力等 7 个因子的得分均高于女性，尤其是适应性与灵活性，男性得分明显高于女性管理者。信息与时间管理能力没有明显性别差异。考虑到男性管理者在沟通协调能力、适应性与灵活性、人际洞察力、创新能力、敬业精神及个性品质、领导管理能力、个人影响力等 7 个因子上的优势，建议学校在干部任用时适当考虑岗位对性别的特殊要求，着重加强对男性中层管理者主动学习能力的训练，以及女性中层管理者适应性与灵活性能力的训练。

最后，根据武汉职业技术学院中层管理者胜任特征的岗位差异建立中层管理者轮岗制度。实证调研数据显示：武汉职业技术学院中层管理者 9 个胜任特征中在沟通协调能力、适应性与灵活性、主动学习能力、敬业精神及个性品质 4 个胜任特征上存在工作岗位上的差异。沟通协调能力对教学管理工作绩效有明显影响。这 4 个胜任特征中以教学管理岗位的管理者得分均值最高，其次是综合管理岗位，其他 5 项没有工作岗位上的差异。建议组织建立常态化的轮岗机制，把主动学习能力、敬业精神及个性品质、沟通协调能力、适应性与灵活性等要素作为培养和选拔教学管理岗位中层管理者的必要或重要选项。

(三)合：组织开展中层管理者管理课程培训

由于管理活动的综合性与复杂性，使得管理的理论与实践与人类学、经济学、哲学、政治学、心理学、社会学等多门学科间存在密切关联。因此，有研究者认为：管理课程容纳着人类人文和社会学科的丰富遗产，其知识与内涵极为丰富。从现实需求而言，高职院校组织开展中层管理者管理课程培训也是非常必要的。从武汉职业技术学院中层管理者专业背景的调研可知，该校具有管理专业背景（含经济管理、行政管理、教育管理、公共管理、思想政治教育等专业）的中层管理者仅占当年统计总数的17.3%。武汉职业技术学院是国家示范性高职，该校中层管理者的专业背景情况在全国高职具有一定的代表性。可见，管理理论的短板是目前高职院校中层管理人员素质的共性问题。尽管高职院校的管理活动实践性很强，但也并不意味着"工作实践"可以替代"管理理论"。事实上，管理课程就像一个存贮"智慧"的大筒仓，越是复杂事件、危机事件和重大事件的预先决策，课程知识就越能源源不断地爆发出创新管理的智慧火花。相对经验、实践而言，课程知识永远具有更强的生发性、普遍性和权威性。这里所指的"课程"，不单指书本上的静态知识，也不单指实践中的经验总结，而是以管理学科知识为基本结构，根据"适当性"原则组织设计的诸多课程模块[6]，所谓"适当性"，既要强调管理课程的一般结构，又要兼顾职业院校行政需要和管理者的可接受程度。

管理课程学习并不完全依赖学历教育，在职课程培训同样也可以建立系统的知识结构。为了使管理者在有限时间内尽可能建立系统的知识结构，管理课程的组织实施需要把握以下几点：学校把中层管理者的管理课程学习纳入干部能力建设整体规划，系统制订学习培训计划及考核标准，定期、分层举办课程学习班，比如科干班、中干班、素质拓展班等；按照"适当性"原则科学设计课程模块，制订适应校本需求的课程计划；高标准选聘管理学科的主讲教师，优先聘请有丰富管理实践经验的高层管理名师举办讲座和讲学；建立理论学习、行动学习、学术研究与论文写作等三位一体的教学体系，严格实行学分制和考试结业制；借鉴推行行动学习模式。英国的瑞文斯（Reg Revans）所提出的行动学习模式[7]，是国内外 MBA、EMBA、MPA 教育的成功教学模式，学员在行动学习中，以团队为基础，以解决问题为目标，通过提出问题—反思—总结—计划—行动—发现新问题—再反思循环方式开展学习。由于这种教学模式特别关注管理者能力和品格的发展，学员的学习过程实质上也是他们从知识、技能学习向个人态度、社会角色、价值观、自我形象、个性、品质、社会动机转变的过程，这与在"冰山理论"基础上建构的胜任特征理论中"显性胜任力"、"潜在胜任力"的开发理念不谋而合[8]。

● 参考文献

[1] 王坤. 高职院校中层管理者胜任力模型研究[D]. 济南：山东师范大学，2009.

[2] 赵曼. 人力资源开发与管理[M]. 北京：中国劳动社会保障出版社，2002.

[3] 王菊. 企业中层管理者绩效考核模型的改进研究[J]. 金融经济，2007(10)：139-141.

[4] 斯蒂芬·P. 罗宾斯. 管理学[M]. 北京：中国人民大学出版社，2004.

[5] 赵伟军，刘莉. 管理能力、组织文化与组织绩效间的关系研究[J]. 经济师，2008(3)：191-192，195.

[6] [美]彼得·圣吉. 第五项修炼——学习型组织的艺术与训练[M]. 张成林，译. 北京：中信出版社，2009.

[7] 岳刚德. 现代课程概念重建历史：从知识、经验到结构[J]. 全球教育展望，2011(2)：28-32，50.

[8] 张素玲. 行动学习及其在我国领导人才培训中的应用研究[J]. 国家教育行政学院学报，2009(12)：32-35.

第四辑

中外高职课程发展的比较与分析

一、国外高职课程的现状分析

(一)国外高职课程的演变

国外高等职业教育在二战前发展比较缓慢。二战以后,随着高等职业教育进入规模空前发展的时代,高等职业教育的课程也进入到一个理论繁荣时期。按照课程取向的不同,国外高职课程发展阶段大致可划分为四个阶段(表4-1)。

表 4-1　　　　　二战后国外高职课程的演变[1]

阶段	二战后至20世纪70年代	20世纪70年代至80年代	20世纪80年代至90年代	20世纪90年代至21世纪初
社会背景	战争结束,寻求稳定;经济恢复发展;劳动力供不应求;中职是重点	经济危机;教育受质疑;培训兴起;产学合作深化;劳动力供大于求	能力本位职教课程兴起;终身学习的影响;岗位迁移能力的需求	知识经济、网络时代等新时代特征的冲击;人本主义涌动;岗位界限模糊;学习化社会到来
课程取向	学科式的普适性	岗位式的专业性	关注迁移能力的专业性	强调继续学习能力的普适性

续表

阶段	二战后至20世纪70年代	20世纪70年代至80年代	20世纪80年代至90年代	20世纪90年代至21世纪初
课程目标	企业对学生没有特殊要求,"照单全收"	就业能力	迁移能力、关键能力、核心能力	生存能力、升学能力、继续学习能力
课程实施主体	学校	以学校为主的产学结合	以企业为主的产学合作	学校、企业、行业等多元办学主体共同合作
课程结构	以学科为组织单位;理论与实践分开	按专业和岗位设置的理论与实践交替的课程	模块课程的组织;学分制;各模块之间有顺序性	课程整合化,理论与实践相互交融

(二)影响国外高职课程发展的课程模式

从实践层面看,近几十年来,国外先后出现过众多的职业课程模式,其中,对高等职业教育发展产生深远影响的主要有以下几种模式:MES课程模式、CBE课程模式、能力本位课程模式、学习领域课程模式、工作本位学习课程模式等。由于每一种课程模式都是一定社会背景的产物,都有自身的优点、缺点和适用背景,所以现实中,出现了多种课程模式并存的现象。

1. CBE课程模式

CBE(Compemnce Based Education)是起源于美国、后在北美和澳洲等地得以推广的职业教育思想和模式,由于广泛应用了DACUM(Developing a Cumculum)课程开发方法,因此,我国常把用DACUM法开发的课程称为CBE课程模式。

CBE课程开发模式的核心是能力,它以能力为基础,从职业岗位的需要出发,确定能力目标。它由企业专家组成课程专业委员会,制定能力分解表即DACUM表,并确定学校应开设的专业。学校再以这些能力为目标，进行工作分析、任务分析、教学分析并进行教学设计与开发，组织教学的实施，最后考核是否达到这些能力要求。

该课程模式重视学生的能力训练，理论知识传授以"必需、够用"为度，教学上强调学生的主体作用，相对于传统的"以学科知识为基础"的学科系统化课程开发，已经具有革命性的意义。

但是由于 CBE 课程模式强调将单项能力组合成综合能力，这种方式忽视了工作的整体特性和经验成分，不利于知识、技能的迁移与发展，也不利于自我学习能力的提高，因此其局限性越来越明显。

2. MES 课程模式

MES（Modules of Employable Skill）是国际劳工组织开发的课程方案，原意是针对职业岗位规范进行就业技能培训的模块课程组合方案，其着眼点是通过一个模块单元的学习，使受训者获得社会生产活动中所需要的一种实际技能，每个模块都是可以灵活组合的技能及与其所需知识相统一的教学单元。

该课程模式的最大长处在于能适应就业需求，满足行业、企业的规范化要求，同时模块组合灵活，所开发的课程能够应用于不同国家，适应不同行业的转移。

但是 MES 课程模式实质上是行为主义导向的 CBE 课程模式，因此其缺点同样在于不利于学生迁移能力的发展。与此同时，正如有专家所言，"模块"作为职业教育的一个特定概念被滥用了，出现了诸如"文化课模块"和"活模块"等众多语义不准或不通的说法，这在一定程度上也影响了人们对模块课程本质的认识。

3. 学习领域课程模式

学习领域课程模式是目前德国针对传统职业教育课程的学问化问题推出的一种模式，其实现的办法是在知识组织中彻底打破学科界限，推行"学习领域"。

学习领域课程模式的理念是：通过模拟职业情境中的典型职业活动来实现专业知识的习得和职业技能的掌握，它要求按照符合企业生产劳动的职业行为逻辑，对专业课程与专业教学整体上以"行为导向"进行跨专业的处理，是一种不同于内容分割的模块化课程而追求职业综合性、整体性的集成化课程方案。所谓"学习领域"，是指一个根据学习目标所确定的主题学习单元，通过学习目标、学习内容和学习时间三个要素予以界定。学习目标描述对综合职业能力的培养要求，学习内容即是对所确定的项目或工作任务进行陈述。

4. 工作本位学习课程模式

工作本位学习（work-based learning）是德国"双元制"培训体系的一个重要组成部分，近年来在澳大利亚、美国、英国等国家也获得了很大发展。该课程模式是对传统的学徒制的一种创新。其特点有：第一，合作的观念以及合作伙伴关系是其核心理念。第二，工作本位学习是在现场进行的，工作与学习是同一的，学习者同时是工作者，工作者同时也是学习者。第三，在工作本位学习课程模式中，重点是"学"，而不是"教"，由于工作现场所学到的知识主要是实践性的默会知识，这些知识只能通过经验被构建，因此，经验与反思是工作本位学习的核心要素。第四，工作本位学习课程模式中，在有经验和技术水平的工作者的指导下，学生完全参与到了工作实践中，而不是实践的模仿者。

二、我国高职课程的现状分析

（一）我国高职课程的演变

受我国高等职业教育发展进程的影响，国内高职课程真正发轫于20世纪80年代，整体上比国外要晚。由于我国高等职业教育总体上是在政府的设计、控制中发展的，高职院校的课程与教学模式不可避免地会受到国家政策的影响。因此尽管我国高职课程发展的历程并不长，但是在课程实践的过程中依然呈现出了一定的阶段性特征（表4-2）。

表 4-2 　　　　　　　　　　　我国高职课程的演变

阶段	20 世纪 80 年代	20 世纪 90 年代前半期	20 世纪 90 年代后半期	世纪之交
社会背景	高职试点时期；《中共中央关于教育体制改革的决定》；招收对象主要是高考"落榜生"；规模小	高职发展与改革时期；《国务院关于大力发展职业技术教育的决定》；《中国教育改革和发展纲要》；一些职业大学转向了普通高等教育，中等职业教育仍然是职业技术人才培养的主阵地	高职规模和数量空前发展；技术应用性人才紧缺；《面向 21 世纪教育振兴行动计划》提出"三改一补"；1998 年提出"三多一改"，多渠道、多规格、多模式发展高职，重点是教学改革	高职内涵发展时期；对高素质技能型人才需求加大，《教育部关于加强高职高专教育人才培养工作的意见》；《国务院关于大力发展职业教育的决定》；《教育部关于全面提高高等职业教育教学质量的若干意见》；社会就业形势严峻；抓内涵、抓质量、建示范
课程取向	学科导向[2]	职业分析导向[3]	学习理论导向[4]	工作过程导向[5]
课程实施主体	学校(中央及地方职业大学；高等职业师范专科；技术专科学校)	学校(中央及地方职业大学；高等职业师范专科；技术专科学校，重点中专改制后的高职)	学校(独立设置的高等职业技术学院；高等专科学校；成人专科学校)	学校与企业(独立设置的高等职业院校；以学校为主，职业院校与企业的密切结合，校企深度融合)
课程结构	以学科为组织单位；普通高校学科的"压缩饼干"；理论与实践分开	洋为中用[6]，国外职业分析导向式课程模式的引进	本土化创生，中国特色的高职课程体系探索；学习与职业行动分离	项目课程，学习领域课程本土化；学习与职业活动紧密结合
课程模式举隅	"三段式"课程	引入 CBE 课程、MES 等能力本位课程	宽基础、活模块课程；多元整合课程	基于工作过程的课程模式(如：项目课程、工作过程系统化课程)

(二)我国高职课程的发展及主要模式

我国高等职业教育的蓬勃发展经历了十多年的历史。在这十多年的发展历程中，我国高职课程模式的研究基本上是沿着两条思路展开的：一条是引进国外先进的高等职业教育或职业教育的课程模式；另外一条思路是在对我国中等职业教育课程进行改造的基础上开发的课程模式[7]。从表4-2中可以看出，我国在发展高等职业教育的初期基本移植普教学科式的课程模式，之后通过学习和借鉴国外高等职业教育课程理念，逐步创建了具有本国特色的高职课程模式。

1. "三段式"课程模式

"三段式"课程模式也称为"学科式"或"单科分段式"课程模式，这种课程模式即将各类课程按(知识内容)顺序分阶段排列，组成各门课程相互衔接又各自为政的结构庞大的体系。

"三段式"课程模式的主要特点是：重视文化基础课，理论与实践课程并列，实践课单独设课自成系统。这种课程模式的优点在于逻辑性强，有利于学生有效地掌握人类已有的知识；同时，该课程模式多以传授知识为基础，较易于学校组织教学和进行课程评价，学校可用较低的投入，获取较高的效益。但是，由于"三段式"课程模式重视知识的系统性，忽视知识与具体工作任务的联系，难以培养学生的"工作过程知识"和基本工作经验，因此一直遭到人们的批评。

2. 宽基础、活模块课程模式

宽基础、活模块课程模式(简称KH课程模式)将全部专业课程分为两个阶段，第一阶段为宽基础阶段，即教学内容不针对具体的职业岗位，而是集合了一群相关专业所需的知识和技能，以期为今后的转岗和继续学习奠定"知识和技能"基础；第二阶段称为活模块阶段，其功能是学生在选定好模块后，针对相对确定的一个或几个就业岗位进行训练，为就业作好技能方面的准备。

KH课程模式优化了课程结构，创设了众多活模块，增加了学生选择的机会，由于它遵循了现有的教学管理原则和学生的认知规律，所以特别容易被教师和学生接受。但是 KH 课程模式混淆了这样一个事实，即学生职业能力的"宽专结合结构"是职业教育的结果而不是过程；职业教育课程宏观构造的依据不是"宽专结合结构"，而是技术知识的性质以及学生学习这些知识的心理过程。因而该课程模式仍停留在对传统学科课程模式的改良上，无法实现职教课程模式的转型。

3. 多元整合课程模式

多元整合课程模式是在对现有各种课程模式比较分析的基础上，试图揭示各种模式的优点，集各家所长概括它们的共同规律，整合成一个最优化的课程模式。这种课程模式具有以下特点：第一，将各学科划分为若干教学单元，再把性质相同或相近的内容合并重组为新的课程，实现课程内容的综合化。第二，改造学术学科为技术学科或技能学科。第三，将课程组合成知识模块、活动模块、态度模块、综合模块等，实现课程组合模块化。第四，课程模式建立在学分制基础上，学生可以在一定程度上选择课程，实现课程选择个性化。

多元整合课程模式将传统的"三段式"课程模式改造成适应职业教育的"基础—定向—专长"的三段式课程，实现教学进程的阶段化。但是这种企图整合各种模式的优点于一体的新模式本身的系统性还不够清晰，课程开发方法过于宏观和笼统等也是其主要弱点。

三、国内外高职课程发展的特点

比较国内外高职课程的发展现状，可以总结出几个共同的特点：

(一) 经济阶段的引导性

经济发展的阶段性首先影响到产业结构，继而影响高等职业教育的人才培养目标和专业设置，而课程是实现培养目标而规定的所有学科（即教学科目）的总和，因而，经济发展的阶段对高等职业课程的引导是必然的。目前，高等职业教育发展较快的德国、英国、澳大利亚、美国、加拿大、日本等都已完成了由工业社会向服务型社会的转型，新的技术在世界范围内广泛传播。我国的经济发展速度令世界瞩目，技术发展水平也在努力与世界接轨。因此，我国高职课程开发所依据的标准不能仅仅局限于本地区、本国家，高职教育应培养达到世界级技能水平的人才。由此，我国高职院校必须学习借鉴国外高等职业课程的先进经验。但是由于世界经济发展的不平衡，国外的课程模式并不能整体移植到我国，必须结合本国、本区域的经济发展水平使其本土化、校本化。

(二)课程理念的趋同性

在经济全球化、文化多元化、高技能人才需求全球化的时代，高职课程的理念、课程取向、课程模式、课程实施主体、课程实践的途径与方法日益趋同。校企合作已成为高等职业教育发展的主流环境；关注学生职业能力，注重培养学生继续学习能力已成为共同的课程取向；在以工作过程为导向的高职课程理念下建立的项目课程、学习领域课程和与之相适应的行动导向的教学将成为今后很长一段时间内国内外高等职业院校共同研究和探讨的内容。

(三)课程开发与实施的开放性

目前，校企合作办学已成为国内外高等职业教育培养高技能人才的最有效组织形态，高等职业教育人才培养的触角已经延伸到企业、社会更广阔的领域，扩展到各种实践场所。高等职业教育课程也进入了一个开放发展的时期，这种开放性主要体现在四个方面：一是课程开发的主体开放性，一改由高职院校唱独角戏的局面，由学院教师、实践专家、课程专家共同参与专业人才市场调研、职业需求和岗位需求分析；二是课程实施的团队开放性，除了学院专任教师外还增加了企业行业的兼职教师；三是课程实施的场所的开放性，实施场所由教室逐渐拓展到实验室、工厂、车间、生产线、办公室；四是课程评价体系的开放性，在新的教学模式下，课程的评价标准、主体、评价过程也相应发生了变化，由学院教师和企业兼职教师共同制定标准并参与评价过程。

● 参考文献

[1] 匡瑛. 战后世界高等职业教育课程的演进及发展趋势[J]. 河南职业师范学院学报，2005(5).

[2][3][4][5] 赵丹，赵志群. 我国职业教育课程改革综述[J]. 中国职业技术教育，2005(25).

[6] 张建国. 我国职教课程开发模式的演变及启示[J]. 职教论坛，2007(4)：5.

[7] 中华人民共和国教育部高等教育司，全国高职高专校长联席会. 点击核心——高等职业教育专业设置与课程开发导引[M]. 北京：高等教育出版社，2004：91.

翻转课堂的学习心理与教学分析

由于翻转课堂的教学模式能够很好地解决学生的知识覆盖、学习积极性、团队协作等方面的问题[1]，一改传统课堂沉闷、懈怠的被动局面，因此，很快就得到了国内外教育者的推崇。翻转课堂教学模式在国外大学的实践始于 2007 年，如迈阿密大学、波多黎各大学等。目前国内实践这种模式的高校也不少，比如：北京交通大学、哈尔滨学院、武汉职业技术学院、信阳师范学院、浙江广播电视大学、佛山科学技术学院等[2]。经过多年的实践探索，许多高校在翻转课堂教学模式的理念、模式、机制、技术等方面已形成了一系列的创新成果，这对于促进翻转课堂教学的实践起到了积极的引领作用。然而，在推广实施进程中，我们需要反复审视的是：翻转课堂教学模式的普遍性及有效性问题，特别是在职业院校层面，究竟能在多大范围的课程领域里实施这种课程模式？在已经实施的课程领域中，比如外语、教学，有没有更好、更优、更有效的路径和方法？这些问题的思考，其实还是要从翻转课堂的学习心理及教学设计的理论中找寻依据，而这些研究的逻辑起点仍然是翻转课堂的内涵本质。

一、翻转课堂的内涵嬗变

(一) 第一代翻转课堂

翻转课堂的基本内涵是基于教学流程变革过程中所带来的知识传授的提前和知识内化的优化[3]。最早由乔纳森·伯尔曼和亚伦·萨姆斯在美国科罗拉多州提出并实践的概念，构成了翻转课堂最原始的概念，即单纯意义的教学流程改变，将课上教的新知识、课后复习解决问题的传统流程更改为课前视频学习新知识、课堂解决问题，这就是第一代翻转课堂。相对于传统课堂，第一代翻转课堂在形式和流程上增加了学生自主探索的机会和可能性，而在对知识的运用与创造性学习训练方面，并没有深入的总结和研究。

在具体教学实践中，研究者逐渐发现，丰富的技术资源和单纯教学流程改变虽然在一定程度上提高了学生参与探索的兴趣、增加获取知识的机会，但却并不一定就能实现知识内化的优化。倘若没有教师精心地设计课堂活动和动态的评价与指导，"颠倒的课堂"也可能变成自由散漫、毫无组织的课堂。因此，翻转课堂进一步的改革动力，源自如何更好地利用现代信息技术，组织有效的学习活动，选择更优的教学方法。

（二）第二代翻转课堂

随着 MOCC、微课程、TED 视频及可汗学院、河畔联合学区学习模式的广泛盛行，翻转课堂内涵逐渐由单一的改变教学流程和创造协作式问题解决的互助学习方式，向技术、评价领域深层拓展[4]，并逐渐形成以学生为中心的富媒体、富评价、富协作的教学流程翻转学习环境下的翻转课堂，第二代翻转课堂便应运而生。所谓富媒体，是教师或教师团队制作的网络微视频、学校信息化支撑的网络学习社区等信息学习资源的统称；富协作即贯穿于课前观看视频、课前练习、课中解决问题、课后内化等学习活动中的多种形式的协作；富评价则是贯穿于整个学习流程中的对个人、对小组、对班级所作的不同广度、不同深度的动态评价，比如对课前练习的过程性评价，对学生自主学习过程的情感态度的评价，对课中学习的独立思考与协作行为及效果的评价，对学生的学习报告与成果展示的测评等。总之，在第二代翻转课堂内涵中，富媒体、富评价、富协作成为衡量翻转课堂有效实施的三大要素。

二、翻转课堂学习心理的理论基础

(一) 翻转课堂的学习过程描述

翻转课堂的基本学习形态是将知识信息获取放在课外，知识内化放在课堂。基于第二代翻转课堂的概念内涵，翻转课堂在学习环境、知识学习过程中呈现三个阶段：

课前阶段：课前主要集中对学习视频的反复观看，通过解决一些与主题相关的概念、原理等陈述性知识性的问题(也称"良构问题")形成对主题知识的初步的同化和顺应。在这个阶段，学生有可能建立同化、顺应的知识结构，也有可能根本没有建立。

课中阶段：随着课中教师对正确概念的引导及学生独立思考的深入，大部分的良性问题得到解决并建立相对明确的认知结构，而对与主题相关知识的运用及正误研判、策略选择问题(也称"非良构问题")，需要借助有效的策略和特殊的方法指导。由于协同学习在深化理解、知识分享、效果监测、提升集体意识、互惠性学习、达成多元的多层的"最近发展区"等方面拥有显著功能[5]，因此，在课中阶段，借助协同学习方式，可以有效化解大量非良构问题，达到知识内化的学习结果。

课后阶段：结合课前、课中的过程评价，通过课后学习，学生进行自我调整，接受新知识，并开始新一轮知识同化、顺应和渐进式内化(图 4-1)。

尽管从形式上可将翻转课堂学习过程划分为三个阶段，但由于知识的学习与内化本身是不可分割的一个整体，因此，翻转课堂的三个阶段彼此之间的关系和效能也是相辅相成的，对于翻转课堂模式中的知识内化而言，课前训练作用的大小，将直接影响到课中环节对知识元素的组块和复杂信息的处理，学习者也只有在课中环节中参与探究性的学习活动，课前训练的效果才会最大化。而课后阶段的总结与评价，则是推动学生继续投入新一轮课前训练所必需的动力引擎。

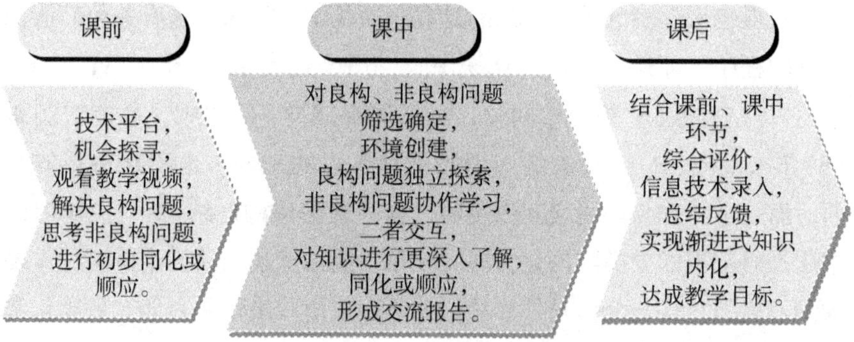

图 4-1 翻转课堂的学习过程

（二）翻转课堂学习心理的理论基础

1. 行为主义的学习理论

行为主义的学习理论主要给翻转课堂的课前学习提供相应理论支持。行为主义将学习定义为"学习是因经验而引起的行为变化"，用公式表达为"S→R"，即刺激（S）与反应（R）的连结。早期的行为主义者桑代克提出了"准备律、练习律、效果律"三大学习定律，强调学习的动机、练习、强化和反馈在学习中具有重要作用，三大定律特别适应于动物的技能训练，以及人类的联想学习和机械学习，如记忆单词、人名、地名等[6]。正是基于行为主义的刺激与反应连结理论及准备律、练习律、效果律等学习规律的应用，翻转课堂将知识传授阶段提前至课前，将这种方式运用于语言类学习，或者其他学科有关陈述性知识的记忆和联想中，效果尤佳。然而，行为主义的学习理论的弱点是过于简化了学习过程的性质，忽视了学习主体内部的逻辑构造，比如人的认知与情感、思维与行动、个性特征与社会交往等复杂性和微妙性程度，对翻转课堂中学习者参与资源探索的程度、学习行为的主观能动性也并不能作出充分的诠释。

2. 皮亚杰的建构主义学习理论

建构主义学习理论主要是从主体认识的内在规律视角揭示学习主体

在翻转课堂学习中如何建构认识图式的过程。该理论认为：学习并不是个体获得越来越多的外部信息的过程，而是学到越来越多有关他们认识事物的程序，即建构了新的认识图式，用公式表示为"S→（AT）→R"（注：一定刺激（S）被个体同化（A）于认知结构（T）之中，才能对刺激（S）作出反应（R），反应的知识既不是客观的东西，也不是主观的东西，而是个体在与环境交互作用的过程中逐渐建构的结果）[7]。学习的本质是对知识的分类与内化，而同化与顺应被阐述为认识个体两种重要的学习途径。认知个体与外界的认知是否平衡取决于是否能有效同化和改变原有的认知平衡，而顺应可以寻求新的平衡，学习者的认知结构就是通过同化与顺应建构起来，这就是皮亚杰关于建构主义学习理论的基本观点。

在翻转课堂的课前阶段，学生首先通过技术平台，结合视频主动探索，有针对性地解决与教学主题相关的概念、规则、原理性、事实性知识，也称为良构知识，在此过程中实现对相关知识的初步同化或顺应，并建构相应的认知结构；而在此过程中，必然也会出现一些不能理解、不会运用甚至含混不清的知识，我们称之为非良构问题，面对这类问题，学生迫切需要在课中环节，通过教师良好的教学策略的引导和环境支持，并借助同学间的协作互动，可以一一排解学习中的良构问题（基本概念、基本原理方面的问题）、非良构问题（概念及原理的运用问题），从而对知识进行更深入的同化或顺应。

3. 渐进式知识内化的神经科学启示

渐进式知识内化的神经科学对同化和顺应的方式进行了分类研究。中国工程院院士韦钰的脑科学实证和美国达特茅斯学院心理与脑科学系从自由落体运动实验成果进一步验证：学习中的同化主要针对微小概念的变化进而接受，而无须改变原有的知识结构，顺应则是需要概念发生根本性的移转。韦钰院士结合自己十多年的脑科学研究得出这样的结论：学习过程就是不断地同化和顺应的过程，学习过程与学习内容必须是相结合的，如此才能有效地实现知识的内化。这个结论，对翻转课堂教学设计的启示是：无论是课前学习还是课中引导，以及课后总结评价，自始至终，必须设法贯穿有学生亲自参与的探究式学习，才能真正达到翻转课堂使知识内化并优化的教学目标。

4. 人本主义学习理论

罗杰斯的人本主义学习理论拓展了关于学习要素、学习原则、学习方法的观点，又从学习主体的心理需要视角系统地解读翻转课堂为什么能够有效促进学生主动学习的原理。人本主义者把学习分为两类：一类是无意义的音节学习，一类是有意义的学习。有效的教育策略是尽量将无意义的学习转化为有意义的学习。影响学习效率的要素有四个：学习者个人参与的程度是否全身心投入；学习的动力是否来自内部由自我发起；学习的过程是否具有渗透性，真会对学生的行为、态度、个性发生变化；学习的过程是否伴随学生的自我评价。在翻转课堂的学习活动中，学生首先能够意识到学习内容与他是相关的，学习的意义便产生了。大量具体的学习行为，鞭策学生在做中学，学中做，必须负责任地参与到学习过程中；真实的问题情境、丰富的学习资源、具体的师生合约以及生动的分组学习、探究学习、程序教学、自我评价，要求学习者全身心投入，在这样的学习背景下，学习者所获得的情感、认识及理智成长也将是终身的、持久的、深刻的。

基于上述四种学习理论的分析，可以初步形成这样的观点：首先，行为主义的理论观点可以作为翻转课堂程序"颠倒"的理论支撑之一，按照行为主义的观点，翻转课堂的预先学习更多适用于如同单词、人名、地名等言语信息的联想式学习、机械式学习，这也可以解释翻转课堂为什么首先在高职院校的外语类课程领域推广。其次，建构主义、神经科学和人本主义的观点，为翻转课堂能够有效激发学习者自主学习潜能提供了强有力的支持，仅凭这一点，我们有理由相信翻转课堂在高职院校更广泛的专业领域里可以发挥积极作用，但并不一定适用于所有专业的所有课程或者某门课程的所有内容。特别是有关过程类的技术学习，那些与工具、设备、产品、工艺有关的内容，虽然可以通过现代信息技术开发部分虚拟工厂、虚拟车间、虚拟工艺、虚拟实验，但所有的虚拟学习与真实的技术操作必然有着质的区别，最终，涉及技术层面的实操与应用，以及与实际生产对接的技能训练，使工作过程导向的课程模式依然占据主流。

三、翻转课堂的教学分析

（一）翻转课堂的教学设计

传统课堂，主要是以凯洛夫为代表的苏式教育理念引导下的课堂模式。这类课堂，强调知识的系统性、教师的主导性和"三个中心"，即教师中心、课堂中心、知识中心。在这样的课堂模式下，教学活动基本上全是由教师领导下的集体活动，具体分为组织教学、复习旧课、讲授新课、巩固新课、布置作业五个环节。教学设计一般包括确定教学目标、教学组织、课堂活动、批阅作业四个内容，教师几乎有一半的精力需要投放在教案的文本设计和作业批阅上，整个课堂教学过程对教师的依赖性是比较强的，课堂设计比较简单，基本上是以教师为主导的集体教学。

基于学习流程的改变及多种学习理论的应用，翻转课堂在模式上与传统课堂有很大的差异。这一点，在 Jackie Gerstein 研究的翻转课堂教学模式中可以得到很好的呈现（图 4-2）。正是由于多种差异的出现，教学设计的内容、要求变得更加复杂。翻转课堂教学设计的关键流程在于课程目标的设计、学习任务的分析、课程资源开发、课前学习指导与评价、课堂活动组织与评价、总结评价与反馈等六个环节。需要强调的是：评价在传统课堂中是不需要特别设计的，而在翻转课堂中，评价是需要设计的，评价的设计重点关注三方面的指标：一是学习者对言语信息内容的理解与记忆；二是学习者对与主题相关的智慧技能的掌握；三是运用主题知识解决问题，形成认知策略。而课堂中使用的评价工具，也应该是由教师根据本班学生的实际情况开发设计的测量工具，对个人、小组、全班都应有相应的评价工具。具体评价方式比较灵活，比如让学生结合课前、课中、课后的自主探索撰写学习分析报告，或者开展小组合作的开放性任务测评。

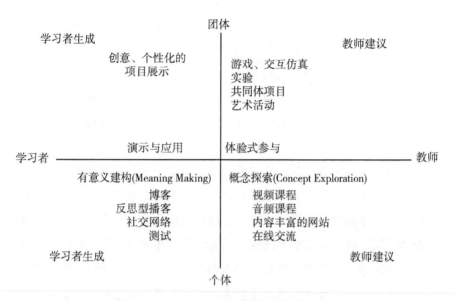

图 4-2　Jackie Gerstein 的翻转课堂教学模式

翻转课堂教学设计的内容更多侧重于资源开发、环境创建与方案策划。由于教师、学生双主体的出现，课堂的主角变成了学生，教师退居幕后，如同"课堂电影"的导演和总设计师一样。这样的课堂，教师不仅要对"教"好一堂新课有足够的教学准备，更多的精力，必须精心设计学习者在课前、课中、课后环节中的方法和途径，包括学习者开展独立学习的资源、路径，与同伴交流学习、与小组协同学习的形式及现场测评的工具。因此，教学设计的侧重点自然应转移到学习资源开发、学习环境创设、教学活动及内容的组织与策划当中。

(二) 翻转课堂教学的启发与反思

翻转课堂作为一种新的教学模式，能迅速将最先进的信息技术与课堂教学巧妙结合起来，这也是深受广大年轻学习者追捧和喜爱的原因之一。从研究者对翻转课堂质量效果实证研究的结果可见：100% 的大学教师认为翻转课堂的质量优于传统课堂，87.5%的大学学生认为翻转课堂的质量优于传统课堂[8]。笔者以为，翻转课堂之所以自引入以来就显示出强大的生命力的另一个理由是：翻转课堂模式对学习者的综合素质发展产生了显著的促进作用。这种功能与联合国教科文组织编著的《学会生存》中提出的教育目标是高度一致的："从今以后，教育不能再限于那种必须吸收的固定内容，而应被视为一种人类的进程，在这一进程中人通过各种经验学会如何表现他自己，如何和别人进行交流，而且学会如何持续不断地、自始至终地完善自己。"

也有不少研究者认为，翻转课堂在学习成绩上的实际效果与预想的结果还存在差距，原因当然是多方面的，譬如教学者的教学方法、学习者的特点、学习时间的投入、技术资源的支持水平、学习评价的工具等方面的原因。随着改革的不断深入，翻转课堂也需要思考并解决一些实际层面的问题：翻转课堂自始至终对学生的自主学习意愿要求非常高，从程序设计看，翻转课堂模式下学生的出勤率基本上是很高的，无论是在教室还是在寝室，学生只有积极配合学习，才能跟上流程。而翻转课堂中的知识传授本身不像传统课堂那样连续且系统，如果课中得不到有效的组织和训练，颠倒的课堂反而变得杂乱无章，碎片化的知识也不容易建立完整的知识体系。由于实施翻转课堂，学生需要开销大量的时间，教师也需要在开发、设计和评价中花费大量的时间和精力，因此，时间成本是不是应当成为评价翻转课堂效率的指标之一？这些问题，有的已经不是教学本身的学术问题，而是需要管理部门进一步探讨和解决的现实问题。

◉ 参考文献

[1]何朝阳，欧玉芳，曹祁.美国大学翻转课堂教学模式的启示[J].高等工程教育，2014(2).

[2]宁毅，等.基于移动平台的翻转课堂外语教学模式的建构和实施[J].中国教育信息化，2015(3).

[3]赵兴龙.翻转教学的先进性与局限性[J].中国教育学刊，2013(4).

［4］李云晖，王君．高等教育信息化趋势下翻转课堂学习模式设计分析
　　［J］．黑龙江高教研究，2015(4)．

［5］钟启泉．协同学习的教育意蕴［J］．教育发展研究，2015(2)．

［6］皮连生．学与教［M］．上海：华东师范大学出版社，2009：78．

［7］施良方．学习论［M］．北京：人民教育出版社，1992：178-192．

［8］黄美初，宋德清．翻转课堂的质量保证关键要素研究［J］．中国成人
　　教育，2015(7)．

高职英语混合式教学模式的
改革与实践创新

为全过程推进高职英语课堂教学模式的改革，激发课堂活力，提高课堂效率，武汉职业技术学院依托国家示范性建设项目、省级重点科研项目、省级重点专业建设等项目支持，以混合学习、翻转课堂、二元习得等学习理论为基础，以行动研究、教育实验为主要方法，借助互联网背景下的信息技术手段，聚焦课堂，创建了"三化一体"自主学习的混合式教学模式和"五步三层"虚实结合的翻转课堂教学模型，经过 10 多年的探索与实践，积淀形成了包括理论设计、课程内容、课程标准、评价工具、教学模式、实践模型、学习资源、系列教材、操作软件、教学管理制度等高职英语混合式教学的系列成果。

一、问题提出

(一) 高职英语课堂缺乏活力，课堂教学效率偏低

传统高职英语教学中，教师重语言知识传递，轻语言技能训练，忽视对学生吸收内化过程指引；教师"一言堂"现象普遍，师生互动少，学生参与度低；教师对学生课下学习状况和学习需求关注甚少，英语教学"课下黑箱"普遍存在；教学针对性不强，课堂效率低。

(二) 高职学生英语语言能力和综合素能相对较低

相比较，高职学生英语平均水平偏低，能力发展不平衡，口语、写作、翻译等能力普遍低于阅读、语法能力水平，不能满足日益提高的高素质、技能型人才英语职业目标要求；高职学生英语学习力偏低，学习习惯差，

自律性弱，自主学习能力不强[1]，缺乏团队合作、沟通与分享意识。

(三) 英语信息化教学资源不足，教材职业性不强

高职院校英语信息化教学资源相对不足，技术手段落后，利用水平不高，与课堂融合层次较低；教学资源建设通常以"教"为中心，不能支持学生自主学习；教材内容更新慢，缺少职业导向项目和任务的整体设计。

(四) 教学标准与考评体系不能很好地支持学生的自主学习和发展

传统高职英语教学标准重技能学习、轻素质培养；形成性评价大多只停留在理论层面，缺乏实操性评价标准和技术工具支持；多采用"一卷定优劣"的考评方式，基本没有针对开放性学习任务的评价标准，不能满足信息化教学和学生自主学习的评价要求，无法反映学生综合素能发展动态。

二、理论设计

(一) "三化一体"自主学习的混合式高职英语教学模式

2006 年，项目组依托省级课题"高职英语自主学习模式的研究"探索了计算机网络环境下学生自主学习与教师面授辅导相结合的路径和方法，创建了高职英语"三化一体"（即学习形式交互化、学习过程自主化、课程管理数据化）的自主学习混合式英语教学模式。"三化一体"模式充分挖掘了学校信息技术资源优势，极大优化了学生学习环境，开启了高职英语教学标准和形成性评价的研究与设计（图 4-3），解决了英语教学压力大、教学资源短缺等问题。

(二) 虚实融合"五步三层"的高职英语翻转课堂教学模型

为了根本解决网络自主学习中教与学的时空分离、教学计划和内容的不配套、缺乏职业化设计等问题，2013 年项目组组建了"英语教学信息技术化"科研创新团队，依托"基于移动互联网技术的高职英语翻转课堂教学模式研究与实践"等省级科研项目，在第一阶段实践基础上，形成并固化了基于移动泛在学习平台的虚实融合"五步三层"的高职英语翻转课堂教学模型（图 4-4）。

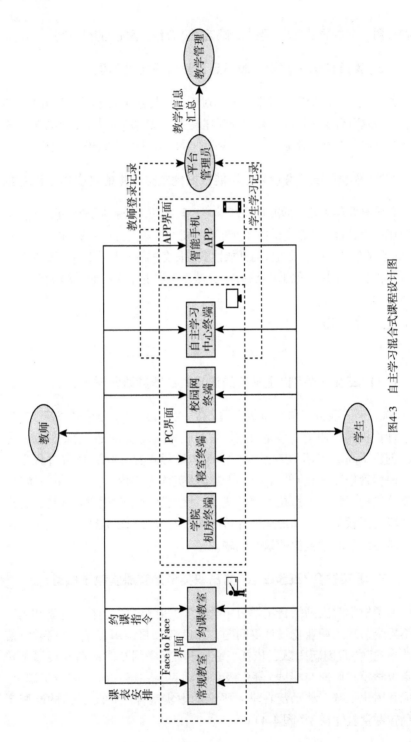

图4-3 自主学习混合式课程设计图

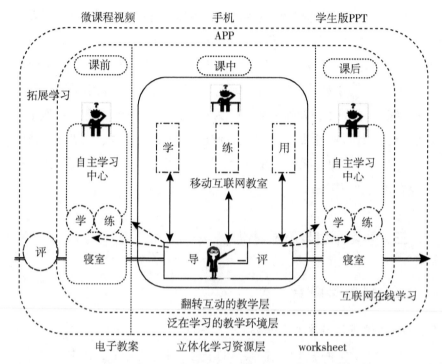

图 4-4　虚实融合"五步三层"的高职英语翻转课堂教学模型

1. 设计理念

本模式以培养学生语言输出能力、探究学习、协作学习为出发点，以"操作条件作用"和"积极强化"行为主义理念设计泛在学习的教学环境，以"输出驱动—输入促成假设"语言教学理论为指导设计课程资源[2]，利用信息技术搭建即时反馈（instant feedback）、自定步调（self-paced）、积极响应（active response）的互动泛在学习平台[3]，以翻转课堂理念为基础重构师生角色，重置课堂教学的环节、内容、活动评价方式。

2. 结构设计

该模型结构分三层：多媒体、多模态、多项输入[4]的虚拟与实体融合的泛在学习的教学环境层，"学、练、用、导、评"互相融合的五步教学层，以及与环境、教学过程相匹配的立体化学习资源层。泛在学习的教学环境层设计充分利用多媒体、多模态技术，兼顾高职英语教学特点及学生需求，为学生量身打造"一对一"随身语言"教练"和"陪练"。教学层按翻转课堂核心理念整体设计"五步"操作，通过课中的"导"和"用"引导课下的"学"和"练"，巩固课前学习。教学活动以学生"学、练、用"为主，教师"导、评"为辅，以"评"贯穿始终。立体化学习资源层设计以职场活动为主线，围绕听、说、读、写、译等五项技能设计主题，分别以互联网在线学习、课堂教学、课后拓展学习为时空，创设立体化学习资源。

三、学习平台与资源建设

(一)创建学习平台

1. 建设英语自主学习中心

项目组为学生搭建了全校共享的语言自主学习中心，该中心集听说过级、复古背诵、课程配套学习、课外资源拓展学习四大功能于一体，涵盖了高职英语听、说、读、写、译等技能学习和训练，网络覆盖整个校区。

2. 校企共建交互英语泛在学习平台

通过校企合作，项目组共同开发了新一代立体化交互英语学习平台，该平台可以提供 PC 在线交互(上网)功能，支持 PAD 在线交互(WIFI)和手机离线学习(应用程序)等多终端访问，实现了师生随时随地互动学习。

(二)开发学习资源

1. 开发课程资源

基于高职学生学情调研及高职英语教学特点和职业化要求，定制系列校本教材：《高职英语综合教程》《高职英语自主学习》《英语自主学习系统操作指南》，开发学生版 PPT、电子教案、worksheet、微课程视频等立体化课程资源，由教师发布在移动终端上，用于导入课前知识点，辅助学生完成课前学习任务，并拓展学生学习。

2. 制定"学"前任务单

翻转课堂"学"前任务单内容包括学习指南、学习任务、问题或建议。学习任务和问题建议部分均设定了量化评估标准，纳入形成性考核。教师根据任务单反馈，了解学生自主学习情况，设计教学活动和内容，评价学生学习效果及学习力发展水平。

四、教学实验与教学改革

（一）实施翻转课堂

从 2008 年开始，项目组在全校 76 个专业所有班级全面实施"三化一体"自主学习的混合式高职英语教学，先后完成 6 轮教学实践，累计受益学生达 5 万人；2014 年，项目组开始在全校 53 个非英语专业（公共英语）136 个班级和 3 个英语专业 14 个班级实施翻转课堂教学，目前已完成 3 轮教学实践，年均受益学生 6890 人。

（二）重建课程标准

项目组对高职英语课程体系进行了全面改革，将原有大学英语课程分解为基础应用英语（面授）、听说过级（基于移动平台的自主学习）、自主学习英语（基于网络平台的自主学习）三个部分，构建了"1+2"结构课程体系；制定了三门课程课程标准，拟定了《大学英语教学改革方案》《基础应用英语教学实施方案》等系列教学运行指导性文件；拟定了《听说过级课程重修规定》《课时管理办法》等教学管理办法，有效地保证了高职英语翻转课堂混合式教学改革的顺利推进。

(三)创建形成性考评体系

项目组对考核方式进行了改革创新,经过试运行,创建了形成性考核体系。制定了《基础英语考试大纲》和《口语考试大纲》,确定以手机平台学习过程数据、学前任务单、小组活动评价、合作学习能力评估细则、成果展示评估、成绩策略以及学分计算等为依据,考查学生自主学习情况及英语应用能力。

五、实验成效

(一)实验班学生的英语技能及学习能力明显提高

多组实验测试比较显示,两种模式的混合式英语教学对学生的英语综合技能有明显促进作用。2007—2016年全校四级考试一次性平均通过率数据显示,传统教学—自主学习—翻转课堂三个阶段学生英语四级一次性通过率呈逐渐上升态势(图4-5),表明两种模式的混合式教学均在一定程度上促进了学生四级考试通过率的整体提高,而翻转课堂教学效果尤为突出。

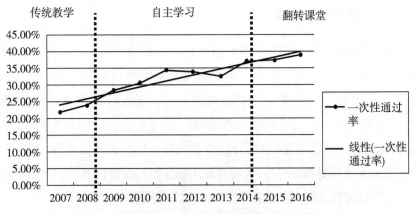

图4-5 传统教学—自主学习—翻转课堂三种模式下
学生英语四级一次性通过率趋势图

(二)翻转课堂的教学活力和教学效果明显改善

翻转课堂有效提高了学生的学习积极性，课堂出勤率大大提高。随堂观测显示：翻转课堂气氛活跃，学生小组活动和课堂展示的参与度高达95%以上，师生互动和生生互动时间均超过60%，远高于传统课堂。学生测评和督导评价中，实施翻转课堂教学的教师抽样评价优秀率达到85%。

(三)高素质英语技术技能人才的培养质量显著提升

高素质英语技术技能人才培养质量的显著提升集中表现为学生在省级以上英语技能赛事活动中频频获得佳绩。2010年团队教师指导学生获得全国大学生英语竞赛特等奖；2012年指导学生获得全国大学生英语竞赛一等奖；2013年指导学生获得湖北省高职院校英语写作大赛特等奖；2015年指导学生获得全国高职高专写作大赛二等奖。调研显示：翻转课堂教学有效促进了学生综合素质发展，特别是学习力、自主性、公众演讲能力、信息搜索能力、解决问题能力、意志力、小组合作意识、分享意识等。

(四)团队教师的教科研能力及综合实力显著增强

项目团队推出了一批颇有价值的教学成果：团队教师获得2015年第十五届全国多媒体课件大赛一等奖；2015年全国高等院校英语教学精品课大赛三等奖；2015年湖北省职业院校信息化教学大赛高职组"教学设计"二等奖；2012年"基于立体化自主学习体系的高职英语教学改革与实践"获校级教学成果一等奖。项目团队形成了一批科研成果：公开发表论文184篇，其中核心期刊论文5篇，EI检索论文4篇；相关横向课题立项9项，实际到账金额26.5万元；相关纵向课题立项14项，其中省级及以上课题12项。项目组成员获得了湖北省第七次优秀高等教育研究成果二等奖、中国高等教育学会第八次优秀高等教育科学研究成果优秀奖等多项殊荣，团队成员参与的"信息化环境下高职院校混合学习方式的研究"获省级研究成果二等奖。项目团队培育了"访问学者"人选 1 名，武汉职业技术学院"最受学生欢迎的十大教师"2 名，武汉职业技术学院"师德标兵"1 名，1 人当选为教育部高等职业教育英语教学指导委员会委员。

六、应用推广

(一)一批有一定前瞻技术的教学软件已在兄弟院校推广应用

2008 年自主研发的智能语音测评软件——复古背诵，其语言识别精准度超过了国内众多知名软件公司的产品，并已成功推广到了新疆职业大学、武汉航海职业技术学院等院校；2013 年通过校企合作率先开发的立体化交互英语泛在学习移动平台，这款为高职英语翻转课堂"量身定制"的 APP 软件经过校内全面实验应用，目前已投放市场，在武汉城市职业学院、桂林旅游学院推广应用，成功地实现了教科研成果的转化。

(二)系列教学资源及翻转课堂实践模型已在兄弟院校推广实施

项目组编写的信息化教材《高职英语综合教程》和手机 APP 学习卡全国年均销量均达到 2 万册，《高职英语自主学习》教材全国年销量也达到了 7 千余册。2015 年，武汉城市职业学院、咸宁职业技术学院、珠海城市职业学院、桂林旅游学院、商丘职业技术学院等学校陆续推广应用了虚实融合"五步三层"的翻转课堂教学模型，在教学实践中运行顺畅，市场反映良好。

(三)教学改革的理论成果在重要学术会议和交流活动中获得良好赞誉

项目组依托学校组织主办了 8 次全国重大信息化教学改革会议，参与省内外相关学术交流 5 次，在 2015 年"全国高职高专校长联席会"

上，承办了"高职院校混合式英语教学改革"专场汇报及学术研讨会，接待了来自全国各地职业院校120多名校长及知名专家的来访。2016年承办了"全国高职英语教学论坛会议"，来自全国353所高职院校、多家知名出版社及相关机构近400名代表分享了我校翻转课堂的教学改革成果。项目组骨干教师在全国各种场合作经验交流或主题发言达到41人次，先后接待省内外58家兄弟院校281人次和13名国际友人的参观学习考察。

(四)成果推广应用受到多家媒体的广泛关注及深度报道

近几年来，有关"自主学习"、"翻转课堂"、"混合式教学"的新闻在学校校园网频频报道。人民网、湖北电视台、湖北日报、湖北荆楚网等多家主流媒体纷纷报道了我校高职英语混合式教学的改革成就。在2016年6月学校承办的"全国职业院校外语教学研讨会"中，教育部职成司教学与教材处处长黄辉，教育部职业院校外语类专业教学指导委员会主任委员刘黛林、副主任委员丁国声等知名专家对我校高职英语的教学改革特别是翻转课堂教学改革成效给予了高度肯定。

七、特色创新

(一)虚实融合"五步三层"的高职英语翻转课堂教学模型具有首创性

10多年的研究探索和实践创新，项目组分层设计了虚实融合"五步三层"翻转课堂教学模型，凸显了学、练、用、导、评五个教学部分的要素功能，发挥了环境层、教学层、资源层协同增益结构功能，填补了我国高职英语翻转课堂教学实践研究的理论空白，为其他院校高职英语教学改革提供了可复制模型。

（二）"理实一体"高职英语混合式教学实施方案具有系统性和可操作性

针对高职学生学情以及困扰英语教学的课堂教学、学习资源以及评价体系等根本问题，项目组从理论到实践系统开发了一整套实施方案。这些固化模型、系统资源、物化成果是高职院校英语课堂教学改革的宝贵资源，可供同类院校直接共享使用。

（三）泛在学习平台的教学软件和语音测评技术具有原创性和先进性

在高职界，我院率先建立了语言自主学习中心、校企合作自主研发了语音测评软件和国内唯一真正支持多终端访问的泛在学习平台，从硬件和软件上有效地保障了混合式教学改革实践。两项技术成果的内容、功能模块、主要技术指标均由我院教师设计，具有原创性。

● **参考文献**

[1] 查静. 高职英语自主学习能力相关因素调查[J]. 武汉职业技术学院学报，2012(6)：86.

[2] 文秋芳. "输出驱动—输入促成假设"：构建大学外语课堂教学理论的尝试[J]. 中国外语教育，2014(2)：3-11.

[3] 艾伦·C. 奥恩斯坦. 课程论：基础、原理和问题[M]. 北京：中国人民大学出版社，2010.

[4] 宁毅，查静. 基于移动平台的翻转课堂外语教学模式的建构和实施[J]. 中国教育信息化，2016(3)：33-36.

高职院校通专融合课程体系建设及教学管理创新

随着经济社会结构调整和现代产业的转型升级，职业与岗位的半衰期日渐缩短，单一职业领域的专门知识和技能，不利于劳动者获得可迁移的岗位能力和可持续性职业发展能力。因此，应对新型职业环境对高素质技术技能人才培养要求的变化，就必须加强人才培养模式的改革和创新。人才培养模式的改革既要加强产教融合人才培养理念的创新[1]，同时，也要通过课程和教学实践，将通用能力培养贯穿于人才培养的全过程。武汉职业技术学院生物制药技术专业创造性地建立了"普适—定向"相结合的人才培养模式，并创建了与之相匹配的通专融合课程体系及教学管理机制。

一、研究基础

（一）理论基础

通专结合的教育思想，实际上是对教育本质价值的尊重和对职业教育活动规范的回归。在高等职业教育教学中实施"通专结合"就是通过对通识教育与专业教育的科学处理，寻求二者的均衡点与结合点[2]，共同完成对高职学生"做人"与"做事"相结合的教育目标[3]。与学术教育不同的是，职业教育本质的逻辑起点是工作体系[4]，大量职业教育通识课程与工作过程相连，因此，在职业教育的工学结合人才培养模式中，需要将通用能力训练融入专业课程之中，才能实现职业教育的培养目标。在高职院校的课程实施中，通识教育与专业教育的有机融合，能让学生深切体会到通用能力与未来职业的联系，同时淡化学生对通识课程学习的负面情绪，有效提高学生的学习兴趣和学习效率。

(二) 实践基础——以武汉职业技术学院生物制药技术专业为例

武汉职业技术学院生物制药技术专业 2007 年被列为国家示范性重点建设专业。示范性建设期间，该专业根据行业背景和企业需求建立了"双元耦合"的订单式人才培养模式和基于工作过程的学习领域课程体系。"双元耦合"订单式人才培养模式在当时顺应了生物制药产业订单式人才培养的要求。随着生物制药产业技术如微生物技术、细胞工程技术、基因工程技术、酶工程技术等不同领域的拓宽，相应的人才培养需求也发生了变化。为了对接生物制药产业技术多领域需求，该专业从2012 年开始推行"普适—定向"相结合的人才培养模式及与之相匹配的课程实施方案。

二、问题提出

"普适—定向"相结合的人才培养模式相较于"双元耦合"订单式人才培养模式更加显现出较为宽泛的适应面，且在目标层面更全面地涵盖了该专业领域通用知识、通用能力与专业知识、专业能力的内容要求，但在实施与操作层面很难找准通识课程与专业课程的均衡点与结合点。

(一) 课程结构设计不科学，教学计划中存在"通"、"专"分离现象

现行的生物制药技术专业人才培养方案框架基本延续了示范性建设期间以学习领域课程为重点的专业课程体系，即公共基础课程、技术基础课程、专业技术课程、专业拓展课程四大板块。方案本身在目标层面充分体现通专结合的理念，按要求培养生物制药技术专业人才所需的通识知识与通用能力、专业知识与专业能力以及专业拓展能力，但四大课程板块在教学计划的设计中拼盘叠加，存在"通"、"专"阶段性失衡的

现象。

武汉职业技术学院生物制药技术专业人才培养方案显示，通识教育课程分为通识课程和通识教育活动两个板块，占整体课程计划的40.5%，可见通识教育结构比例并不算小，但二者仅仅是板块拼接，通识课程门类还是属于学科类课程体系，通识教育活动与通识课程内容是否存在重合叠加尚有待进一步论证，但至少二者在形式和内容上还有很大的合并与精简空间。在教学计划安排中也有"通"、"专"分离的倾向，统计显示，该专业学生三年开设通识课程总共17门，其中第一期开设8门，而第五学期只设1门，第六学期开设门数为零(表4-3)。

表4-3　武汉职业技术学院生物制药技术专业通识课程与专业课程设置比较

学期	第一学期	第二学期	第三学期	第四学期	第五学期	第六学期
通识课程开课门数	入学教育、军训、计算机、应用写作、英语、"思修"、应用听说过级、体育	英语、"毛概"、英语听说过级、体育	形势与政策、英语自主学习	演讲与口才、英语自主学习	就业指导	无
通识课程开课学时	360	184	26	46	32	无
通识教育活动学时	34	194	22	180	20	无
专业课门数	3	6	7	8	5	
专业课学时	168	328	382	366	366	

注：该表格中通识课程共计17门，其中英语算成6门，体育算成2门。

资料来源：作者根据武汉职业技术学院生物制药技术专业2014年人才培养方案整理。

(二) 功利化的价值观、学科化教育方法弱化了学生通用能力的培养

通用能力是所有职业共同的方法能力和社会能力，是高职通识教育的主要目标。由于受职业教育目的功利化、课程内容学问化影响[5]，教学实施出现盲目性，出现片面强调专业技能培养的"专业至上"倾向，职业教育几乎窄化为一种就业教育或技术技能训练，导致学生通用能力薄弱、工作适应面窄、职业变迁适应能力不强。根据笔者对 40 多所高职院校的访谈调研，问题的直接根源是重知识学习、轻能力培养的学科化通识课程内容和灌输式课堂教学模式所致。

(三) 通用能力培养时空受到课程结构及教学模式的限制和挤压

与普通本科院校相比，高职工学结合课程体系中实践课程挤压了通识课程比例。通常是将通用能力培养融入专业课程教学中，并借助一个"完整的行动计划"完成实施的[6]。由于受到班级规模、时间、资源、组织形式及刚性专业教学任务限制，大量"完整的行动计划"只能瘦身，通专结合教育最后只能流于形式和过程，学生通用能力训练被弱化。因此，在通专结合教育理念基础上，我们应探索适应高职工学结合的人才培养模式，能将通识与专业教育相互融通的教育方法和实现路径，并建立配套的教学管理运行机制，由此才能保障专业人才培养的质量。

三、通专融合课程的开发实施与教学改革

(一) 以通专融合为理念开发实施通专融合课程

通专融合课程是通专结合教育思想的发展和深化。在工学结合人才培养模式中，通专融合课程体系既可以表现为整体形式上的组合，也可以表现为局部阶段的相互融通，并在总体上以通识课程、专业课程、通专融合课程三种形式呈现。在"普适—定向"相结合的人才培养模式中，通专融合类课程开发与实施的思路是：依据产业、行业的生产一线的岗

位职业能力需求，开发通识教育与专业技术教育的内容；通过协同教学模式、全程导师制实施通专融合课程教学，并在开放性的实践教学管理机制下，强化普适性的通用能力培养；通过差异化人才培养机制定向培养学生对特定行业或企业岗位的适应能力。

(二) 开发综合实践活动课程

教育家杜威认为，技术活动是一种探究活动，必须遵循探究的逻辑，进而提出了思维五步法，即面对疑难情境、确定困难所在、提出解决问题的各种可能假设、推断能够解决问题的假设、用行动检验假设。杜威的教育思想对于职业教育教学的启示是：教学的起点是培养学生的问题意识和推理能力。我们可以将通用能力培养与综合实践活动结合，开设以通识知识综合实践为目的的必修课；同时，重构通识教育课程体系，开发设计综合实践课程的目标、形式、内容与评价方案，使实践活动课程化。这种通专融合的综合实践活动课程，既可避免单一活动课程的盲目性、随意性，又可张扬这类课程的趣味性、竞争性，从而有效激励学生学习的主动性。

(三) 根据专业领域主题实施课内课外一体化教学

通专融合综合实践活动课程可以专业领域的某个主题为切入点，组织开展课内课外一体化教学。在实施过程中，学生根据兴趣选择专业领域的主题，在教师指导下开展探究性学习、社会调查、撰写报告、演讲及活动策划等活动，从而锻炼表达能力、自主学习能力、沟通能力、信息分析能力、团队合作意识等。这既是通识教育课程的综合性实践环节，也是深化专业知识学习的课外活动环节。在组织形式上，通专结合的综合实践活动课程以小组活动为主体，班级课堂教学与小组考核评价相结合，从而有效实现单体效应与整体效应的有机统一，而课内教学与课外活动内容一体化，使教师的教学时间和教学空间更具开放性。

(四)在综合实践活动课程中推行协同教学模式

通专融合综合实践活动课程与多门课程相关,涉及内容宽泛,时间跨度大;加之教师个人知识结构、精力和时间有限,需要多学科背景的专兼结合的教师团队共同参与,因此,采取协同教学模式制订教学计划、实施教学及考核评价是最好的选择。

综合实践性活动课程教学的时间跨度涵盖了与活动相关的所有课程,因此,按活动逻辑构建通识教育课程关系和课程教学计划,既是学生进行实践训练的需要,也是多科目教学过程协同的前提条件。通识课程主讲教师在教学过程中,需要对涉及的相关活动内容进行专题教学与指导,实现教学目标和内容的协同。学校教学管理部门应通过有效的制度设计,使主讲教师能够积极参与综合实践活动的课外指导,使课堂教学与课外指导协同进行。各相关课程主讲教师共同参与综合实践活动的考核评价,并将学生的活动课成绩纳入分科课程的考核,实现考核评价的协同。

四、通专融合的教学管理机制创新

(一)组建校企共同参与的通专结合的专业教学团队

学院教学指导委员会应以通专结合的教育观为指导,组建校企共同参与的通专结合的专业教学指导委员会。以生产一线的岗位职业能力需求调研为依据,开发并调整专业课程体系,为学生知识与能力结构的"普适性"提供基本保障;为通识教育与专业教育的教学设计、教学评价提供理论指导和管理咨询。

(二)针对差异化定向培养实施柔性化教学管理

在校企订单式人才培养合作中,一般由企业实施定向培训,不同企业实施定向培训的规模、内容、起止时间与周期具有多样性。学校可通过校企协议、柔性化教学管理制度、教学班级快速重组机制、网络自主学习资源共享、成立订单班教学管理工作小组等措施，在保障校、企两种学习情境快速转换和有序衔接的同时，支持双方各自教学目标(培训目标)的实现。

(三)推进全程导师制模式，推动成立专业性学生社团

"普适性"原则下，学校应鼓励综合能力强、有技术专长的教师制定"全程导师制人才培养方案"，师生之间通过双向选择而形成"导学"关系。导师通过"第二课堂"提升学生的综合素质，培养学生专长，并推动成立专业性的学生社团。通过社团组织开展各种专业性的兴趣小组活动，社团成员可在活动中锻炼通用能力，深化专业知识，操练专业技能，培育个性化的兴趣和专长。

(四)建立健全开放性实践教学管理机制

长期以来，教学实习、毕业设计等实践性教学环节由于教学计划的刚性要求以及教学资源投放不足，导致学生在内容选择和专长发展方面受到局限。通过建立开放性的实践教学组织管理机制，可使学生根据自身个性与专长发展目标，灵活地选择学习内容、学习组织形式及学习的时间和地点。这种开放性机制所产生的"分流"效果，也在客观上消解了实践教学资源不足的难题。

(五)通过技术服务项目和学分奖励办法促进通专深度融合

通过制度约束和学分奖励，鼓励学生参与各项由教师主持的技术开发与服务项目。于企业而言，学校可为企业提供人才储备和技术开发应用服务；于学校而言，教师的信息技术应用能力、专业教育能力、教育实践能力等在校企合作过程中得到了充分培训；同时，依托校企合作组建的研发基地，吸纳学生参与研发，既培养了学生科学素养和技术思维，又强化学生的技术专长训练。

五、实践成效

武汉职业技术学院生物制药技术专业自 2012 年全面实施"普适—定向"相结合的人才培养模式及通专融合课程教学改革以来，主要取得了以下成效：

(一)调整了专业教学指导委员会的结构和职责

该学院将通识课程教学及通用能力培养纳入专业教学指导委员会的工作职责之内。新的专业教学指导委员会由企业技术管理人员 5 人、学校专业课教师 3 人、通识课程教师 1 人组成。

(二)全面开展探究性学习活动

在通专结合课程理念的指导下，该学院组织开发了"探究性学习报告与演讲"活动课程，并将其列入通识教育的必修课，全面实施了协同教学模式。2011 级学生从 2013 年 9 月至 2014 年 5 月，分别围绕资源与环保、新产品、新技术与新工艺等主题，在教师指导下，全面展开探究性学习和撰写演讲报告的活动，并依次在小组、班级、年级进行演讲。

(三)全程推行导师制模式

自 2013 年 9 月至 2015 年 9 月，学院 14 名教师分别制定了专门的个性化培养方案，并结成 10 多个"导学"小组，全程培养学生 54 名，占当年新生总数(338 名)的 16%。该学院成立了生物科技协会，会员从低年级到高年级共有 54 名。学院将指导学生社团活动纳入教师的年度育人考核范畴，极大地提高了教师的工作积极性。

(四)全面推行毕业设计开放性管理机制

从 2013 年起，该学院开始实施毕业设计开放性管理机制，从学生在校第四学期中段开始一直延续到第六学期，学院通过实习企业、其他企业、学生自荐企业、技术服务项目、专业指导教师等多种途径征集毕业设计课题 123 项，其中企业来源选题共 91 项，占比 74%，学生自荐和专业教师提供的课题共占比 26%，以此为路径，使学生的专业发展、毕业设计与企业技术服务、人力资源需求实现了有机结合。

(五) 依托技术开发与服务项目实现了产教深度融合

2012 年至 2015 年，该学院依托 12 个横向技术服务项目，先后吸收 32 名学生参与。依托与武汉创新环保工程有限公司合作组建的餐厨废弃物全利用循环研究中心、青岛旭能生物工程有限公司合作组建的生物能源研发中心、武汉蓝邦环境工程有限公司合作组建的环保检测技术服务中心，以每批 3~4 个月轮换进驻的方式，先后吸纳了 36 位同学参与定向研发，有效促进了产业与教育的深度融合。

◉ 参考文献

[1] 胡丽霞. 职业教育产教依存发展：内涵与测量[J]. 成人教育，2013
   (21)：18.

[2] 孙长远. 通专结合：我国高等职业教育改革的价值取向[J]. 职教论
   坛，2013(16)：53.

[3] 杨叔子，余东升. 文化素质教育与通识教育之比较[J]. 高等教育研
   究，2007(6)：6.

[4] 徐国庆. 工作体系视野中的职业教育[J]. 职业技术教育，2007
   (1)：9.

[5] 徐宏伟，庞学光. 技术认识论视阈下的职业教育[J]. 教育发展研
   究，2014(17)：15.

[6] 姜大源，吴全全. 当代德国职业教育主流教学思想研究[M]. 北京：
   清华大学出版社，2007：166.

高职旅游专业通识课程目标设计

一、高职旅游专业通识课程设计的重心

由于高职教育是具有明确职业价值取向的一种高等教育类型，所以，高职通识教育与普通高校的通识教育自然有所不同。按照高等职业教育的类型特点，高等职业教育的培养目标是培养"高素质技能型专门人才"[1]，高职教育的"高等性"在培养对象的素质构成上应体现为：高职学生除了具有较高的职业技能素质、职业道德素质、心理素质、身体素质以外，还应具备较高的吸收新知识、掌握新技能的自我发展素质，以及超越了机械性思维、体现创造力的创造性思维素质。而这些"高素质"，正是通识教育的特色所在，是培养高素质的"职业性"人才所必需。"高等职业院校人文教育的特色就在于其职业性，它既具有高校人文教育的规定性，是通过习得人文知识形成人文思想与人文精神的活动；同时又具有特殊性，它不同于那种'通识形态'或'一般形态'的人文教育，而是一种'职业形态'或'特殊形态'的人文教育，可称之为'职业人文教育'。"[2]。这里所讲的"人文教育"与人们通常所指的"通识教育"没有本质区别，只是概念内涵比"通识教育"要小，但它却阐明了高职通识教育的重心：养成人的职业素质和职业精神[3]。基于此，在设计高职旅游专业的通识课程目标时必须围绕高职教育的人才培养目标，确定以职业能力为本位的课程观，突出学生"基本能力与基本技能"的训练与形成。

调研发现，当前高职院校的通识课程体系存在两个较为突出的问

题：一是通识教育课程体系与专业教育的课程体系处于高度分离的状态，不利于学生整体素质的提高；二是在课程设置上片面强调专业教育，课程过分专业化、岗位化，没有为通识教育的开展留下相应的空间[4]。分析其原因，主要还是对职业院校通识课程的职业属性认识不充分，没有体现以"养成人的职业素质和职业精神"为重心的课程理念，不能凸显高职通识教育"做人"与"做事"的有机融合，在课程设计中，也没有渗透这种精神，将通识教育与专业教育有机结合起来。

二、高职旅游专业通识课程目标的设计

(一)高职旅游专业通识课程目标的取向

按照美国课程论学者舒伯特(W. H. Schubert)的见解，比较典型的课程目标取向可归纳为四种："普通性目标"取向、"行为性目标"取向、"生成性目标"取向和"表现性目标"取向[5]。"普通性目标"取向对课程目标只作普遍性、模糊性、规范性的陈述；"行为性目标"取向对课程目标的陈述十分具体、确切、操作性强；"生成性目标"取向是在教育情境中随着教育过程的展开而自然生成的课程目标；"表现性目标"取向是指每一个学生在与具体教育情境的种种"际遇"中所产生的个性化表现。当学生的主体性充分发挥、个性充分发展的时候，学生在具体教育情境中的具体行为表现及所学到的东西是无法预知的。因此，"表现性目标"追求的不是学生反应的同质性，而是反应的多元性[6]。

高职教育人才培养目标的定位是"培养面向生产、建设、管理、服务第一线需要实践能力强、具有良好职业道德的高技能人才"，高职教育有两个显著特点：一是进入高职学习的学生已经完成或基本完成了基础阶段的教育，基本素质已经形成；二是毕业即面临就业上岗，而每一个职业岗位都有单位、行业和国家制定的就业资格标准。高职院校的通识教育必须完成两个基本的任务：一是培养和完善学生的基本素质；二是使学生具备进入职业岗位所需要的职业通识知识、通识技能和良好的

职业情感态度。所以，高职旅游专业通识课程目标取向必须将"行为性目标"取向和"表现性目标"取向结合起来，把课程目标与旅游职业岗位要求、市场与行业需求结合起来，并以具体的、可操作的行为形式陈述课程目标[7]。

(二) 高职旅游专业通识课程目标确定的依据

不同的职业其对从业人员的职业素养、职业精神要求不同，相比起数控、模具等技术类的职业，旅游职业对其从业人员的职业素质和职业精神有着许多特殊的要求。按照以职业为导向的教育观，以旅游行业、职业岗位和旅游市场需求为出发点，结合上述对高职旅游专业通识课程目标取向的定位分析，高职旅游专业通识课程目标确定的依据主要有以下几个：

1. 基于服务行业类别对旅游从业人员通识素质的要求

旅游职业类别有其独特的行业特点。从产业结构看，旅游业属于第三产业；从职业分类来看，旅游职业是属于服务行业中个人服务系统类的职业。从理论上讲，服务业具有四个本质特征[8]：无形性，多变性，生活与消费同一性，不可分离性。在服务业中，生活者的生产过程与消费者的消费过程是同步的，顾客完全参与到服务过程中，不能从服务过程中分离出去；对于服务提供者来说，着眼于顾客并满足他们的需求常常是重要的日常活动，服务人员所提供的产品就是其服务的全部过程，服务人员的服务质量是直接影响服务业利润的关键因素。随着现代服务业的发展，企业正在努力追求通过设计具体、细致、美感化的服务使服务过程"有形化"。如果是作为一名制造工人，也许不需要对他工作的机床面带微笑，而作为一名服务人员，就必须持久地向顾客提供"微笑服务"。正因如此，对旅游从业人员的通识素质要求会更多、更高，一旦缺乏对服务人员在个性、情感与职业态度等方面的通识素质要求，也就偏离了服务职业的根本。正如新服务管理学派的学者一致认为的，影响服务质量的核心要素是服务人员的个性与态度，他们对此有一个明确的表达："我们要找的不是技能好而是个性良好的员工。"[9]

2. 基于旅游职业岗位对旅游从业人员通识能力的要求

从职业所对应的职业岗位群来看，旅游专业的职业岗位主要包括酒店(饭店)服务、导游服务、航空服务、会展服务等；做好这些岗位的服务，不仅仅只是"微笑"而已，还须具备多方面的能力，这些通识能力将直接影响工作效率，间接影响工作质量。

有些能力是做好旅游工作的基本条件，比如资源分配的能力，人际交往与沟通的能力，信息获取、储存与解释能力，现代设备使用与维护的能力[10]。有些基本技能也不容忽视：比如能读懂各种文件章程，识别相关的细节、事实、说明；能推断出一些未知的术语，判断报告、建议；能完整精确地记录信息；能使用数学方法解决实际问题，理解事情的概率，并对事情做出预测；能听懂多种语言(含方言)并进行口头交流。受过高级训练的旅游专业技能人才，还要具备一定程度的创造性思维、逻辑推理和分析解决问题的能力。上述职业能力，诸如"听"、"说"、"读"、"写"、"数"等方面的能力其实就是一些基于基本通识知识上形成的基本能力。

3. 基于国内外旅游市场对旅游从业人员通识素质的要求

旅游服务市场与一般商品市场有所不同，因为旅游从业人员既是旅游活动的直接观赏者、介绍者、沟通者，又是旅游产品消费的引导者，"一名好的导游就是一道活的风景线"，顾客对旅游服务人员的要求也在不断提高，仅仅是熟悉岗位工作所需要的专业知识和专业技能还远远不够，还必须要有良好的服务意识和服务态度。

如果说旅游市场竞争就是旅游人力资源的竞争，那么，对高职旅游专业的学生进行包括礼仪、社交、文学、地理、形体、音乐、语言、信息、安全、情感等人文常识、社会常识、科学常识方面的通识素质培养[11]，训练学生的内涵、气质、风度、亲和力，养成良好的职业态度和情感，这种通专结合的综合素质终将成为旅游市场的特色和核心竞争力。尤其在旅游业发展日益国际化的今天，旅游企业之间的竞争已上升到文化性竞争，对旅游从业人员跨文化的沟通与交流的能力已经提出了非常明确的要求。而跨文化性则明确要求旅游人力资源开发将着眼于未来发展的需要，要以一种全球化的思维方式去定位。所以，高职院校作为未来旅游人力资源开发的主体，必须立足国际市场，建立通专结合的课程体系，培养大批懂专业、会操作，具有良好身心素质、职业道德和职业发展能力的旅游高技能人才，不断提高我国旅游人才的国际竞争力和适应力。

(三) 高职旅游专业通识课程目标的呈现形式

1. 通识课程目标体系的呈现

基于上述分析，高职旅游专业应该改变传统的课程模式，建立通识教育与专业教育相结合、科学教育与人文教育相融合的旅游人才培养模式[12]。在通专结合的课程体系中，通过单独开设和与专业课程融合两种形式，实现旅游专业通识课程目标。按照职业教育课程目标的三层结构(课程计划目标、每门课程的目标、教师的教学目标[13])，通专结合的旅游专业通识课程目标体系四级目标组成如下：旅游专业人才培养目标的通识目标、两种形式的通识课程计划目标、某门通识课程的目标或某门专业课程中通识教育的目标、具体通识教学目标(图 4-6)。

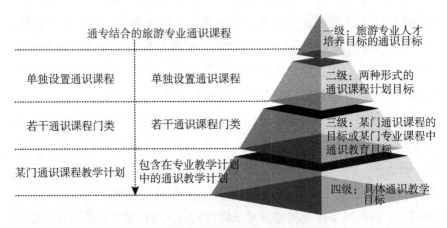

图 4-6　高职旅游专业通识课程目标呈现形式

图中所呈现的每两个层级目标内容之间是相互关联的，从一级到四级是旅游专业通识教育目标内容由总到分、从抽象到具体的分解过程；上一级目标是对下一级目标的抽象与概括，下一级目标是对上一级目标内容的具体化。

2. 旅游专业通识课程目标的陈述

分层次、分类别、可操作的旅游专业通识课程目标体系是组织和实施旅游专业通识教学的基础，其主要的问题就是要解决：通过通识课程可以实现什么目标？应该传授哪些与旅游相关的通识知识与技能，培养什么样的职业态度与职业情感。为了使具体层面的通识教学目标不是停留在文本层面，真正能对课程实践产生实质性的指导作用，因此在课程目标的表述上应该注意三点：一是目标内容包括通识知识、技能、职业态度三方面的内容；二是目标表述尽量以学生为主体；三是尽量采用具体、可操作的动作化的语言表述；四是能体现本次教学的主要活动、活动条件及活动所要达到的标准。

3. 旅游专业通识课程目标呈现举隅

以航空乘务专业为例，试拟订以下通专结合的通识课程目标体系（图4-7），供大家参考：

图 4-7　高职旅游专业通识课程目标呈现举隅——航空乘务专业

◉ 参考文献

[1]姚寿广. 试论"十一五"期间高职教育加强内涵建设的关键[J]. 中国高教研究，2007(7)：55.

[2]高宝立. 职业人文教育[J]. 高等教育研究，2007(5)：55.

[3]高宝立. 职业人文教育[J]. 高等教育研究，2007(5)：55.

[4]向丽. 高职院校实施通识教育的现状分析[J]. 武汉职业技术学院学报，2008(2)：80.

[5]邓泽民，陈庆合. 职业教育课程设计[M]. 北京：中国铁道出版社，2006：87-88.

[6]邓泽民，陈庆合. 职业教育课程设计[M]. 北京：中国铁道出版社，2006：87-88.

[7]邓泽民，陈庆合. 职业教育课程设计[M]. 北京：中国铁道出版社，2006：7.

[8][英]马雷克·科尔钦斯基. 服务业人力资源管理[M]. 何建华，译. 北京：人民邮电出版社，2004：8.

[9][英]马雷克·科尔钦斯基. 服务业人力资源管理[M]. 何建华，译. 北京：人民邮电出版社，2004：28-42.

[10]沈晓丽. 美国职业教育中核心技能培养研究[J]. 中国职业技术教育，2007(18)：24.

[11]彭振宇. 论高职院校推行通识教育的目标、内容与实现途径[J]. 职业技术教育，2007(13)：25.

[12]刘伟辉，陈国生. 高职院校通专结合的旅游专业课程模式探索[J]. 当代教育论坛(学科教育研究)，2007(6)：80.

[13]石伟平，徐国庆. 职业教育课程开发技术[M]. 上海. 上海教育出版社，2006：6.

基于有效供给的公共职业培训对策思考

自 20 世纪 90 年代以来，我国政府对于公共职业培训的资金投入逐年递增，公共职业培训的数量和规模均超过历史任何时期，政府推动的系列公共职业培训计划，如"三年千万"计划[1]、"阳光工程"[2]、"雨露计划"[3]也已取得明显成效。以"雨露计划"为例，该计划自启动以来，国家总共投入 7.3 亿元培训资金，培训人数累计达 165 万人，带动了 400 万至 500 万贫困人口脱贫，安置就业人数共达 126.7 万人[4]。这些计划的实施，在改善劳动力就业结构、提高技能、增加就业、加快城镇化进程、维护社会稳定等方面均发挥了积极的作用。然而现实的情形是，无论是劳动力市场供给，还是公共职业培训供需方面，都存在一些难以化解的结构性矛盾。

一、劳动力市场供给矛盾和公共职业培训供需悖论

(一)劳动力市场既供给过剩又供给不足

劳动力市场一方面存在数量及岗位的大量增加，另一方面却呈现人才层次及人才种类的短缺，这是结构性悖论之一。供给过剩的主要原因是城镇劳动力就业人数的大规模净增。自 2010 年后，我国城镇新增就业人数持续处在历史高位，连续 5 年保持千万以上的数据记录，2014年我国城镇净增就业人数 1070 万人，2015—2016 年仍延续这一态势[5]。供给不足的主要原因是科学技术的进步发展，特别是新一代信息产业及国家"互联网+"战略的深入推进，催生大量新的就业岗位，带

来产业结构的升级调整，在企业成为创新主体的过程中，劳动力市场明显呈现出技术工人和高技能人才的供给不足。

(二)公共职业培训既供给不足且需求不足

培训市场一方面存在培训数量、类型、服务质量等方面的旺盛需求，另一方面却呈现出培训机构、质量、类型供给的严重不足，这是结构性悖论之二。

根据许松美、文雅等学者 2015 年对内蒙古地区大学生创业经历的调查，77%的学生认为新常态下创业门槛越来越高，有过创业经历的大学生基本上没有受过创业方面的指导培训[6]。通过对武汉市新生代农民工职业培训、社区失业人员再就业培训、大学生公共职业培训的调研，这三类人群能够接受公共职业培训的人员比例相对较低[7]，以新生代农民工职业培训为例，2014 年武汉市全年组织农村劳动转移培训共计 60196 人次，人力资源和社会保障局指定的公办培训机构共 6 所[8]，而目前武汉市新生代农民工数量有 100 万左右，受训比例仅为 6%。实际上新生代农民工接受职业教育培训的意愿是非常强烈的，他们对培训内容的需求与产业发展方向基本一致[9]，农民工公共培训供给的严重不足，必然会影响农民工群体的求职与创业能力，以及他们服务武汉、建设武汉、融入武汉的发展进程。

此外，无论是数量还是质量，公共职业培训既不能完全满足地方经济发展对技能人才培训的需求，也不能完全满足各类个体对求职求技和职业迁移需求的情形依然比较突出。调研显示，武汉市新生代农民工、社区失业人员、大学生三类人群对职业培训的时间周期、培训频率、培训类型、培训方式、培训机构都有明确要求，但实际的培训效果却并不如预期。以失业人员公共职业培训为例，他们对现行主办的再就业培训表示"满意"的占比 33.2%，认为"一般"的占比 44.0%，"不满意"的占比 22.8%，对"认为再就业培训是否改进第二次就业"的调查表明，认为培训"毫无帮助"的占比高达 19.7%。

二、以有效供给的公共职业培训化解市场供需之困窘

(一)公共职业培训应追求培训的供给与培训需求的平衡状态

上述困窘之一，实质上是劳动力供求间的结构性矛盾；困窘之二，实质上是公共职业培训供给的数量、质量与需求间的矛盾。通常，劳动力总量是一个客观的数据，无法减少，新增就业岗位、就业结构及培训供给的数量、质量与需求间的矛盾，则可以通过增加公共职业培训供给总量，提高培训效益，从而使三大人群，即新生代农民工群体、城市下岗工人、再就业大学生在短时间内获得一技之长或多岗迁移能力，使技术工人和高技能人才的供给总量能有显著增加。"增加公共职业培训供给总量、提高培训效益"，其根本内涵就是将政府提供的公共职业培训最终能够转化为培训消费者所需要的使用价值。值得强调的是，公共职业培训作为教育供给的一个种类，依然追求培训供给与培训需求的平衡状态，这种平衡，既包含各类培训机构所提供的培训服务不仅在数量、质量和结构上满足个人、用人单位和社会支付能力和支付意愿的培训需求，同时也包括培训过程中培训资源的公平配置和有效利用，即符合教育公平和效率原则。

(二)消解结构性矛盾的根本在于提供有效供给的职业培训

经济学的观点认为：供给与需求是市场经济中互相制约又互相依存的两个方面，"有效供给"必须是适应有效需求的供给，"有效需求"也必须是适应有效供给的需求。由于公共产品供给它不具有竞争性，缺乏排他的技术装置，因此其低效率即表现为供给不足[10]。公共职业培训属于典型的公共产品，其有效供给是指一定时期内，国家或地区运用公共权力和公共资源，通过制定有关教育制度、政策、法规等，向社会基层劳动者或社会弱势群体提供的公共职业培训的数量、质量、结构、类型等能够满足社会经济发展对于技能劳动者的要求，同时也能维护社会

公平正义。公共职业培训供给不足，则主要表现为两个方面：教育机构所提供的培训机会总量未能足够满足经济社会发展需求，或是培训产品的数量、质量、结构、种类等未能足够满足社会培训群体或用人单位的意愿需求。

三、有效供给的公共职业培训的实践问题

基于对武汉地区公共职业培训的调研，我们在实践中所开展的公共职业培训在适应地方经济社会发展需求、满足三大主体就业及职业发展需要等方面，存在一些亟待解决的问题。

（一）公共职业培训的机制设计问题

尽管国家强调实行职业教育工作部际联席会议制度和农民工工作部际联席会议制度，但由于公共职业培训归口管理涉及劳动保障、农业、教育、科技、建设、财政、妇联、工会等多部门的职能部门，各部门之间职能交叉，职责难以明晰，缺乏相应的协调机制和统筹规划，尽管国家先后出台了一系列公共职业培训方面的整体规划和实施办法，对公共职业培训的模式、机制、体制、专业设置、课程结构、教学方式等提出了明确的指导性意见，但是，依然缺乏切合地方实际的培训规划和操作规则，各地方政府也未能做到根据市场、企业及个人需求灵活设置专业、安排培训内容；以就业为导向的培训制度引导的实践行为，往往重数量、轻质量，重计划、轻服务，从而导致不少公共职业培训流于形式，缺乏足够的吸引力。

（二）公共职业培训吸引力及资金投放问题

公共职业教育吸引力不足是许多国家面临的共同问题，因此，改善和增强公共职业教育的吸引力也就成为世界各国共同关注的热点问题[11]。对此，我国政府虽已出台了一系列政策、规定，推出了一系列的培训工程，持续增加了对公共职业培训的资金投入，但是，由于公共

职业培训范围广，资金缺口仍然巨大，在当前教育经费总量不足的情况下，用于公共职业培训的经费依然捉襟见肘。

(三) 公共职业培训的供给结构与培训质量问题

审视人力资本存量和教育发展现状不难发现，我国人力资源整体开发水平仍然不高，实现由人口大国向人力资源强国转化仍然任重而道远。具体到公共职业培训的供给结构方面，我国公共职业培训的类别结构、层次结构、地区结构等存在着诸多不合理，难以适应国家经济结构、产业结构、技术结构、就业结构调整和发展过程中对技能型人才的需求。从微观层面看，公共职业培训的供给质量也存在不少问题，一些地方的公共职业培训针对性不强、适用性不高、有效性缺失，不少地方公共职业培训设施、设备陈旧甚至缺乏，实践操作训练条件及课程严重不足，这些均是导致公共职业培训质量低下的原因。

四、欧盟公共职业教育与培训实践的有益借鉴

(一) 增强公共职业培训吸引力

国际上，一直将公共职业教育与公共职业培训视为一个整体概念。2002 年 11 月，欧盟推出《哥本哈根宣言》，31 个与会的欧洲国家和地区制定了合作提高公共职业教育与培训成绩、质量和吸引力的策略[12]；此后 4 年里欧盟联合发布了一系列的公报和宣言，譬如 2005 年的《实现教育与培训的现代化：欧洲繁荣与社会和谐的关键因素》、2006 年的《赫尔辛基公报》等[13]，这些报告和宣言，实质性地增强了公共职业教育与培训的吸引力。

(二) 以《欧盟 2020 教育和培训工作计划》推进弱势群体职业培训

目前，欧盟大多数成员国的成人参与某种形式的职业教育与培训的比例在 2%~5%[14]。在《欧盟 2020 教育和培训工作计划》中，欧盟提出

公共职业培训的目标是：到 2020 年，使至少 15% 的成年人参与某种职业教育与培训。为了保证所有学习者，特别是一些弱势群体获得教育与培训的机会，欧盟建议成员国特别要对低技能者、长期失业者、老年人和妇女给予更多关注，同时制定配套的文化政策、创新政策、就业政策，以加强与利益相关者及社会伙伴的合作。

(三)与知识经济发展同步推进劳动者职业结构升级和技能水平提升

在信息化技术及全球经济一体化发展的背景下，国际人才的竞争趋势迫使欧盟国家劳动力市场的职业结构愈来愈向知识型和技能型岗位转变。为了适应互联网经济、知识经济以及科技进步对人才结构的升级要求，努力实现欧盟国家到 2020 年具备高级资格的从业人员达到 33.6%、具备中级资格从业人员达到 48.3% 的人才目标(表 4-4)，欧盟在职业培训方面采取的重大举措就是与知识经济发展同步推进劳动者职业结构及技能水平的提升。

表 4-4　**2020 年欧盟不同资格劳动者需求结构变化**

劳动者资格类型	2000 年(%)	2007 年(%)	2013 年(%)	2020 年(%)
高等资格	20.4	24.7	28.9	33.6
中等资格	44.8	48.8	47.6	48.3
初等资格	34.8	28.7	23.5	18.1

五、有效供给的公共职业培训的对策思考

(一)借鉴欧盟在公共职业培训方面的经验做法

欧盟国家在公共职业教育与公共职业培训方面统筹规划、整体推进的实践经验值得借鉴，特别是 31 个与会成员国联合制定合作提高公共职业教育与培训成绩、质量和吸引力的策略，推进弱势群体职业培训的

行动计划，推进劳动者职业结构升级和技能水平提升的举措以及提升职业培训师专业能力的做法，对于改善我国公共职业培训的供需结构矛盾，提高公共职业培训的有效供给提供了良好的参考。

(二) 建立有效供给的公共职业培训的制度体系

我国目前正处于工业化发展转型升级时期，产业转型升级已经带来了就业市场的巨大变化，迫切需要以终身职业教育为理念，完善从学校到社会、从学历教育到非学历教育一体化的职业培训服务体系，大力推进公共职业培训，最大限度地消除和化解劳动力市场的结构性供求矛盾。此前，我国政府在国家层面切实采取了一系列措施极大地增强了公共职业教育的吸引力，地方政府从中观层面陆续出台了系列实施办法和管理制度，譬如武汉市 2009 年至今制定并颁行多项职业培训政策：《关于进一步做好推动创业促进就业工作的通知》(武政〔2009〕36 号)、《就业再就业相关财政补贴管理暂行办法的通知》(武人社规〔2009〕1 号)、《关于进一步加强和完善就业再就业培训管理工作的意见》(武政办〔2010〕171 号)、《武汉市职业培训管理暂行办法》(武人社规〔2011〕3 号)、《武汉市人民政府关于加强职业培训促进就业的实施意见》(武政〔2012〕101 号)，这些政策制度的实施，对于推进全体劳动者的职业培训、明确财政投入职责、落实专项培训经费补贴、健全职业培训工作机制、建立公共职业培训基地、构建职业培训标准等各项事务起到了有效的促进作用。为了更好地适应世界劳动力市场的供求变化，保障政府财政支持的培训计划得到有效落实，我们仍需结合国情，整合各类培训资源，建立并完善有效供给的制度体系，扎实推进有效供给的公共职业培训。

(三) 发挥县级中等职业学校在就业与创业培训中的资源效能

充分利用县级中等职业学校的办学资源，开展技术推广、扶贫开发、劳动力转移培训、创业培训和社会生活教育，使之成为本地的实用技能培训中心、就业转移培训中心和普通中小学生劳动技能教育的训练基地，各类中等职业学校要尽量面向社会开放，使之成为县域终身教育、继续教育的重要场所。

为此，我们应当主要做好以下工作：依托县级中等职业学校，建立县域信息化培训学习平台，为不同人群提供方便、快捷、实用、有效的在线学习服务；依托县级中等职业学校，广泛开展农民工培训、职业培训、岗位培训、职工培训、转岗培训、创业培训；依托县域内示范(骨干)中职学校，整合教育、农业、科技资源，建设好县级农业技术推广中心和乡镇农校，鼓励支持农村职业院校面向农村和广大农民，开展农业技术咨询服务和技术推广，有效服务农业产业化和农业现代化；依托县域内骨干龙头企业，建设农村职业院校顶岗实习基地，依托职业院校建设县域内职工培训中心，实现职工培训中心和顶岗实习基地校企共建、资源共享；采取政策引导、重点扶持等方式，加强农业类相关专业建设，为农业产业化和农业现代化输送技术人员和服务人员，推动农业转型升级，加速农业现代化进程；不断完善职业技能认证体系，扩大职业技能认定范围，帮助参训者学习并获取相应的职业资格证书和专项职业能力证书。

(四)拓展职业院校在高素质技术技能人才培训中的服务功能

在"大职业教育观"理念引领下，职业教育的培训职能明显加强，职业院校也逐渐从公共职业培训的后台走向前台。实证显示，公立职业院校是大学生就业和再就业人群最受欢迎的培训机构，作为高素质技术技能人才培养的专门机构，高职院校将在公共职业培训服务中发挥更大的作用。

为此，我们应当做好以下工作：依托职业院校，整合各类职业培训机构和企业优质教育资源，建立区域内"纵向衔接、横向沟通"的技能培训服务平台；利用职业院校教育资源构建社区继续教育网络，开展社区化办学，举办各种形式的短期职业教育、继续教育和文化生活类课程，向社会免费开放服务设施和数字化教育资源；开发适合社会成员多样化需求的数字化学习资源，为有意愿者的继续学习和职业能力提升提供多样化服务；支持职业院校面向城乡社区不同年龄段人群提供科学技术、文化艺术、健康生活等教育服务；创新职业院校的教育模式，建立学分互认互通机制，实现非学历继续教育和学历继续教育的协调发展；以职业院校为载体，依托国家产教融合发展工程，兴建区域性、行业性、开放型公共技能实训平台，加大职业院校实训中心向企业、社会开放程度，大幅提升职业院校的职业教育及技能培训的公共服务与辐射能力。

◉ 参考文献

[1] 中华人民共和国人力资源和社会保障部网站[EB/OL].[2016-03-20].http：//trs.molss.gov.cn/was40/search.

[2] 中国农村劳动力转移培训网[EB/OL].[2016-03-20].http：//www.nmpx.gov.cn/.

[3] 国务院扶贫办网站[EB/OL].[2016-03-20].http：//www.cpad.gov.cn/data/document/.

[4] 张玉文."雨露计划"实施以来已带动400多万人脱贫[N].中国教育报，2007-04-24(01).

[5] 中国投资咨询网.2016年劳动力市场分析、就业趋势预测[EB/OL].[2015-12-09].http：//www.ocn.com.cn/chanye/201512/ilahm09084855.shtml.

[6] 徐松美，文雅，齐文娟.新常态下融入"互联网+"的大学生创新创业[J].中国青年社会科学，2015(5)：61-64.

[7] 胡类明，许海燕.武汉市新生代农民工职业培训实证调研[J].职教论坛，2016(12)：56.

[8] 武汉市人力资源和社会保障局.2014年武汉市人力资源和社会保障事业发展统计年报[R].武汉市人力资源和社会保障局，2015(1)：16.

[9] 罗恩立.新生代农民工的就业能力研究[J].中国人力资源开发，2010(2)：5-9.

［10］陈福祥.公共性职业培训的有效供给［D］.重庆：西南大学，2011.

［11］严璇.提升职业教育吸引力的欧盟模式：内涵、政策与问题［J］.教育与职业，2010(11)：17-19.

［12］雍冀慧.欧盟职业教育培训政策历史演进研究述评［J］.中国职业技术教育，2009(30)：39-43.

［13］严璇.提升职业教育吸引力的欧盟模式：内涵、政策与问题［J］.教育与职业，2010(11)：17-19.

［14］李玉静.欧盟探讨通过职业教育实现"欧盟2020目标"［J］.职业技术教育，2011(9)：13.

后　记

第一次上教育学课那年我 16 岁。老师在讲台上常常愤愤然历数当时教育实践中的种种不尊重儿童天性的现实，我不知所以然，就像盲人摸象一样，记住了那些细枝末节的故事，尽管如此，我觉得似乎摸到了"教育"的肢体和温度。

上大学时我正好念的是教育学。学校安排的课程必须从教育学的"根"、"茎"、"叶"、"花"、"果"、"种子"开始一门门学完整，还有课外必读。当我读过了柏拉图、孔子、夸美纽斯、蒙台梭利、卢梭、杜威、陶行知……我发现，原来"教育"是一棵巨大的榕树，它枝繁叶茂，什么都可以往里装，什么都可以往上爬，高等教育、中等教育、初等教育都是它的分枝，每个分枝都有落地的根，往地下长。若干年后学者们正式认定职业教育是其中一支跨界跨层的另类。

毕业时我茫然了，因为没几所学校开设教育学课，老师们在课堂上讲的那么多忧国忧民的思想其实有些杞人忧天了，因为没有多少地方多么需要"教育"。此时，再去仰望大榕树，找不着也看不清究竟哪一根枝丫可以供我栖息了。

幸运的是，我工作的学校开设了教育学！并且还是主干基础课。于是，我开始和以前的老师一样，和那些 16 岁的师范生们在榕树底下，玩起了"盲人摸象"的游戏。

2006 年研究生毕业后，我来到了现在的单位——武汉职业技术学院，本地号称是职业院校的"小清华"，来了才发现这里没有教育学课！可这一次我并不茫然，因为，我对"教育"算是有一点底数了，教育学的价值可以有很多体现方式，绝不仅仅在课堂。生命在这个时段给了我一个迂回的空间，让我学会思考，学会用教育学、管理学的思维方式去思考并试图破解一些教育实践中的现实问题。

我静坐在教室后方，远观熟悉的讲台、陌生的老师和陌生的学生，写下了我在职业教育领域的第一篇心得——《高职教师的教育技能》。后来，我又亲历了学校国家高职院校示范性建设和人才培养水平评估等重大事件，在那段日子里，许多亟待解决的现实问题扑面而来，形成一种倒逼态势，面对难题，不得不思考，思绪汹涌之时，就有了写作的冲动，写着写着，慢慢发现，原来职业教育还是一块尚未耕作的新土。

职业教育的概念、命题和理论体系尚处在建构之中。探索职业教育的基础理论、审视职业教育的价值体系、构建职业教育的话语体系、破解职业教育的现实问题，虽本是时代赋予那些专业学术人士的责任和使命，但我想也不会排除像我这样的职业教育研究爱好者的参与和追求吧。本着求真务实的兴味，我在这片丛林里慢慢攀爬了十多年，我似乎觉得我找到了那个可以栖息的树枝，顺着它，有一天，我或许还能找到那条落地的根。

职业教育这片年轻的丛林充满了无限的生命力。这里的名家大师也数不胜数，我的一点思考其实非常渺小，我的一些观点也微不足道。只是对于我个人而言，每挪走一步都很重要。在朋友的再三鼓励下，我拿定主意出版了这本文集。

文集收录了关于职业教育基础理论、职业院校管理、教育教学管理等方面的文章，分为四辑：第一辑共有8篇，主要与高职文化、品牌文化及学校层面的品牌管理有关；第二辑共有9篇，主要与职教体系制度设计、教学评价、院校管理、素质教育、校企合作育人有关；第三辑共有10篇，主要与职业院校的教师队伍及中层管理者的资源管理有关；第四辑共有6篇，主要与高职院校的专业建设、课程建设、职业培训有关。

于我而言，对教育质量、教育价值、教育管理的真正思考和实践，原本是由我的工作带来的，尤其是职业教育研究和教务处的管理工作。在文集撰写的过程中，得到了我的领导、我的同事、我的朋友们的许多指导和大力支持，在此，一并向给予我智慧启迪和方法指导的李洪渠先生、刘晓欢女士、李望云先生、胡类明先生、宁毅先生、卢洪胜先生、任婷女士、向丽女士、蒋媛春女士、许海燕女士致以谢忱！

这本文集姗姗来迟，但依然是我的处女作。特别感谢厦门大学教育研究院院长别敦荣教授为我作序文！感谢武昌职业学院校长马必学教授为我撰言推荐！

书稿付梓之日，也是孩子赴美留学之时，尽管他从事的不是教育专业，但我相信文字本身可以传达的内容是丰富的，文字的力量也是相通的。"藏书教子孙"，这本书我想送给他，陪伴他，无论何时，无论何地。

2018 年 5 月 26 日于武昌